U0514379

近代青海河湟地区
社会文化变迁

SOCIALS AND CULTURAL CHANGES
IN HEHUANG, QINGHAI, MODERN TIMES

赵小花　著

社会科学文献出版社
SOCIAL SCIENCES ACADEMIC PRESS (CHINA)

摘　要

　　青海河湟地区位于青海日月山以东，祁连山以南，包括西宁四区三县、海东地区以及青海海南、黄南等地。自古以来，这一地区就是少数民族聚居之地。先秦至民国时期，青海河湟地区经历了从华夏边缘到民族边疆的社会文化变迁过程，在这一过程中，内地化是变迁的主流，也是促进这一地区社会文化各项事业进步的主要动力。

　　先秦至清代前中期，青海河湟地区经历了一个从生态的、文化的独立地区到华夏边缘的漫长发展过程，在这一历史过程中，华夏边缘的社会文化属性赋予了这一地区特殊的政治、经济及文化面貌。自两汉以来，这一地区进入内地化的历史发展阶段，中原地区的政治制度、经济生活及文化因素对青海河湟地区持续产生影响，而在内生的地方秩序长期影响下，地方性文化因素也影响着这一地区的社会文化发展进程。此后，历代中央王朝对青海河湟地区社会文化进程的影响逐步深化，而中央王朝在青海河湟地区行政力量的扩张与收缩过程即是王朝国家与地方秩序的角力过程。在这一过程中，中原华夏与民族边缘地区之间的社会文化也经历着冲突与融合，而持续进行的内地化过程，使当地社会文化诸方面受到中原社会文化诸因素的影响。作为内生地方秩序的承载体，历史上，羌族、鲜卑、吐谷浑、吐蕃（藏族）、蒙古、回族、土族等民族皆对青海河湟地区的历史演进产生重要影响。

在上述因素的共同作用下，青海河湟地区形成具有华夏边缘的社会文化属性，其在社会文化内在结构及其外在形式上具有多元性的文化特质，且在政治、经济及文化上具有鲜明的边缘性特征。华夏边缘的社会文化属性既为这一地区的内地化提供了一定的空间，同时又以地方性的社会文化因素制约着内地化的进一步深化与拓展，从而使内地化进程成为一个可逆的、不确定的社会发展方向。

近代以来，青海河湟地区的内地化进程加速，其社会文化诸项事业的进步突出表现在内地化与近代化的"双重变奏"，西方化的因素也伴随着近代化进程影响着青海河湟社会文化的近代建构；同时，一些地方性社会文化因素仍然存续，在这些因素的共同作用下，青海河湟地区形成了民族边疆的社会文化属性。

从民族边疆社会文化因素的形成动因看，晚清以来，随着中央政权对青海河湟统治的深化，这一地区作为民族边疆的社会文化属性得以确立，特别是青海建省及国民政府时期的县制改革，既促进了这一地区在政治上与内地的均质化，同时也进一步突显了这一地区民族边疆的特殊性；在近代民族主义思潮的影响下，特别是抗战以来民族国家理念的传播，加速了青海河湟地区意识形态的均质化进程，同时一些地方性文化观念在民族主义思潮形成的社会大背景下更加凸显出来；特别是近代以来，人口迁徙和商贸活动进一步促进了青海河湟地区与内地的联系，共同成为民族边疆社会文化属性得以确立的重要动因，而原有的人口结构与独具特色的商贸活动，也使这一地区民族边疆的社会文化属性得以深化。民族边疆社会文化属性的确立还体现在近代国民的塑造、近代教育的兴起及社会生活的近代化等方面，这些因素既是形成新的社会文化属性的动因，也是这一社会文化属性导致的结果。在上述诸因素的共同作用下，近代以来，青海河湟地区的内地化已是一个不可逆转的历史过程，也是这一地区社会文化发展与进步的主要动力源泉。

当然，也应当看到，青海河湟地区的近代化在促进边疆地区发展、进步的同时，也受到诸如保甲制度复兴等逆近代化因素的影响，加之一些与近代化过程背道而驰的内生地方秩序的干扰和影响，河湟地区的近代化发展步伐显得艰难、迟缓。此外，我国的近代化过程在很大程度上受到西方社会的影响，因此近代化过程伴随着西方化的历程，这一点也在青海河湟社会文化近代化过程中有所体现。

从近代以来青海河湟地区政治结构、商贸经济、医疗卫生、教育、文娱、体育、饮食等内地化和近代化的进程看，这一时期社会文化也可用"变"与"不变"的二元对立关系加以总结。其中，"变"特指由内地化引发的该地区社会文化的发展与进步；而"不变"则既指受地方秩序影响或某些利益团体的阻碍使地方社会文化处于滞后的状态，也包括客观存在的一些地方性文化因素。"变"代表了事物发展的一般性规律，而"不变"则指事物的特殊性。在民族边疆社会文化发展过程中，"不变"的因素还突出地代表了少数民族文化中的传统惯性因素。在青海河湟社会文化发展和变化的历史长河中，"变"代表了这一地区前进的动力与方向。总之，从青海河湟地区社会文化的内在结构、发展趋势及未来走向看，内地化是青海河湟地区进步与发展的必由之路。

关键词：青海河湟地区　内地化　近代化

Abstract

Hehuang area refers to the region to the east of Riyue Mountain and the south of Qilian Mountain in Qinghai province, which covers four districts and three counties in Xining, along with an extended area of Haidong, Hainan and Huang'nan prefecture. Since ancient times, Hehuang area has been mainly inhabited by minorities, and from Pre – Qin to Republican China, the social and cultural attributes of this area has experienced a transformation from Chinese peripheries to the border and minority areas, during which, the inland – changing has served as the mainstream of the transformation and also attributed to the its process and development in the aspect of social culture and other undertakings.

From Pre – Qin to the early and middle of Qin dynasty, Hehuang area in Qinghai went through a long way of development beginning as an independent region ecologically and culturally and ending with the Chinese peripheries, through which the social and cultural property of Chinese peripheries endowed a distinctive features of politics, economy and culture to this area. Till the historical period of Hans, the Hehuang region started its inland – changing resulted from the impact of Central China's political system, economic life and cultural factors on it, and its local cultural causes under the enduring influence of the endogenous regional conditions. Hereafter, the effect of the central dynasty had on the social and cultural processes in Hehuang region deepened gradually, while this effect involved the struggles between the central dynasty government and the local order, which is the process that the central dynasty extended or withdrew its administrative power in this region. In this process of struggling, the central Chinese and marginal minority region conflicted and converged with each other socially and culturally, while during this continuous inland – changing progress, the regional society and culture was both influenced by the counterparts of the central Chinese. As a carrier of endogenous regional order, the Hehuang region was affected by Western Qiang, and Xianbe, Tuyuhun, Tubo (Tibetan), Mongolian, Hui, Tu, they all played the significant roles in its local historical revolution.

Under the combinational influence of all mentioned factors, Hehuang region has formed its own social and cultural properties with the Chinese peripheries qualities, both social culture's internal structures and external forms, featuring in its cultural diversity and marginal characteristics related to politics, economy and culture. The social and cultural characteristics of the Chinese peripheries have not merely provided a certain space for the regional inland – changing, but restricted the further deepening and expanding through its local conditions, leading to a social developing directions for inland – changing process to be uncertain and reversible.

Since modern times, the inland – changing trend has accelerated its path in Hehuang area, its social culture and other undertakings have been improved, most notably in the dual variations of inland – changing and modernization, and the factors of westernization that the modernization has brought in, spreading to the modern structure of this region's society and culture. In the meanwhile, certain social and cultural factors still remain, together, the Hehuang area in Qinghai shapes the national frontier's social and cultural attributes of its own.

In the aspect of social and cultural factors of nationality formation, since the late Qing Dynasty, as the central government deepened Hehuang rule, status of the region, social and cultural frontier has been established. Particularly, reform of establishment of Qinghai Province and system of county in period of National Government not only prompted political homogenization with mainland, but also further highlighted the special nature of this area, national frontiers. Under the influence of modern nationalism thought, especially spread of national concept, homogenization of process of ideology in Hehuang region was accelerated. At the same time, some local cultural concepts formed under nationalism trend were more prominent. In modern times, the impact of population movements and trade activities further promoted links between Hehuang region and the mainland and both became an important motivation for the establishment of national cultural property. The original structure of the population and unique business activities, deepened the region status as a social and cultural property. Establishment of social and cultural attributes of national frontier were also reflected in the shape of modern citizens, rise of the modernization of education and other social aspects of modern life, all of which were both factors of social and cultural attributes and results of it. Under the combined effect of the above - mentioned factors, in modern times, the transformation of Hehuang region into mainland has become an irreversible historical process and is the main source of power for social and cultural development.

Of course, it should be noted that modernization of Hehuang areas not only promoted development of border areas, but also pace of development of Hehuang areas seemed to be difficult and slow because of inverse modernization factors such as revival of Tithing Security System, coupled with some interference and influence of mainland order contrary to modernization. In addition, China's modernization process was heavily influenced by Western society, which was also reflected in socio - cultural modernization process of Hehuang area.

Since modern times, in the view of process of modernization of regional political structure, economic commerce, health, education, entertainment, sports in Hehuang area, the social - cultural attributes in this period can also be summarized as dualistic structure, "changes" and "constants". Among them, the "change" refers to region's social and cultural development and progress caused by interior of the region and "constants" refers to the social and cultural obstruction caused by the local order or interest impediment of certain groups, including some local cultural objective factors.

"Change" represents a general law of things, and "constants" refers to the special nature of things. In the social and cultural development process of national frontier, factors of "constants" also outstandingly represents traditional inertia factor of minority cultures. "Change" embodies driving force and direction of this region in history of social and cultural development and changes in Hehuang area. In short, in the aspect of the internal structure of social culture, trends and future direction in Qinghai Hehuang, interiority is the only way for Hehuang regional progress and development.

Key words: Hehuang area in Qinghai province; Interiority; Modernization

目 录

表目录

绪　论

一　本论题的研究意义

《后汉书·西羌传》中有"乃度河、湟，筑令居塞"的记载，"河、湟"指今天甘肃、青海两省交界地带的黄河及其支流湟水。此后，"河、湟"逐渐演变成一个地域概念，地域范围大体包括青海境内的黄河两岸、湟水流域及大通河流域构成的"三河间"及周边地区，即今青海湟水流域及青海境内黄河南北两岸，以及甘肃河州地区、甘南草原北部和四川西北部阿坝草原一带。由此可见，河湟地区是中原地区与青藏少数民族聚居区的过渡地带，也是蒙古高原、黄土高原和青藏高原的交汇之地。

（一）河湟地区是人类文明的重要发祥地之一

考古工作者曾在青海贵南县黄河沿岸的托勒台采集到一批打制石器，研究者认定其为旧石器时代晚期的遗物。1980 年 7 月，贵南县拉乙亥乡公社附近的黄河沿岸阶地上发现了中石器时代遗址，从石器制作技术来看，拉乙亥遗址是旧石器时代向新石器时代过渡阶段的文化遗存。① 距今 5000 年左右，马家窑文化人群广泛分布于河湟地区，其高度发达的彩陶制作技艺是河湟地区远古文化的重要成就。距今 4000 年左右，马家窑文化马厂文化类型兴起，其农业生产工具和彩陶更为发达。② 在辛店、卡约文化时期，随着气候变干变冷，今青海省西宁市以西地区原有的农业生产方式逐步被游牧业所代替，该地区逐步成为游牧地区，而在西宁以东地区，当时的居民主要从事农业生产。生产方式多元化使这一地区的社会文化发生了很大的变迁，同时也呈现出多元化态势。

两汉以来，随着中央王朝政治、军事势力的西进，以及以汉族为主体的农耕民族迁入，中原农业文明也传播至河湟地区，中央王朝势力延及河湟的历史过程也极大地左右着这一地区社会历史进程，从而使这一地区成为游牧与农耕、定居与迁徙、中原与边缘的对撞、交汇之地。自古以来，河湟地区为多民族聚居之地，羌人、戎人、氐人、月氏、鲜卑、吐谷浑、匈奴、吐蕃（藏族）、蒙古、回族、土族等民族都曾源起或徙居于此；早期羌人的宗教信仰、苯教、藏传佛教、萨满教、伊斯兰教、中原佛教及道教等也曾汇聚于此，并对各个时期的社会文化产生重要影响。随着不同民族的徙入与迁出，河湟地区逐步成为我国西部地区重要的民族文化大走廊，不同宗教及民族生活习俗的交融并蓄，使这一地区呈现出"五方杂处，风俗殊异"的社会与人文风貌。总之，大约从公元前 2000 年开始，这一地区成为一个生态的、社会的以及意识形态意义上的边缘地区。③

---

① 盖培、王国道：《黄河上游拉乙亥中石器时代遗址发掘报告》，《人类学学报》1983 年第 1 期，第 49～58 页。

② 彭云、马兰：《青海民和县阳山墓地发掘简报》，《考古》1984 年第 5 期，第 388～395 页。

③ 王明珂：《华夏边缘：历史记忆与族群认同》，台北，允晨文化实业股份有限公司，1997，第 118 页。

作为一个颇具特色的地理单元，河湟地区的政治、民族、宗教等问题也成为学术界较为关注的研究课题，相关研究成果也颇为丰硕。不过，学界有关青海河湟社会文化变迁问题的研究成果相对较少，除一些论文涉及河湟文化的特点及影响外，至今没有一部系统论述河湟社会文化变迁，特别是探讨其近代转型的动因、表现及影响方面的著作问世。因此，本论题的首要研究意义在于，以青海河湟社会文化为研究对象，在长时段考察的基础上，以民国时期这一文化的近代转型为研究重点，系统论述导致青海河湟社会文化变迁及近代转型的政治、经济及文化因素，并在此基础上探究这一文化变迁的诸种表现，例如在国民身份、文化教育、社会生活等方面的具体表征，以及这一转型的内涵、趋向及未来走势等。本文对这一论题的研究，可以弥补学界在这一问题上的认识不足，也可以借此为进一步论述河湟文化的近代化进程及其当代意义打好基础。

（二）利用历史人类学意义上的"华夏边缘"这一范畴和边疆学意义上的"民族边疆"这一概念，来涵括、指涉先秦至新中国成立前河湟地区社会文化变迁及其近代转型，既十分妥帖，也具有较好的学术意义

以边缘理论作为分析工具十分契合河湟地区作为民族边缘地区的历史与现状；以近代民族主义思潮及当代边疆学意义上的"民族边疆"来指涉河湟地区的社会文化，也比较吻合近代以来这一地区的政治、经济与文化状况及其历史地位。

以台湾学者王明珂为代表的历史人类学学者采用边缘理论研究少数民族地区的历史文化问题，已取得令人瞩目的成果。其中，王明珂先生的系列专著，如《华夏边缘：历史记忆与族群认同》《英雄祖先与弟兄民族》《羌在汉藏之间》等，都是以历史人类学范畴内的边缘理论为先导，对我国羌族史及北方地区民族史展开了别开

生面的研究，其研究成果不仅影响大，而且在研究理论和方法方面具有很强的参考价值。本论题试图利用这一理论，并结合史学研究以史料为基础的基本方法，通过吸收、借鉴、反思、批判"华夏边缘"这一人类学范畴，使之真正成为考察历史问题，特别是区域社会文化史的分析工具。

近代以来，中国传统民族观念与西方民族主义思想的合流引发了中国近代民族主义思潮。在这一过程中，西方民族主义理念不断涤荡着中国的传统观念，传统华夷观念在中国逐渐淡化和消解，以政治统一为基础的中华民族观念逐渐增强。正如胡适先生所言："民族主义最浅的是排外，其次是拥护本国固有的文化，最高又最艰难的是努力建立一个民族的国家。"[1] 这一言论涵盖了近代中国民族主义的主要问题，即建构民族认同、建立与完善近代民族国家及弘扬民族文化。这些问题不但构成了中国近代民族主义思潮的主流，而且强烈地推动着近代伦理思想的转型。为唤醒和培育国民意识，近代中国知识分子在建构以汉族为主体民族，以原来的"四夷"为少数民族，共同构成中华民族的历史叙述中，将原来的华夏边缘视为与祖国心脏不可分割的民族边疆，以此来护卫中华民族历史的一体性和延续性。至今，近代民族主义思潮的延续和受这一思潮影响而形成的边疆学科，[2] 也以民族边疆来指涉包括青海河湟地区在内的少数民族地区，并使"民族边疆"这一概念的政治内涵逐步过渡为社会文化内涵，同时也保留了地域指涉的意义。本论题利用"民族边疆"来指涉青海河湟地区，不仅在政治、地域意义上符合这一地区

---

[1] 胡适：《个人自由与社会进步》，《胡适文集》第 1 册，北京大学出版社，1998，第 587 页。
[2] 方铁：《论中国边疆学学科建设的若干问题》，《中国边疆史地研究》2007 年第 2 期，第 1~9 页。

的实际，同时也契合近代以来民族主义思潮及当代边疆学对这一地区社会文化的认识和理解，也有利于笔者利用这些思潮和学科理论来研究相关问题。

（三）本论题符合近年来史学研究的潮流，即新文化史视野下的社会史研究，以及区域社会文化史研究的潮流

20 世纪 40~50 年代，西方史学界兴起了以历史叙事和细节研究见长的新文化史研究，20 世纪 80 年代，这一史学潮流对中国的史学界产生重要影响。[①] 新文化史研究"打破了传统文化史、思想史以精英人物、知识阶层的狭隘偏见，用一种更广义的文化概念，还原了普通人的文化和生活"[②]。新文化史研究在西方促成了史学研究的"文化转向"，在中国也引起区域社会史研究的热潮。

区域社会史是研究一定区域内社会及其发展的历史。区域社会史把特定的区域视为一个整体，全方位地把握它的总体发展，关注传统史学忽略的边缘性人群和边缘性问题。区域社会史研究既是社会史研究的细化，也是社会史研究的深化，它在区域的空间中继承和实践着社会史"自下而上"的整体史追求。综观当前中国新文化史研究成果，学者关注的重点仍然是中原地区的社会文化史，在区域社会史研究方面，以"华北""江南""岭南"等为地域范围的研究成果也甚为丰厚。相比而言，以新文化史研究理论与方法探讨我国西部地区，特别是青藏高原社会文化的研究成果相对较少。因此，本论题所关注的边缘地区社会文化的研究既可以借鉴新文化史研究

---

① 王笛：《新文化史、微观史和大众文化史——西方有关成果及其对中国史研究的影响》，《近代史研究》2009 年第 1 期，第 126~140 页。
② 周兵：《"自上而下"：当代西方新文化史与思想史研究》，《史学月刊》2006 年第 4 期，第 14 页。

的理论与方法，也可以在一定程度上弥补新文化史意义上的河湟区域社会文化史研究的不足。

（四）利用国家与地方社会关系的史学研究框架，探讨西部少数民族地区内地化、近代化进程中的一些问题具有较强的学术意义

以国家与地方社会关系为分析工具的区域社会史研究是目前较为流行的一种研究方法，例如白文固、杜常顺等著《明清民国时期甘青藏传佛教寺院与地方社会》、张生寅著《国家与社会关系视野下明清河湟土司与区域社会》、李健胜著《清代—民国西宁社会生活史》等，都是以国家与地方社会在诸领域的各种关系为分析对象的研究成果。总体上看，这一研究框架既避免了总体史只注重宏大叙事和地方史研究个别化、特殊化的缺陷，将总体史和地方史融为一体，使相关研究既能关涉总体史，也能落实到区域历史问题上，从而解决了总体史研究和区域史探究方面的一些不足，使"总体"落实到"区域"，并使"区域"纳入"总体"。

本论题不仅要利用这一框架展开研究，还试图把河湟地区社会文化内地化、近代化的历史进程融入其中，通过研探国家力量与地方社会之间在社会文化诸领域的关系，分析其内地化过程中的各种文化表现，河湟社会文化近代转型过程中内地化与近代化相互交织，近代化涵括西方化的具体表现，以及这一转型过程中河湟文化变迁中的"变"与"不变"，从而使笔者的研究，不仅是对历史问题的叙述和展示，同时也包括笔者对这些问题的认知和反思。

二 相关概念

（一）青海河湟地区

笔者认为，河湟地区的地域指涉有广义、狭义之分。如前文所

述，广义上的河湟地区所涵盖的地域范围包括黄河上游、湟水流域及大通河流域构成的"三河间"及周边地区，即今青海湟水流域及青海境内黄河南北两岸，以及甘肃河州地区、甘南草原北部和四川西北部阿坝草原一带，是中原地区与青藏少数民族聚居区的过渡地带，也是蒙古高原、黄土高原和青藏高原的接壤之地。狭义上的河湟地区特指青海日月山以东，祁连山以南，西宁四区三县、海东地区以及青海海南、黄南等地。

先秦时期，青海河湟地区为羌戎诸族之地，两汉至明清时期，逐步纳入中央王朝的统治版图，其间行政建置几经兴废。汉武帝统治时期，中原政治及军事势力开始进入青海河湟地区，西汉中期时，在湟水流域设置郡县。新莽时期，今青海湖一带还曾设立西海郡。东汉时，中央王朝势力退缩至湟水中下游地区。魏晋南北朝时期，青海河湟地区成为割据政权争夺之地，西凉、北凉、南凉、后秦、西秦等政权或建政于此，或其势力范围曾延及河湟。隋朝时期，河湟地区重又归入中央王朝统治版图，唐承隋制，也控制了青海河湟地区。安史之乱爆发后，吐蕃攻占青海河湟地区。北宋时，这一地区成为青唐政权辖地，北宋也曾一度收复河湟，但随着宋廷南迁，这一地区为西夏和金政权所瓜分。元朝政府曾在青海河湟地区设立西宁州。明朝时期，青海河湟地区为陕西行都指挥使司辖地，清朝时期属甘肃行省管辖，民国时期，也一度为甘肃省所辖，直到青海建省，河湟地区才正式成为青海省管辖之地。

从地域范围上看，青海河湟地区是青海境内黄河、湟水及大通河构成的"三河间"地区，自古以来，这一地区即在生态、政治及文化上具有相对独立的特征，故而完全可视为一个相对独立的地域单元，加之这一地区是中原通往青海草原、西藏及新疆等地的交通要道，是中原农耕文明和西部草原文明的过渡地带，其人文风貌既不同于中原地区，也与青海草原地区及西藏、新疆等地有较大差别。因此，将青海河湟地区视为历史的、文化的一个相对独立单元加以研究，在学术实践上是可以成立的。总之，本论题所谓的"青海河湟地区"是指今天青海省所管辖的河湟地区，即狭义上的河湟地区。

（二）社会文化

广义上的文化是指在人类社会历史实践过程中人类所创造的物质财富和精神财富的总和，狭义上的文化是指社会的意识形态以及与其相适应的文化制度和组织机构。文化具有精神的、制度的和物质的三个层面，都属于历史范畴。① 所谓社会文化实际上是对广义上文化概念的具体化，即由特定群体共同创造，具有地域、民族或群体特征，并对社会群体施加广泛影响的各种文化现象和文化活动的总称。一般而言，每一个社会都有和自己社会形态相适应的社会文化，并随着社会物质生产的发展变化而不断演变。作为观念形态的社会文化，如哲学、宗教、艺术、政治思想和法律思想、伦理道德等，都是一定社会经济和政治的反映，并对社会的经济、政治等各方面施以巨大的影响作用。

笔者认为，与一般意义上的文化概念不同，社会文化这一概念强调文化的民族性和地域性，民族性特指文化创造主体身份的特殊性，而地域性则突出了不同文化在地域上的差别。因此，利用社会文化这一概念界定笔者对青海河湟地区文化的研探，更具有针对性，也与这一地区在地域、民族、宗教方面的特殊性相吻合。

① 张岱年主编《中国文化概论》，北京师范大学出版社，2004，第3页。

（三）华夏边缘

近二十多年来，在历史人类学研究领域，以族群理论、族群认同及历史记忆为视角研究边缘民族历史文化问题成为热门课题。其中，王明珂先生所构建的"从边缘看华夏"的研究体系，逐步衍生出一个颇具意味的学术概念，即"华夏边缘"。王先生对"华夏边缘"的认识和理解皆与他的羌族史研究有关，他所秉持的民族边缘理论，则与族群、边界、历史记忆等历史人类学概念紧密相关，而他对"华夏边缘"的认知与反思，以及其他学者基于王先生相关研究成果的一些思考，都成为本论题界定这一概念的基础。

目前，学术界在"族群"这一概念的理解和界定上并未达成一致。一般而言，族群是指在一个较大的文化和社会体系中具有自身文化特质的一种群体。其中"最显著的特质就是这一群体宗教和语言的特征，以及其成员或祖先所具有的体质的、民族的、地理的起源"①。受当代族群关系在全球化、近代化背景下日趋复杂、多变的时代因素刺激，人类学学者特别关注族群之间基于政治、文化及历史记忆而产生的"边界"，以及这一"边界"的移动、变迁等，特别是一些少数族裔作为主体民族在地理、文化及社会生活上的边缘化，日益成为人类学关注的重点。在具体的人类学研究中，少数族裔的历史记忆受到空前的关注，一些历史人类学学者将其视为解构、修正正统史学的珍贵遗产，并以这些历史记忆为根基，试图建构起不同于以往的具有反思意味的历史观。

王明珂先生基于上述有关"族群"的基本定义的同时，在其《华夏边缘：历史记忆与族群认同》等著作中，更强调由族群成员所

---

① 祁进玉：《一个华夏边缘的历史人类学研究》，《读书》2004 年第 6 期，第 46～52 页。

相信或争论的"我族边缘"来认识特定族群的本质,[1] 他还利用业已成熟的人类学"民族边缘"理论,研究、反思华夏民族的边缘及其历史建构,并以一些少数民族的"英雄祖先故事"所包含着的历史记忆来解构、修正华夏主体观念下的所谓"历史"。[2] 具体而言,王先生的一系列著作试图以羌族为"我族边缘"来认识华夏族群的本质,在华夏的"政治地理边缘"和"社会边缘"中找到"历史实体论""近代建构论"无法涉及的"边缘"及历史心性,以修正习以为常的历史观念。正如王明珂先生所言:"在这些边缘时间(古代)、边缘文化空间(土著)与边缘社会(弱势者)人群中,我们比较容易发现一些违反我们既有历史心性与典范历史的'异例',因此可以让我们借由对自身历史心性和典范历史的反思,来体察'历史'的本质及其社会意义。"[3] 在解构、修正"典范"的羌族史研究过程中,"华夏边缘"这一概念在王明河先生的相关研究中呈现出不同的意涵,总括起来有以下几个方面。

首先,"华夏边缘"是对某个少数民族的具体指涉。比如,在王明珂先生有关羌族史研究著作中,其所谓的"华夏边缘"就是指羌族,因为在其以华夏族边缘认识华夏的过程中,长期生存在我国西部地区的羌人无疑就是"我族"之"边缘",对羌人历史文化的探索相当于一面镜子,能够帮助我们反思华夏历史、文化和社会的变迁及其内在心性。王先生以少数民族为"华夏边缘"的设定与理解,也得到其他学者的呼应,比如王东杰的论文《华夏边缘与"现代

---

①　王明珂:《羌在汉藏之间:川西羌族的历史人类学研究》,中华书局,2008,第114页。

②　王明珂:《英雄祖先与弟兄民族》,中华书局,2009,第244～246页。

③　王明珂:《根基历史:羌族的弟兄故事》,见黄应贵主编《时间、历史与记忆》,台湾研院民族学研究所,1999。

性"：一九二九年的西番调查》^①，刘岩的《华夏边缘叙述与新时期文化》^② 一书都因袭了王明珂的界定。其次，"华夏边缘"是一个地理概念。在王明珂的研究中，"华夏边缘"也有地域指涉的含义，特指处于中原华夏的边缘地带，且在生态上、政治上和意识形态上与华夏不同的区域，如北方的长城一带，西北的河湟地区，西南的藏彝走廊等。地理学意义上的"华夏边缘"其实是民族学意义上"华夏边缘"的生存地带，故而不可能是一个线性的存在，其在地理上呈块状分布，且随着历史上不同力量的角逐而发生变动。例如先秦早期，华夏族的活动范围仅在豫西、晋南一带，西边未能越过关中平原，战国秦汉以来，随着越来越多的羌戎民族融入华夏，华夏族心目中的边缘向西迁移，最终移至包括青海河湟地区在内的青藏高原的东缘。^③ 再次，"华夏边缘"是一个社会文化概念，同时也具有政治内涵。作为少数民族的"华夏边缘"生存繁衍于作为地理单元的"华夏边缘"上，逐步形成了不同于中原地区，也不同于远离中原的少数民族地区的文化、习俗及宗教观念，其在政治上既受中原王朝政治势力影响，同时也受到内生的政治秩序的规范和控制，进而成为一个民族、地域特色颇为浓重的社会文化单元。例如，青海河湟地区在饮食上受到西北饮食文化的影响，又受到青藏饮食文化影响，使这一地区的饮食文化具有双重性特点，河湟各民族的习俗与宗教也有类似的特色。在政治上，除受到中原政治势力的影响外，内生的各种政治秩序也曾深刻地作用于此地，使之成为社会文化意义上典型的"华夏边缘"。总之，正如王明珂先生所言，"边缘，指

---

① 王东杰：《华夏边缘与"现代性"：一九二九年的西番调查》，《读书》2005 年第 6 期，第 62~71 页。
② 刘岩：《华夏边缘叙述与新时期文化》，知识产权出版社，2011。
③ 王明珂：《羌在汉藏之间：川西羌族的历史人类学研究》，中华书局，2008，第 172 页。

的是一种人群认同与文化边界模糊的情境"①，而青海河湟地区曾经恰恰就是这样一个人群认同与文化边界甚为模糊的地区。

综合王明珂及其他学者的认知，笔者认为，"华夏边缘"这一概念可界定为：具有民族、地域、政治上特殊性的一种社会文化，这一特殊性就在于此地各种文化边界的模糊性。

（四）民族边疆

"民族边疆"是近代民族主义思潮兴起之后形成的一个概念，它既是一个地域概念，也是一个政治概念，同时也具有社会文化的内涵。

就地域层面而言，民族边疆是指国家毗连边界线、与内地相对而言的少数民族聚居区。从历史发展过程来看，我国的民族边疆是在秦朝统一中原、中央王朝的中心地位确立后逐步形成并扩大的，有着两千多年的历史沿革。不过，在君主专制的中央集权时代，还未形成明确的疆域观念，皇权视征服的国土为天下，并将服从其统治的百姓视为子民，至于华夏文化圈周边的民族显然就是华夏边缘。因此，虽然民族边疆是客观存在的历史事实，但在观念上，古代社会往往把作为民族边疆的地带视作华夏边缘。笔者认为，民族边疆作为一个地域是近代的产物，确切地说是近代民族主义思潮的产物。晚清以来，受西方坚船利炮的打压及殖民统治的威逼，清政府试图通过推进民族边疆与中原内地的"均质化"②，以加强对民族边疆地

---

① 王明珂：《游牧者的抉择》，广西师范大学出版社，2008，第250页。

② "均质化"是于逢春先生首次提出且反复使用的一个概念。他认为"均质化"是指内地与边疆都程度不同地依照近代民族国家的基本标准来改革国家的国体与政体，重构中央与地方关系，铸造新的国家等。于逢春：《中国国民国家构筑与国民统合之历程——以20世纪上半叶东北边疆民族国家教育为主》，黑龙江教育出版社，2006。

区的直接统治，以"固我主权"，从而构建一个近代国家。① 民国时期，近代民族国家的建构成为时代主流，原本是"四夷"居住的华夏边缘，被国家权力视作在法律、行政等方面与内地并无二致的领土，只因其处于边缘地带，且为少数民族聚居区，故称之为民族边疆。青海河湟地区虽然并不毗连他国，但无论是其民族构成，还是其政治、经济和文化地位，皆在近代主流政治视域中被视为民族边疆。

就政治层面而言，民族边疆既是一种政治力量，也是近代民族国家的组成部分。前近代社会，作为中华帝国的组成部分，民族边疆地区往往具有政治、军事及经济等领域的自主权，民族边疆地区在形式上臣服于中央王朝，而在实际上以内生的政治秩序作为控制和管理边疆民众的主要手段，中央王朝也将这些民族边疆政治势力纳入朝贡体系，以其效忠、臣服的程度来判断这些地区与中央王朝的亲疏关系。近代以来，"中国"作为一个国家而非"天下"的政治意识成为主流，在民族边疆与中原内地"均质化"的发展过程中，国家权力与民族边疆政治势力之间的矛盾冲突较以往有所加强，同时民族边疆政治势力在新的政治环境下寻求与国家权力达成新的妥协方式，以契合自身利益。在这一过程中，民族边疆作为一种政治力量的社会因素也逐步形成。在近代民族国家的建构过程中，少不了民族边疆的参与，近代国家作为一个政治实体，也与子实体的民族边疆有着千丝万缕的联系。

就社会文化层面而言，民族边疆地区不同于内地各省份，它不仅是少数民族聚居区，宗教信仰复杂，或与其他国家及势力范围接

---

① 　冯建勇：《辛亥革命与近代中国边疆政治变迁研究》，黑龙江教育出版社，2012，第107页。

壤，或地缘政治与文化心理层面具有多重取向，也是基于内生的地方秩序及本民族的宗教文化传统而形成的民族认同意识，与国家权力试图整合的文化认同意识有时产生背离关系。因此，社会文化意义上的民族边疆，具有宗教的、习俗的及社会生活方面的特殊性。

需要指出的是，无论在地域层面或政治层面，还是社会文化层面，"华夏边缘"和"民族边疆"这两个概念是可以排比使用的，从概念的时间性上讲，"华夏边缘"是一个具有传统性质的地域、政治及文化概念，而"民族边疆"在上述三个方面具有典型的近代性特征，所谓"从华夏边缘到民族边疆"就是指特定区域从传统向近代的变迁与转型。

三 本论题的史料来源与研究现状

（一）史料范围

本论题的史料来源首先是二十四史及《清史稿》。具体而言，《后汉书·西羌传》《旧唐书·吐蕃传》等重要的正史资料及《清史稿》有关青海河湟地区人物及历史问题的记载，都是笔者展开研究的史料基础。

在地方志方面，清人苏铣纂修的《西宁志》①，零星载有青海河湟地区的风俗概况；《秦边纪略》②的著者清人梁份亲历西北，涉足今内蒙古、陕北、宁夏、甘肃大部分地区与青海河湟地区及南疆等地，内容记载包括建置沿革、风土人情及各少数民族情况等。该书取材多为实地考察，记载翔实，为当时顾炎武、王源等所推崇。清

---

① （清）苏铣《西宁志》，青海人民出版社，1993。
② （清）梁份：《秦边纪略》，青海人民出版社，1987。

人杨应琚纂修的《西宁府新志》①，对清代西宁府的地理、行政沿革着墨颇多，录有社会生活方面的材料。这部方志还详细记载了明清时期西宁府儒学教育的发展情况，是考察当时青海河湟地区教育内地化的重要参考资料。清人邓承伟等纂的《西宁府续志》② 承袭了《西宁府新志》的体例，也录有青海河湟地区行政建置、民族宗教及社会生活方面的资料。清人长白文孚著《青海事宜节略》一书，③记载了从雍正三年清政府设立青海办事大臣署到文孚任青海办事大臣期间共 85 年，青海蒙古族、藏族、撒拉、回族发生的重要事件，就每一事件的起因、变化和发展过程以及如何解决并善后，逐件加以概括和整理，史料价值颇高。该书还附录有《青海衙门纪略》和《湟中杂记》，记载了青海地区的建置、山川、职官、兵防、寺院、民族等情况，是研究青海河湟社会文化的重要参考资料。清人曾毓瑜著的《征西纪略》④ 记载了西北战乱时，清政府采取的军事行动，是研究清朝回民起事的重要参考资料。清人李天祥编纂的《碾伯所志》、晚清民初人杨志平编纂的《丹噶尔厅志》、民国人士刘运新等人编纂的《大通县志》、民国人姚钧编纂的《贵德县志稿》，⑤ 以及《循化志》，⑥ 都较翔实地记载了青海湟水及黄河流域的行政建置、民族宗教和社会生活等情况，也是笔者展开研究的重要参考资料。当代学者王昱先生曾主编《青海方志资料类编》（上、下编），⑦ 是具有工具性质的方志资料汇编，

---

① （清）杨应琚纂修《西宁府新志》，青海人民出版社，1988。
② （清）邓承伟等纂《西宁府续志》，青海人民出版社，1985。
③ （清）长白文孚：《青海事宜节略》，青海人民出版社，1993。
④ （清）曾毓瑜：《征西纪略》，《近代中国史料丛刊续辑》第 650 种，台湾文海出版社，1979。
⑤ 这几部志书由青海人民出版社以《青海地方旧志五种》为书名于 1989 年出版。
⑥ （清）龚景瀚：《循化志》，青海人民出版社，1991。
⑦ 王昱主编《青海方志资料类编》（上、下），青海人民出版社，1987。

内容系统丰富，保存了青海历史文献中珍贵的史料，对今后开展青海历史的研究提供了线索。此外，近些年由青海省编修的《青海省志》《西宁市志》等作品，以及《青海风物志》① 等，介绍了青海地区的历史文化、特产风俗、历史古迹、民族风情等，内容丰富，值得参考借鉴。青海省志编纂委员会的《青海历史纪要》② 一书，基于青海地方历史的特点，对历史大事的记述采取"以年系事"和"依事综述"相结合的方法，依史实发生的先后顺序，按事件的内容与性质划分，每一事件列为一题，分撰成 201 题。时间范围由上古时代起，直到 1949 年新中国成立，内容丰富，史料论证翔实，民国卷的资料对欲了解青海地区的学人梳理出青海地区重大事件的线索。

清代及民国时期，有关青海河湟地区的奏章、文人笔记、社会调查报告和游记类文献也是笔者展开相关研究的史料基础。吴丰培先生编注的《豫师青海奏稿》③ 一书，收录清廷官员豫师的奏稿。豫师是清同治九年至光绪四年的西宁办事大臣，当西北回民起义，陕甘总督左宗棠率兵大举镇压的时候，他也奉命练兵协助，有些奏折是他与左宗棠汇奏的，而大部分是他单独具奏的。对于这段时间的青海史实，记载详细，是有关河湟地区的重要文献。《那彦成青海奏议》④ 一书，收录了陕甘总督那彦成有关平定地方势力叛乱的奏章，也是今人了解当时青海河湟政治形势的重要文献。此外，北京大学图书馆古籍善本特藏部整理的《奎顺奏稿》⑤ 是清光绪年间奎顺任青海西宁办事大臣时（1891～1896 年）的奏稿及有关上谕等文

---

① 《青海风物志》编纂委员会：《青海风物志》，青海人民出版社，1985。
② 《青海省志》编纂委员会：《青海历史纪要》，青海人民出版社，1987。
③ 吴丰培编《豫师青海奏稿》，青海人民出版社，1981。
④ （清）那彦成：《那彦成青海奏议》，青海人民出版社，1997。
⑤ 北京大学图书馆古籍善本特藏部：《奎顺奏稿》，《北京大学图书馆馆藏稿本丛书》（第 23 册），天津古籍出版社，1981～1991。

件，对研究晚清西北历史有参考价值。

《据鞍录》[①] 是清乾隆初年杨应琚以日记形式撰写的一部有关青海、甘肃、陕西的游记，记录了作者沿途勘查古迹、搜访金石的情形，还引证诗词、访问乡民，力图将古迹名胜的历史沿革、名称由来、地理变迁叙述清楚，订正了一些古籍记载的讹误。另外，作者还十分注重对明末清初战争遗迹和逸闻的调查，记载翔实，材料可靠，对研究这段历史有珍贵的史料价值。该书对西北山河、民俗风情有动情的描绘，虽然作者在书中只是以记录闻见为主，寓情于景，偶有议论，却颇有见识，给我们不少启示，该书是研究清前期青海地理、职官、生产、宗教难得的资料。清人陶保廉的《辛卯侍行记》[②] 将记载的内容重点放在陕西、甘肃、宁夏、新疆数省，作者虽然没有经过的青海省，依然用了不少笔墨。在"平番歧路"一节中，作者记载了平番经青海到新疆、西藏道路，专门记载祁连山道的地方多达四处，记载东西南北穿越祁连山的道路。作者有感于沿途见闻，提出了治疗社会痼疾的良方：正人心、澄吏源，这是有预见性和实效性的。清人冯一鹏著的《塞外杂识》[③] 记载了甘肃、青海两省山川河泽、民俗礼仪、饮食文化等。

在调查报告方面，1926～1932 年甘肃省、青海省政府先后组织有关人员对西宁县、大通县、湟源县和民和县进行调查，这些调查涉及当地的风俗人情、文化教育、医疗卫生等，[④] 是了解青海河湟地区社会文化近代转型的重要材料。上海暨南大学出版社于 1936 年出

---

① （清）杨应琚：《据鞍录》，兰州大学出版社，1988。
② （清）陶保廉：《辛卯侍行记》，甘肃人民出版社，2000。
③ （清）冯一鹏：《塞外杂识》，见喻归编《丛书集成初编》，中华书局，1985。
④ 1926～1932 年的调查记录现已汇编成册，参见王昱、李庆涛编《青海风土概况调查集》，青海人民出版社，1985。

版的《西北教育考察报告书》是后人了解当时青海地区教育状况的
重要文献。青海省民政厅编著的《最近之青海》①，对青海省各县的
全景做了详细的描述，同时还用了将近一半的篇幅详细介绍了当时
牧区的社会状况和牧民的生活习俗等。该书从建置、吏治、公安、
地方自治、水利、社会事业几方面详细地介绍了整个青海地区的社
会情况，资料翔实，最难得的是其对人口、宗教、气候、风俗做了
大量的社会调查，是我们研究历史所需的第一手资料。

在民国人的游记、日记方面，林鹏侠的《西北行》②，记载了本
书作者 1932～1936 年，游历西北陕、甘、绥、宁、青、新等省，记
录沿途见闻，提出"如政府奖励人民，急行开采（指西北各省丰富
的矿产资源），而统制于上，督促其成，因而利之，以推广教育，振
兴交通实业，发达生产，充实国防军备"等意见，"促起国人注意西
北之重要，或有细流土壤之助。"书中有 26 小节专门介绍青海境内
的地域概况、风俗人情、宗教信仰、党政军合作等情况，史料价值
较高。陈赓雅的《西北视察记》③记载了作者由兰州赶赴青海西宁
途中的所见所闻，内容包括林业物产、水利交通、民政教育，同时
专辟 3 小节介绍青海藏族生活和藏传佛教。《西北考察日记》④ 是顾
颉刚在 1937～1938 年考察西北时撰写的日记，内容涉及地域政治、
经济、教育、历史、地理、民族、宗教、民俗等多方面，学术和资
料价值很高，内容极为丰富。范长江的《中国的西北角》⑤ 也是一
部十分难得的旅行记，其中第三编《祁连山南的旅行》详细记载了

---

① 青海省民政厅编著《最近之青海》，新亚细亚学会，1934。
② 林鹏侠：《西北行》，甘肃人民出版社，2002。
③ 陈赓雅：《西北视察记》，甘肃人民出版社，2002。
④ 顾颉刚：《西北考察日记》，甘肃人民出版社，2002。
⑤ 范长江：《中国的西北角》，新华出版社，1980。

青海在马步芳统治下的社会状况，作者认为"青海的政治军事财政皆脱了正轨"，并指出"从实际情形看，青海的内情，并不如一般世俗所谣传的那样，有独立的危险，青海目前只是在盲目中安定，真正的问题，是在一般人的谣传之外，甚至青海本地人许多也还没有察觉到"。类似观点很有价值，值得人们研读探讨。周希武的《宁海纪行》① 以日记形式考究青海历史、民族沿革，了解经济、民生，提出利用当时欧战方酣，列强无暇东顾之机，开发边疆，经略青海。书中详细记载了青海蒙藏各族每年所产货物数十种，列其总数、价值，为研究青海经济结构、民族关系提供了翔实的参考资料。本书第二部分《湟中行记》转载了冯焌光由甘肃至九江南下沿途所见，包括自然景观、驿路交通、村镇关隘及物产、民族等情况，尤其对湟水两岸情况的记述，是当今学者了解该地区历史的宝贵材料。顾执中和陆诒撰的《到青海去》② 是作者到青海地区的一部游记，内容涉及青海境内的教育、矿产、风俗、物产等多方面，刊印此游记目的在于唤起国人对青海乃至西北地区的关注与重视。资料全部是作者亲历之后的辑录，便于人们了解民国时期青海的真正状况，史料价值很高。《西北漫游记：青海考察记》③ 是民国初年著名教育家侯鸿鉴先生于1935年旅行考察陕、甘、青、宁的一部实录，主要内容包括漫游前之琐记、陇海途中杂记、自青返兰等游记。第三编主要记述了青海地区的所见所闻，内容相对丰富。周觉生编的小册子《西宁》④ 详细记述了西宁及周边的基本概况。杨希尧的《青海风土

① 周希武：《宁海纪行》，甘肃人民出版社，2002。
② 顾执中、陆诒：《到青海去》，商务印书馆，1934。
③ 侯鸿鉴：《西北漫游记：青海考察记》，甘肃人民出版社，2003。
④ 周觉生：《西宁》，1936。

记》[①] 是一部关于青海牧区的风土民情考察笔记，对藏族、蒙古族的社会生活有过详述。阳秋的《甘乱杂志》[②] 记载了西北地区清朝回民起事事件，是我们了解辛亥革命时期青海河湟地区政治形势的重要资料。

在档案资料方面，因某些原因，青海省档案馆藏民国时期档案不允许私人查阅，笔者只能查阅青海省地方志办公室从南京第二历史档案馆及青海省档案馆复印、抄录的相关档案，包括教育类、体育类、宗教类、民族类等。这些档案材料包括民国时期青海学校教育的一些统计表，一些学校的各类章程，青海省教育概况、青海省政府发展体育事业的相关文件及统计表，在藏传佛教寺院举办国文讲习的相关档案，青海地区人口统计等。除档案材料外，笔者还参阅了1949年新中国成立以后逐步编著刊印的《青海文史资料》《西宁文史资料》等，这些文献资料收录了近代以来青海河湟地区的衣食住行、婚丧礼俗、节庆宗教、文化教育等方面的一些文章，这些资料虽然皆为内部文献，也未正式出版发行，但也是我们了解、研究青海河湟地区近代社会文化的重要材料，特别是有关社会生活方面的文史材料弥补了档案材料对此内容叙述的不足。马振犊先生主编的《抗战时期西北开发档案史料选编》[③] 选编了抗战时期有关青海地区的一些档案材料。此外，《青海近代史料辑录》是青海省图书馆组织工作人员在南京史料整理处抄录而得的档案资料，内容主要涉及青海地区宗教和军事方面的文书往来，史料价值高。民国时期的一些报刊也是笔者参考的重要文献资料，如反映青海河湟地区政

① 杨希尧：《青海风土记》，新亚细亚月刊社，1928。
② 阳秋：《甘乱杂志》，东京同文社，1916。
③ 马振犊主编《抗战时期西北开发档案史料选编》，中国社会科学出版社，2009。

口锐减》①、郭凤霞的《古代河湟地区人口发展情况述略》，②李健胜的《汉族移民与河湟地区的人文生态变迁》，③以及贾伟的《明清时期河湟地区民族人口研究》④ 等，都对青海河湟地区人口变迁等问题有过研讨。上述论著是笔者了解青海河湟地区的政治、人口及社会文化变迁的重要学术成果，具有很高的参考价值。

关于青海河湟地区的多民族文化互动问题的研究，杜常顺的《论河湟地区多民族文化互动关系》一文认为，自古以来河湟地区各民族之间就结成了文化上相互渗透、相互影响和相互吸收的多元多边关系，这种文化互动与河湟地区共同体文化的形成和发展过程紧密相随并产生了重要影响。⑤ 文章从语言、宗教和民俗等方面对河湟地区多民族文化互动关系进行了具体论述。丁柏峰的《河湟文化圈的形成历史与特征》一文指出，在历史的演进中，河湟地区作为中原与周边政治、经济、文化力量伸缩进退、相互消长的中间地带，具有自身独具特色的地方文化，汉族、藏族、蒙古族、土族、回族、撒拉族等各民族文化建构出河湟文化多元并存与兼容并包的文化特质，多元性文化维护了河湟地区的社会稳定，加强了民族文化认同，促进了河湟地区各民族的文化进步，最终也促进了这一地区的社会发展。⑥ 谢全堂的《论青海民国时期新文化的发展特点及传统文化的影响》一文认为，民国时期青海地区文化发生了较大的变化，形成

---

① 石志新：《清末甘肃地区经济凋敝和人口锐减》，《中国经济史研究》2000 年第 2 期。
② 郭凤霞：《古代河湟地区人口发展情况述略》，《青海师范大学学报》（哲学社会科学版）2010 年第 5 期。
③ 李健胜：《汉族移民与河湟地区的人文生态变迁》，《西北人口》2010 年第 4 期。
④ 贾伟：《明清时期河湟地区民族人口研究》，兰州大学博士学位论文，2012。
⑤ 杜常顺：《论河湟地区多民族文化互动关系》，《青海社会科学》2004 年第 4 期。
⑥ 丁柏峰：《河湟文化圈的形成历史与特征》，《青海师范大学学报》（哲学社会科学版）2007 年第 6 期。

了新文化和传统文化并存的局面，作者就青海民国时期文化变化的特点及传统文化在青海近代社会中的地位和影响等问题做了初步的探讨。① 李健胜、赵菱贞等著的《儒学在青藏地区的传播与影响》一书，主要研究历史上儒学在青藏地区传播的主要条件、方式及其影响，书中部分章节探讨了汉族移民对河湟地区人文生态变迁的作用，最后一章分析了儒学对青藏地区各民族国家认同、文化认同意识的作用与影响。② 该书具有很高的参考价值。此外，芈一之的《青海民族历史的特点与民族文化的特性》③，郭洪纪的《河湟地区民族和谐发展的文化哲学基础》④ 等文章，都是笔者深入了解青海河湟地区多民族文化互动关系等问题的重要参考文献。

内容涉及青海河湟地区少数民族社会文化近代变迁的论著有霍维洮和胡铁球著的《近代西北少数民族社会变迁》一书，该书着力探讨近代西北少数民族社会变迁的主要动因及各民族间的关系，对社会商业、文化和制度变迁进行了探讨，深入分析了社会变迁进程中的各种基本形态。⑤ 李健胜著的《清代—民国西宁社会生活史》一书，以清代至民国时期为时间范围，以西宁现今所辖地区为空间界域，以西宁地区的衣食住行、婚丧礼俗、教育文娱、节庆宗教、医疗卫生等内容为主要研究对象，通过剖析《西宁府新志》《西宁府续志》《丹噶尔厅志》等方志材料及各类文史资料中的相关内容，探究了西宁地区社会生活的主要内容，还原了当时社会生活的基本面貌，以较翔实的材料呈现了西宁地区各民族社会生活的多元性，

① 谢全堂：《论青海民国时期新文化的发展特点及传统文化的影响》，《青海师范大学学报》（哲学社会科学版）1992 年第 2 期。
② 李健胜、赵菱贞等：《儒学在青藏地区的传播与影响》，人民出版社，2012。
③ 芈一之：《青海民族历史的特点与民族文化的特性》，《青海民族学院学报》2007 年第 3 期。
④ 郭洪纪：《河湟地区民族和谐发展的文化哲学基础》，《青海社会科学》2009 年第 1 期。
⑤ 霍维洮、胡铁球：《近代西北少数民族社会变迁》，宁夏人民出版社，2009。

在此基础上，分析和探究了西宁地区内地化的历史进程和近代化转型过程中的区域特征。① 这些对笔者研究河湟地区的文化变迁有很大的参考借鉴价值。赵春娥的《青海社会变迁与教育"内地化"进程初探》一文，展现了青海儒学在乾隆年间开始兴盛，到晚清新政学制改革中逐渐成熟，体现了青海教育内地化在艰难的近代社会转型中形成了自身独有的特征，最终以普通教育为主体的教育局面的形成标志着青海教育的内地化实现。此外，朱世奎的《西宁风俗纪略》《青海风俗简志》等著作，② 朱解琳先生的《甘青宁民族教育史简编》③ 一书，以及《西北边疆社会研究》④ 等，也是笔者研探青海河湟地区社会文化近代变迁的参考著作。

　　总体而言，由于在国家与地方社会关系框架中，以"华夏边缘"与"民族边疆"为时空界定的有关青海河湟地区社会文化变迁的研究论著相对较少，因此笔者除参考王明珂先生的相关论著外，还参阅了冯建勇的《辛亥革命与近代中国边疆政治变迁研究》⑤、阿地力·艾尼的《清末边疆建省研究》两本书，⑥ 这两部专著较为系统地介绍了民族边疆社会历史的成因及其近代变迁的具体过程，其研究结论对笔者启发较大。

①　李健胜：《清代—民国：西宁社会生活史》，人民出版社，2012。
②　朱世奎：《青海风俗简志》，青海人民出版社，1994。
③　朱解琳：《甘青宁民族教育史简编》，青海人民出版社，1993。
④　田澍、何玉红主编《西北边疆社会研究》，中国社会科学出版社，2009。
⑤　冯建勇：《辛亥革命与近代中国边疆政治变迁研究》，黑龙江教育出版社，2012。
⑥　阿地力·艾尼：《清末边疆建省研究》，黑龙江教育出版社，2012。

第一章

华夏边缘：传统时代青海河湟地区的社会文化

本章主要讨论先秦至清代前中期河湟地区的民族构成及其变迁，中央王朝在青海河湟地区的行政建置及其对河湟华夏边缘移动、变化过程的影响，在此基础上，研究先秦至清代前中期青海河湟地区社会文化变迁的具体表现。

第一节　从羌人地带到多元民族地带

自古以来，青海河湟地区是民族杂居之地，不同民族的活动、迁徙及与其他民族的竞争、融合，既构成了青海河湟民族史的主体内容，同时也是该地区成为华夏边缘的重要社会基础。简言之，曾在河湟地区成为主体民族的羌族、鲜卑、藏族等本身就是构成华夏边缘的主体民族。民族分布格局的变化，也与中央王朝在河湟地区的经略及汉族移民在该地区的活动有关，这也是导致华夏边缘在地域上的移动及其社会文化变迁的因素。

一 羌人地带到藏人地带：先秦至明朝中期青海河湟地区的民族分布

从《后汉书·西羌传》的记述及相关考古材料看，由先秦到汉朝分布在青海河湟地区的主要民族为西羌。

（一）羌人地带

1. 羌族的起源与分布

羌族是我国古老的民族，分布范围十分广泛，商代甲骨文中有"羌""羌方"，特指的是与商人关系紧张的山、陕一带的羌人，东汉许慎的《说文解字》称"羌"为"西方牧羊人也"，意为西方养羊的民族。结合其他传世文献及考古资料可知，先秦时期，羌人就有东羌、西羌之分，至两汉时，中原汉人已有东羌、西羌的明确概念分界。著名学者马长寿先生认为西羌主要"分布在河西走廊之南，洮岷二州之西"，"羌族应是河曲一带新石器文化的主人"。①《后汉书·西羌传》云："西羌之本，出自三苗，姜姓之别也。其国近南岳。及舜流四凶，徙之三危，河关之西南羌地是也。滨于赐支，至乎河首，绵地千里。"

从传世文献看，西羌或被视为遭舜帝流放的"三苗"后裔，或出于大禹部落，或出于炎帝世系，或把羌人纳入黄帝世系之中。实际上，羌族是一个拥有独立族源的古老民族，也是华夏族最早的华夏边缘。此外，广泛分布于今山、陕一带的羌人一般被称为东羌，战国时期，东羌主要分布于上郡、陇西一带，到两汉时，北地郡、上郡也是东羌人集居之地。《汉书·西域传上》云："出阳关，自近

---

① 马长寿：《氐与羌》，广西师范大学出版社，2006，第81页。

者始，曰婼羌。婼羌国王号去胡来王。去阳关千八百里，去长安六千三百里，辟在西南，不当孔道。户四百五十，口千七百五十，胜兵者五百人。西与且末接。随畜逐水草，不田作，仰鄯善、且末谷。山有铁，自作兵，兵有弓、矛、服刀、剑、甲。西北至鄯善，乃当道云。"可见新疆天山南路也有古代羌人。

羌人作为华夏边缘的历史甚为悠久。夏族雄踞中原时，居住在其西北部一带的主体民族即为羌族。史料记载，夏与羌的关系较为亲密，《史记·六国年表》云："禹兴于西羌"，可见夏羌二族关系非同一般。从甲骨卜辞看，商朝时期，其西北方有"羌方"，即以羌人为主的方国，"羌方"与商之间的战和关系较为复杂，羌人方国有时臣服于商国，有时则与商国展开大规模战争，而羌人是商王朝奴隶的主要来源，被俘获的羌人往往成为商人用以祭祀的牺牲品或强迫其放牧或种田。夏、商时期，作为夏族和商人边缘的羌人皆为东羌，河湟羌人与中原民族之间还未有直接的交往。这一时期，青海河湟地区在生态上、文化上还是一个独立的区域，西羌民族长期扎根于此，逐渐形成了具有自身特色的社会文化体系，因羌人对当时和以后的青海河湟社会结构和社会生活产生了重大影响，因此这一社会文化体系对之后的青海河湟诸民族产生着重要影响。

《尚书·牧誓》记载，商代末年，羌与庸、蜀等少数民族共同帮助周武王伐商。羌被称为"西土之人"，可能包括除东羌以外甘肃和青海河湟地区的羌人。因周族兴起之地周原靠近陇西，加之周族长期与羌戎民族杂居，故而与羌人关系更为密切，周族的始祖后稷为羌人之女姜嫄所生，姬周与羌人姜姓部落长期结成婚姻联盟。另据《穆天子传》载，周穆王西巡，在昆仑之丘举行了祭礼，并"执白圭玄璧以见西王母，献锦组百纯、金玉百斤，西王母再拜受之"，

《竹书纪年》亦载："穆王十七年，西征昆仑丘，见西王母。"所谓"西王母"一般认为是青海河湟地区羌族部落酋长，上述记载虽然充满了神话色彩，但它反映出生活在青海河湟地区的羌族已初步成为周王朝的西部边缘。

春秋时期，秦穆公"独霸西戎"，秦人与羌人的矛盾因此加剧。公元前272年，"宣太后诱杀义渠王于甘泉宫"[1]，并发兵灭了义渠羌国，置北地、陇西、上郡，将东羌之地纳入统治版图，使西羌成为其势力范围的边缘。战国时，中原华夏的势力范围进一步向西扩张，中原地区的史书第一次明确地提到了青海河湟地区的民族及社会发展状况。《后汉书·西羌传》记载，东羌人无弋爰剑曾为秦国奴隶，后逃入"三河间"，"庐落种人依之者日益众"，无弋爰剑及其子孙成为河湟地区的羌族豪酋。据顾颉刚先生考证，"三河"即今之黄河、湟水和大通河。[2] 无弋爰剑逃入青海河湟地区后使当地羌人的生产方式由射猎变为田畜，民族人口有了显著增加，社会文化也有了进步。实际上，《后汉书·西羌传》的记载和前述"舜流三苗于三危"的记述一样，都是华夏族历史记忆和历史书写的产物，而无弋爰剑逃入河湟一事，实际上是典型的"英雄徙边记"，[3] 以上文献说明战国末期，华夏民族的势力范围已西扩至青海河湟地区的东缘，这里的西羌民族也逐步成为华夏族的边缘。尽管这一时期，中原政治势力并未真正进入青海河湟，中原民族也未大规模迁入这一地区，但无弋爰剑的故事至少说明当时东部羌人已受到秦国势力的挤压，他们当中的一些人不得不向西迁徙，进入河湟，而河湟地区则间接

---

① 《后汉书》卷八七《西羌传》，中华书局，1965，第 2874 页。
② 顾颉刚：《从古籍中探索我国的西部民族——羌族》，《社会科学战线》1980 年第 1 期。
③ 王明珂：《英雄祖先与弟兄民族》，中华书局，2009，第 81~83 页。

地感受到了华夏民族及其社会文化体系的影响力。

2. 西羌的主要种落

秦汉时期，东羌民族基本融入华夏族，西羌民族集聚的区域则包括青海河湟地区、甘肃相邻地区、新疆塔里木盆地以及葱岭（帕米尔高原）的西域诸国、河西走廊一带。从《后汉书·西羌传》的记载看，青海河湟地区是西羌的大本营。这一带羌人种落繁杂、人口众多，主要包括先零羌、烧当羌、勒姐羌、滇零羌、卑湳羌、发羌、卑禾羌等。其中，先零羌为青海河湟诸羌中最大的一个部落集团，居住地在今青海黄河上游的大小榆谷（青海循化至贵德一带的黄河南北两岸）。大小榆谷土地肥美、气候温和，是青海河湟地区自然条件最好的区域，比较适合农业生产，至今该区域仍是青海河湟地区重要的农产品出产之地。西汉初年，随着先零羌势力的壮大，该种落开始向湟水以南、以北及西海、盐池（今青海湖）一带扩张，而随着西汉王朝国家势力进入青海河湟，先零羌与中央王朝之间不可避免地发生了冲突。在先零羌的发展过程中，尽管其势力一直在扩张，但在松散的部落联盟体制下，这一支羌人不仅没有建立国家，而且在部落不断分化的过程中，内部矛盾丛生，不断消解着自身的实力，加之这支羌人恃强凌弱，经常攻掠弱小的羌人部族，引起众羌反感，最终被众羌联合击败，逐出大小榆谷。此后，先零羌势力向东发展，并与汉王朝展开争夺河湟东部地区土地的争战，屡屡受到中央王朝势力的打击，部落实力逐步削弱。

烧当羌是世居黄河北岸大允谷（今青海共和县东南）的一个部落，该地区接近青藏高原腹地，气候寒凉，不利于从事农业生产，牧业生产也受到气候寒苦的影响，因此烧当羌并不像先零羌那样在短期内扩张成为大的种落。东汉初年，烧当羌借助众羌仇恨先零羌的便利条件，率众击败了先零羌，后又击败卑湳羌，成功占据大小榆谷，进而成为继先零羌之后最为强大的一个部落集团。

勒姐羌因居勒姐溪，故名。这支羌人也是西羌中颇有影响的种落，且以反抗东汉暴政而闻名于世。东汉建初元年（76 年），勒姐羌与卑湳羌联合起兵反抗东汉暴政，因受到残酷镇压而失败。永初三年（109 年），勒姐羌与当煎羌攻打东汉破羌县（今青海乐都县东），虽获短暂胜利，但也受到了东汉王朝的沉重打击。元初元年（114 年），勒姐羌又与零昌羌等联合起来攻打东汉武都、汉中等地。最终，东汉骑都尉马贤率兵在安故（今甘肃临洮县南境）击败勒姐羌，其部落百姓或被杀或降散，勒姐羌名存实亡。和前述西羌种落一样，勒姐羌始终处于松散的部落联盟阶段，尽管组织兵力与东汉政权相抗争，但终究无法与成熟国家的军事力量抗衡。

卑湳羌也是西羌中颇有实力的一支，这支羌人原居于大小榆谷，借地利之便成为人多势众的羌人种落。后来，在与烧当羌的争战中失利，被后者驱逐出大小榆谷。这支羌人后来北向发展，曾徙居于金城郡安夷县（今青海平安县）。卑湳羌后又与烧当羌发生争战，试图夺回大小榆谷，皆以失败告终，其部落势力也被削弱，没能再次称霸于大小榆谷。后来，卑湳羌南迁至岷江上游。

钟羌又称钟存羌，是一支源于大小榆谷南部地区的羌人种落，这支羌人北与烧当羌为邻，因此多受烧当羌人的攻掠，后来钟羌的一部分徙居于陇西郡的临洮谷。东汉时，钟羌借地利之便，成为众羌部族中势力颇为强盛的一支，也是积极反对东汉势力西进的一支羌人，曾与滇零羌共断陇道，阻碍了汉军的西进。后来，东汉车骑将军邓骘试图集合三河、三辅、汝南、南阳、颍川、太原、上党等郡之兵镇压钟羌，钟羌首领率数千人抢先击败邓骘于冀西（今甘肃天水西），杀汉军千余人。东汉永初三年（109 年），钟羌攻破临洮，生擒陇西南部都尉。钟羌的一系列反汉举动，引来的是更为残酷的镇压，护羌校尉马贤率 7000 余人攻击钟羌，双方大战于临洮，钟羌不敌马贤部众战败，部众伤亡惨重，其势力也因此大减。

当煎羌又作"煎当"，原居于金城郡允街县（今甘肃永登南），是从先零羌中分化出来的羌人种落。西汉时，当煎羌的一部分徙居陇西郡，先后与勒姐羌等攻打破羌县，后又攻击武都、汉中二郡。东汉永宁元年（120 年），沈氏羌在张掖被马贤率部近万人攻击，损失严重，当煎羌大豪饥吾等乘虚进攻金城，想以此减轻东汉王朝对沈氏羌的压力，打击东汉王朝西进的势头。最后，饥吾所率大军为马贤所败，其部众也遭到东汉军队的残酷镇压，部众死伤过半，幸存者降散。

驻牧于今青海果洛、玉树一带的发羌是西羌中与中原政治势力关系最为疏远的一支，因其地处青藏高原腹地，少与其他羌人种落联系，其史实也甚少被记述。东汉永元年间，烧当羌首领迷唐联合诸羌与东汉军队作战，三次失败，迷唐被迫远徙赐支河首（黄河河源一带），最后依发羌而居，最终融入发羌。发羌存在的时间颇长，公元 6～7 世纪时，吐蕃势力北上，发羌被征服，族众融入吐蕃。

除上述大的羌人种落外，还有累姐、吾良、煎巩、当阗、巩唐、滇那、效功等诸羌，这些部落"大者万余人，小者数千人，更相钞盗，盛衰无常"①。据新近出土的敦煌悬泉汉简载，当时还有刘危种、藏耶毗种、龙耶种、渠归种、良种、甬种等诸羌，② 这说明当时羌人的种属数量众多。

---

① 《后汉书》卷八七《西羌传》，中华书局，1965，第 2898 页。

② 高荣：《敦煌悬泉汉简所见河西的羌人》，《社会科学战线》2010 年第 10 期，第 100 页。

3. 西羌的反汉活动

两汉时期，西羌民族是青海河湟地区内生地方秩序构建者和代言人，尽管还未进入国家阶段，但一些部落实力强大，已形成独特的政治结构及其运作方式。长期生息于此的羌人也形成了独特的宗教信仰与生活习俗。随着汉王朝势力进入青海河湟，作为地方秩序代言者的羌族与中原王朝势力之间的较量日渐白热化，西羌民族不甘心其政治秩序、生产方式及生存资源或被汉王朝势力打乱或被吞并，愤而发起反抗。到东汉时，终因在汉政权的强压下，爆发了大规模的起义。汉政权的移民屯殖活动，不仅挤占了羌人的生存空间，两汉边郡官吏对待羌人亦十分残暴、凶狠，这些边官"率好财货，为所患苦"①，使得大多数羌人认为"汉家常欲斗我曹"②。加之东汉政权不合时宜、地宜的强制内迁，加剧了羌人所受的经济剥削和政治压迫，③从而激发羌人"愤怒而思祸"，④ 发动了数次大规模的反抗活动。

西羌反汉活动的导火索是烧何羌女首领比铜钳被捕。烧何羌曾游牧于鲜海（今青海湖）东北，因被迁徙于此的卢水胡所袭，被迫东迁到金城郡临羌县一带。东汉中元二年（公元57年），临羌长以烧何羌部众犯法，逮捕了其女首领比铜钳，还屠杀烧何羌部民数百人。东汉边官的残暴与蛮横，引起西羌各部的公愤，众羌起兵反抗的种子从此萌芽。永平元年（公元58年），汉中郎将窦固、捕虏将军马武征伐烧当羌，烧当羌被攻败后，汉政权强徙其部众至寒苦之地。烧当羌虽被击败，但其在羌人族众中的影响力仍然较大，众羌族因强徙一事对东汉政权恨之入骨。建初元年（公元76年），安夷

---

① 《后汉书》卷六五《张奂传》，中华书局，1965，第2138页。
② 《后汉书》卷一六《邓训传》，中华书局，1965，第610页。
③ 杨永俊：《对东汉"羌祸"的重新审视》，《西北史地》1999年第1期。
④ 《后汉书》卷八七《西羌传》，中华书局，1965，第2899页。

县县吏掠夺一卑湳羌妇为妻，羌妇之夫因此杀死县吏。安夷长宗延不仅不追究县吏强占羌人之妻的罪行，却领兵追击羌妇之夫出塞，卑湳羌众愤然杀死宗延，并联合勒姐、吾良二族起兵。东汉政权的残酷统治和地方官吏的强压，引起羌人族众的强烈不满，最终于建初二年（公元 77 年），爆发了以烧当羌为主，烧何、卑湳、当煎、当阗等和湟中月氏胡、卢水胡共同参与的大起义。

东汉建初二年夏，烧当羌滇吾之子迷吾率诸部起兵，击败金城太守郝崇。是年秋，迷吾又与封养羌首领布桥等联合兵力 5 万人共同攻击陇西、汉阳二郡，声势浩大的反汉活动引来了汉政权的疯狂震压。为消灭反汉羌人势力，东汉任命张纡继任护羌校尉，命其组织兵力镇压以烧当羌为首的反汉活动。张纡率兵西进，与迷吾所率羌人军队战于大乘谷（今青海湟源县西北巴燕峡）。迷吾战败，遂向汉军请和，张纡趁其赴会之机，"施毒酒中，羌饮醉，纡因自击，伏兵起，诛杀酋豪八百余人……复放兵击在山谷间者，斩首四百余人，得生口二千余人"①。迷吾之子迷唐听到其父噩耗后，联合烧何、当煎、当阗等羌 5000 人，攻击陇西塞，与陇西太守寇盱战于白石县（今甘肃临夏南）。此战迷唐失利，被迫退出大小榆谷。汉永元八年（公元 96 年）十二月，史充为护羌校尉，强征湟中归义羌胡出塞攻击迷唐，迷唐大败史充兵，杀数百人，还先后两次攻入陇西郡，杀大夏（今甘肃广河）长，反汉队伍扩充到 3 万人。后因西羌内部矛盾激化，羌人队伍因此被削弱。永元十三年（101 年）秋，迷唐又率 7000 多人攻入金城郡，护羌校尉周鲔与金城太守侯霸调集诸郡官兵及归降湟中月氏胡等 3 万人出塞，与迷唐大战于允川（今青海共

---

① 《后汉书》卷八七《西羌传》，中华书局，1965，第 2882 页。

和盆地），结果迷唐大败，其部众被杀数百人，归降 6000 余人。这些归降的羌众随后被迁徙至汉阳、安定、陇西三郡。迷唐率余众不足千人远逾赐支河首，依发羌而居，从此结束了烧当羌的反抗活动，东汉为镇压烧当羌，先后更换了九任护羌校尉，才将烧当羌的反抗镇压下去。

西羌反汉之后，东羌及内迁羌人为反抗东汉暴政，也举行过数次暴动，湟中义从胡也曾举兵反汉。为镇压羌人起义，东汉政府"驰骋东西，奔救首尾，摇动数州之境，日耗千金之资"①，导致了汉王朝府库空虚、元气耗散，加速了汉政权的覆亡。② 然而，青海河湟地区的羌人反汉活动，并没有阻断汉政权势力的西进势头，随着汉王朝势力的西向扩张，西羌世居之地也逐步纳入中原王朝的版图，这使原来的羌人地带及其稳定性发生很大的变化，加之青海河湟羌人活动的区域大多为资源相对匮乏、地形复杂、气候多变的山谷地带，在与中原民族竞争过程中，这些羌人部落被逐步隔绝在狭小的山谷地带，无法形成强大的联盟。此外，自古以来羌人一直处于不相统属且相互征伐的部落阶段，在以亲属血统关系为纽带的"分支性社会结构"中，大大小小的层级性羌人部落之间一直保持着松散的统属关系，没有形成真正的国家组织，这种情况一直持续到东汉甚至更晚。③ 正是如此，尽管从民族分布上看，两汉时期青海河湟地区仍是羌人地带，但作为华夏边缘的羌族已深受中原政治势力的影响，且这种影响即使当地的民族构成发生变化，也使当地进入内地化的历史阶段，其社会文化属性不再是独立的，而是既具有地方性

---

① 《后汉书》卷一一七《西羌传》，中华书局，1965，第 2900 页。
② 冉光荣、李绍明等：《羌族史》，四川人民出版社，1984，第 80～84 页。
③ 王明珂：《游牧者的抉择》，广西师范大学出版社，2008，第 179～191 页。

特征，也有部分中原文化因素，从而使作为华夏边缘的青海河湟地区的社会文化属性在多元的基础上，具有某种意义上的模糊性。中央王朝军事及行政力量的进入，改变的不仅仅是当地的政治结构，同时也深刻地影响着当地社会文化的进程，正是这种力量的介入，使青海河湟地区作为华夏边缘的历史地位得以真正确立。

（二）鲜卑对青海河湟地区的影响

魏晋南北朝时期，匈奴、鲜卑、羯、氐、羌等民族纷纷内迁，并在我国北方建立了十数个少数民族政权，中原王朝的统治范围及其影响力式微，史称"五胡乱华"。这一时期，小月氏、匈奴诸部及鲜卑等少数民族迁徙至青海河湟地区，使这一地区成为多民族杂居之地。直到唐代中期，羌、汉、鲜卑、吐谷浑等民族错落杂居于河湟，共同成为中原华夏的西部边缘。因这一时期民族关系甚为复杂，因此甚难做出全面梳理，笔者拟以曾在青海河湟建政的鲜卑秃发部与其他民族的关系为线索，研探这一时期河湟华夏边缘及其变迁过程。

1. 鲜卑西移历程

鲜卑族是发源于东北地区的古老民族。秦汉时，鲜卑族居于今内蒙古东北额尔古纳河以南、辽宁西拉木伦河以北的广大地区，臣服于匈奴。后来，北匈奴为东汉击溃，被逼西迁，鲜卑族趁机占据漠北，汉桓帝时，鲜卑各部为檀石槐所统一，成为一个强大的草原军事联盟。檀石槐死后，其所构建的军事联盟瓦解，鲜卑族分化为若干个部落，东部主要是宇文部和慕容部，西部主要是拓跋部、秃发部和乞伏部。其中，秃发部是从拓跋部中分化出来的一支，是拓跋鲜卑圣武帝诘汾长子匹孤的后裔。诘汾死后，次子力微继位，长子匹孤率领所部沿阴山西迁至陇山一带。曹魏时期，秃发部被镇西将军、都督陇右诸军事邓艾迁至河西走廊及湟水流域。

匹孤死后，其子寿阗执掌部落大权。寿阗死后，其子树机能继任首领，据《晋书》卷一二六记载，树机能以"壮果多谋略"而著称于世，在他的经略下，秃发部逐步强盛起来，成为陇右、河西地区一支重要的政治力量。晋泰始六年（270 年），树机能在万斛堆（今甘肃靖远县南）击杀晋秦州刺史胡烈，引起晋朝极大震动。至晋咸宁五年（279 年），树机能率众数万，攻陷了凉州治所姑臧城，截断了西晋与河西的交通。晋武帝任马隆为讨虏护军、武威太守，率军渡温水（今甘肃武威东），收复凉州。马隆与树机能展开大战，树机能兵败被杀。树机能任首领时期，来自北方的鲜卑秃发部不仅进入青海河湟北缘地区，且与中原政权发生了大的冲突，这可以看作是鲜卑秃发部成为新的华夏边缘的一个历史起点。树机能死后，其弟务丸及孙椎斤先后成为首领，游牧于武威附近。东晋兴宁三年（365 年），椎斤卒，其子思复鞬统领族众，秃发部经过几十年消沉后，重又兴盛起来。

思复鞬死后，乌孤继立。秃发部长期游牧于广武（今甘肃永登东）一带，时常受到后凉、西秦的威胁，无法获得更大的发展空间，因此乌孤决定率部南迁。东晋太元十五年（390 年），乌孤率部进入湟水流域。次年，他征服了一度叛离的乙弗部和折掘部，在湟水流域站稳了脚跟。同年，他又令部将石亦干筑廉川堡（今青海民和县史纳古城），作为秃发部在大通河、湟水流域的政治中心。从此，乌孤以廉川堡为据点，征服、统一河湟地区的鲜卑各部，逐渐形成了和后凉分庭抗礼的形势。乌孤在扩充鲜卑秃发部势力的同时，后凉政权日趋衰败。东晋太元二十一年（396 年），吕光在讨伐西秦之前，为稳住实力渐强的秃发部，曾派专使赴廉川堡加封乌孤，乌孤拒绝封爵，表示要自立称王。不久，吕光被西秦大败于金城，退兵姑臧，乌孤乘机在廉川堡自称大都督、大将军、大单于、西平王，以其弟秃发利鹿为骠骑将军，秃发傉檀为车骑将军，正式建立秃发氏政权。因秃发氏政权立国于湟水流域，地处河西走廊东南，秃发傉檀又以"凉"为国号，故史称南凉。

西部羌人一直处于松散的部落联盟时代，魏晋时虽然仍为河西、河湟一带的重要土著民族，但没有形成独立的政治势力，故而往往与其他民族联姻，或臣服于其他民族以求生存。鲜卑秃发部进入河西及湟水汉域后，为扩充自身实力，就和当地羌人联姻，如思复鞬为其长子乌孤娶羌氏女，借此与羌人形成联姻关系，使当地羌人臣服于秃发部，这对南凉政权的建立及稳固起到了重要作用。鲜卑秃发部与羌人的联合既说明作为旧地方秩序的代言者——羌人的影响力仍然存在，也说明新地方秩序的代言者进入青海河湟后，通过重整当地的民族社会资源，成为左右这一地区民族关系中新的主导力量。

2. 鲜卑与当地汉人及汉人政权的关系

东汉末年，中央王朝的屯田活动因中原大乱而停滞，一些长期生活在青海河湟地区的汉人不得不依附于其他政权。秃发部乌孤利用自己的政治影响，广招人才，以加强自己的统治基础。因乌孤率先举起反抗后凉吕氏统治的大旗，所以在河西地区有很大的号召力，加之河西人大多不满吕氏的残暴统治，纷纷投向南凉。乌孤立国之后，广开门路，量才录用大量豪门及俊杰之士，使南凉政权逐渐得到完善和巩固。特别是一些可以左右时局的名门大姓加盟南凉，为这一政权在错综复杂的矛盾斗争中占据主动，并扩充实力奠定了重要的政治基础。乌孤死后，其弟利鹿孤继位，他针对河西形势的变化，迁都西平。为进一步扩张实力，他将汉人安置在城内外，让其专事农业，而秃发鲜卑则专门从事征战。他利用汉人从事农业生产，不仅安置了战乱中的百姓，也为其对外扩张奠定了基础，可谓一举两得。南凉政权一方面与后凉吕氏汉人政权为敌，一方面积极借鉴汉人政权的政治制度，使这一华夏边缘的政治、文化属性发生了很大变化。有学者研究，在政权建设上，南凉效仿中原制度，有较完备的中央、地方及军事职官体系。中枢职官首推录尚书事为最高行政长官，下置尚书左、右仆射为副手，还设有尚书左丞主管尚书台内禁令、宗庙祠祀、朝仪礼制等，其地位仅次于左、右仆射。尚书以下有六曹机构。中央军事官吏掌有重权，一般以秃发贵族充任，除南凉王为最高军事统帅外，高级军事长官有骠骑将军、车骑将军。此外，南凉还设有前军将军、后军将军、中军将军、左将军、右卫将军、南中郎将、镇军将军、四镇将军、四平将军、四安将军、护军将军等。在地方职官上亦沿袭晋制，设有州牧、司隶校尉、太守、内史、护军等。在文化上，为了自身的发展与进步，南凉政权不仅任用河西"硕儒"参政议政，还采纳汉臣建议，设博士祭酒，开馆延士，举办儒学。①

南凉政权利用河西、河湟各割据政权的矛盾以求发展，至秃发傉檀统治时期，南凉势力发展到全盛阶段。据《十六国疆域志》，其行政建置包括武威、武兴、番禾、西郡和昌松凉州五郡，乐都、西平、湟河、浇河和广武岭南五郡，以及晋兴、三河、金城三郡。其疆域大致东起今甘肃景泰至兰州以西，西至甘肃山丹大黄山之麓，北抵今甘肃腾格里沙漠，南至黄河以南青海黄南同仁一带，东南至今青海循化，西南到青海湖东北至贵德一带。今青海河湟地区、甘

---

① 罗宏曾：《十六国时期统治者对儒学和学校事业的重视》，《历史教学》1983 年第 9 期，第 5~8 页。

肃河西大部分被纳入南凉政权的版图。南凉政权利用汉人屯田垦殖，参与行政事务的做法，实际上恰好说明两汉以来青海河湟地区内地化成果对当时该地区的社会生产和政治进程均发挥了重要作用，而南凉政权之所以在当时险恶的民族、国家关系中占得暂时的优势地位，也与这些内地化的成果直接相关。上述情况也说明，华夏边缘的社会文化属性的多元性。

3. 南凉覆亡

南凉的兴盛固然和这一政权与羌人联姻、学习先进的汉文化且能利用各民族矛盾以求发展的策略有关，它的衰亡也与其和其他少数民族之间的竞争有关，为了争夺资源以求生存和发展，鲜卑秃发部和匈奴、卢水胡等少数民族展开激烈的战争，青海河湟地区内生的地方秩序也因此发生了大的变化。

曾在河套一带立国的匈奴大夏王赫连勃勃曾向南凉国求婚，傉檀轻薄大夏国力，拒绝通婚，大夏王便率骑 2 万讨伐南凉。大夏军队势如破竹，先于支阳（今甘肃永登南）击败傉檀，傉檀不甘失败，追击大夏兵，又兵败阳武峡（今甘肃靖远境内）。赫连勃勃还在阳武峡下凿冰塞路，傉檀军士射中赫连勃勃右臂，大夏返军逆击，大败傉檀，追奔 80 余里，使南凉军队几乎全军覆没，傉檀仅以数骑逃回姑臧。《晋书》卷一三〇记载，当时赫连勃勃还命人堆积人头，"以为京观，号髑髅台"。阳武一战，南凉元气大伤，举国上下一片惊慌。为防止大夏和北凉东西夹击，傉檀强徙 300 里内百姓入姑臧，引起百姓怨恨。此时，城内的屠各族人成七儿率其所属 30 人反于北城，推梁贵为盟主，聚众行乱，后在殿中都尉张猛的威吓下，众人逃散，成七儿被杀。接着，军咨祭酒染岜、辅国司马边宪等人又试图发动政变，事败后被傉檀捕杀，史称"边梁之乱"。

阳武之败和"边梁之乱"后，南凉内外交困，势力渐衰。正值此时，南凉又与张掖卢水胡沮渠蒙逊建立的北凉政权为敌。东晋义熙三年（407 年），傉檀率 5 万余众伐蒙逊，双方战于均石（今甘肃张掖东）。傉檀为蒙逊所败，傉檀退据西郡（今甘肃山丹南）固守，又被蒙逊所败，西郡太守杨统降北凉。义熙五年（409 年），傉檀又挑起与北凉的战端，派左将军枯木、驸马都尉胡康袭击北凉，掠临松千余户而还。蒙逊也领兵攻南凉显美方亭，掠去人口数千户。义熙六年（410 年），傉檀派太尉俱延击蒙逊，大败而归。三月，傉檀不听劝谏，率骑 5 万向北凉大举进攻，双方大战于穷泉（今甘肃武威西南），傉檀大败，他本人仅以单骑奔还。蒙逊进围姑臧，城内百姓恐慌失据，悉皆惊散，各族人众万余户归降北凉。傉檀以司隶校尉敬归及子秃发佗作为人质，向蒙逊求和，蒙逊徙南凉 8000 户而归。此时，驻守姑臧通往湟水大道的南凉右卫将军折掘奇镇据石驴山（今青海西宁北川西北）已反叛，傉檀怕丢掉湟水地区，留大司农成公绪据守姑臧，自己率百官迁回乐都。傉檀刚一离开，焦谌、王侯等即闭城反叛，合 3000 余户降北凉。从此，南凉失去了对河西走廊东部地区的统治，退回到湟水流域。

河西失守后，傉檀未能吸取教训，仍用兵伐北凉，结果屡战屡败。《晋书》卷一二六记载，沮渠蒙逊得南凉河西之地后，也不满足，南侵河湟，甚至在乐都附近"筑室返耕，为持久之计"，傉檀不得不先后以其子安周、染干为质，换取北凉撤军。同时，活动于河曲一带的吐谷浑觊觎南凉国土，于义熙七年（411 年）攻占南凉浇河之地。同时，与南凉隔河对峙的西秦攻占南凉三可郡白土城（今青海民和境内）。国力虚弱的南凉仍力图兴师伐北凉为振士气，义熙九年（413 年）四月，傉檀率兵伐北凉，被蒙逊先后败于若厚坞

（青海乐都附近）、若凉（亦在乐都境内），并三次围攻乐都，傉檀以其弟为人质，蒙逊方引兵退去。至此，南凉国土大部分已被北凉、吐谷浑及西秦掠去，仅剩西平、乐都二郡及晋兴郡、广武郡部分地区，一些将士也率部叛逃，国力从此一蹶不振。义熙十年（414年）四月，傉檀亲率骑兵七千，西袭乙弗，大破其众，虏获牛羊40余万头。此时，西秦乞伏炽磐乘虚攻入乐都，乐都以西至西平诸城也降于炽磐。南凉安西将军樊尼自西平奔告傉檀，傉檀不思急救，还欲再率军西掠契翰部，途中部众多逃散。傉檀见大势已去，令樊领纥勃、洛肱降北凉，自己降于西秦，南凉国覆亡。是年底，傉檀被炽磐鸩杀。

鲜卑秃发部自东晋隆安元年（397年）立国至义熙十年（414年）亡于西秦，前后共历三主，达18年。南凉覆亡后，北凉、西秦、吐谷浑等政权先后统治了青海河湟地区。直到隋代初年，中央王朝才又收复此地。

虽然短短的18年时间并不能全面说明魏晋至唐代中期青海河湟地区的民族关系，但是通过南凉政权与羌人联合，与汉人政权、卢水胡等建立的少数民族政权的战和关系可以看出，当时这一地区民族关系之复杂、多变。从总体上看，这一时期虽然中央王朝在青海河湟地区的政治势力有所收缩，但华夏边缘的建构过程并没有因此完全停滞，中原政治势力影响西部华夏边缘的方式不再是攻伐、征服和屯田，而是通过当地的汉人割据政权的影响力、土著汉人的生产方式、中原政治制度及文化教育方式等影响这些边缘民族，进而使之在某种程度上受到中原政治势力的影响或牵制，内地化的进程也以这种方式延续。从当地各民族的竞争关系看，为争夺生存空间及资源，少数民族之间频繁的相互攻伐，使这些少数民族政权无法真正强大，或长期稳定地统治青海河湟地区。南凉政权处于各割据政权之间，生存空间的特殊性使之不得不以连年向外征伐来保证部族生存，同时恰恰是它的穷兵黩武，加速了这一政权的灭亡，其他少数民族政权的历史命运也大致如此。因此，河湟地区很难形成统一的、强大的地方政权，也就难以形成独立的政治及文化体系，这又为之后中原政治及文化势力的进入提供了空间，使这一地区深具边缘性质的社会文化及其建构过程总是与中原文化产生不可分割的联系。

（三）藏人地带

安史之乱后，吐蕃势力进入青海河湟，随着吐蕃族的北上和当地各民族的吐蕃化，这一地区成为以吐蕃为主体民族的地区，当地的社会文化也在很大程度上吐蕃化，这一民族构成及其文化特征一直持续到明代中期。因吐蕃是藏族的祖先，故笔者在表述时，称之为"藏人地带"。

1. 吐蕃东进、北上与青海河湟地区的吐蕃化

吐蕃是世居青藏高原的古老民族。起初，活动于藏南雅隆河谷的牦牛部弃聂赞普统一了牦牛各部。从第八世赞普布袋巩甲开始，吐蕃社会得到了较快发展。松赞干布统治期间，征服了曾与牦牛部并立的羊同和苏毗二部，并迁都逻些（今拉萨），形成了统一强大的吐蕃王朝。在松赞干布统治时期，吐蕃建立了东进、北上的战略，以扩大其统治版图。当时，唐王朝已深感吐蕃势力对陇右、河西及西域地区的威胁，为抵制吐蕃的北上和东进，唐王朝极力拉拢和培植属国吐谷浑的势力，试图以吐谷浑为战略缓冲，阻止吐蕃迅速扩张的势头。然而，吐蕃趁唐王朝内部在吐谷浑问题上战和不一的分歧，于唐贞观九年（635年），与吐谷浑王室联姻，双方结成了甥舅关系。贞观十年之后，吐谷浑王诺曷钵与唐联姻，并倒向唐王朝，这导致吐蕃与吐谷浑关系的疏远，同时吐蕃积极向青海地区扩张，严重损害和威胁了吐谷浑的利益，双方关系恶化。唐贞观十五年（641年），吐谷浑内部以握有实权的丞相宣王为首的亲蕃势力，不满于诺曷钵与唐结盟的政策，阴谋策划袭击弘化公主，劫持诺曷钵去吐蕃。事情败露后，诺曷钵率轻骑到鄯城，向唐朝求援。《旧唐书》卷一九八记载，鄯州刺史杜凤举遣部将与在鄯城的诺曷钵部下威信王"合军击丞相宣王，破之，杀其兄弟三人"，吐谷浑国内亲蕃势力受到沉重打击。然而，唐朝对吐谷浑的支持并没有减缓吐蕃势力东扩的步伐。贞观十年（636年），松赞干布奉表求婚被拒，引兵进攻吐谷浑。吐谷浑无力抵抗，退兵青海湖北以避其锋芒。接着吐蕃大破党项、白兰诸羌，集兵20万人于松州（今四川松潘）西境，唐太宗审时度势，同意与吐蕃联姻，嫁文成公主给松赞干布。

唐蕃联姻显然影响到唐与吐谷浑的关系，吐蕃趁机对吐谷浑大举用兵，唐王朝碍于双方的和亲关系，不能全力支持吐谷浑，这反而助长了吐蕃的攻势。唐高宗龙朔三年（663年），吐谷浑亲吐蕃大臣素和贵叛投吐蕃，吐蕃因此尽知吐谷浑虚实，集结军队后北进，在黄河岸边击溃吐谷浑军队，诺曷钵和弘化公主一起率数千帐投奔唐境凉州，并遣使向唐告急。

吐蕃取得吐谷浑全境后使唐蕃之间失去了缓冲，加之吐蕃在西域攻城略地，使唐安西四镇全废，这使唐朝感到前所未有的危机。

为遏止吐蕃北上、东进的势头，唐朝共兴军10余万人，以右威卫大将军薛仁贵为逻娑道行军大总管，以左卫员外大将军阿史那·道真、左卫将军郭待封为副将，出讨吐蕃。唐军进至大非川（今青海兴海大河坝）后，薛仁贵决定留郭待封率2万人在大非岭上置栅守护辎重，主力则轻装前往乌海，实施突击。副将郭待封耻居薛仁贵之下，不听长官节度，违令携大量辎重缓进，结果被吐蕃20万人围攻，唐军大败，辎重落入吐蕃手中。薛仁贵被迫退屯大非川。吐蕃大将论钦陵调集40万大军展开对大非川的围攻，唐军大败。薛仁贵、阿史那·道真、郭待封被俘。之后，薛仁贵与论钦陵约和得以生还。

唐仪凤三年（678年），吐蕃联合西突厥向西域唐军发动攻势，为此，唐朝以中书令李敬玄兼鄯州都督，与工部尚书刘审礼统兵18万人，由鄯州出击吐蕃。七月，双方初战于龙支（今青海民和），唐军获胜。刘审礼纵兵至环湖一带，结果被论钦陵和赞婆兄弟所率领的吐蕃军队围攻。刘审礼奋力死战而主将李敬玄却畏战不救，到九月，刘审礼被俘。李敬玄闻之仓皇撤退，却困于承风岭，副将黑齿常之夜袭吐蕃大营得胜，唐军才得以脱险退至鄯州。

调露二年（680年），赞婆和素和贵率兵3万人进犯河源军，屯于良非川（今青海湟源西），与李敬玄所率唐军作战，唐军落败。黑齿常之又夜袭良非川获胜。次年，黑齿常之击败吐蕃军。据《旧唐书》卷一百九记载，黑齿常之率部"杀获二千级，获羊马数万，赞婆等单骑而遁"，因战功唐朝朝廷任黑齿常之为河源军经略大使，他镇御河源军7年之久，组织屯田五千余顷，有效地遏制了吐蕃进犯陇右的势头。

到长寿元年（692年），唐军在西域重新夺回了吐蕃控制的龟兹、于阗、疏勒及碎叶四镇，这促使吐蕃加紧在东线陇右河西一带的攻势，并在临洮、凉州等地大败唐军。由于吐蕃内部出现纷争，曾大权在握的论钦陵及其亲党被清除，其弟赞婆等降唐，吐谷浑故部投唐不断，加之连年争战，使吐蕃消耗了难以数计的人财物力，滋生了国内矛盾。为缓和国内矛盾，赞普都松芒布谋求与唐和解，遣使入唐，请求和亲。此时，唐又取得安西四镇，也希望减轻吐蕃对自己的军事压力，加之连年争战也让唐朝不堪重负，因此欲通过和亲来解决两国争端。

都松芒布去世后，幼主墀德祖赞继续请求与唐和亲。神龙二年（706 年），双方达成划界协议，史称"神龙会盟"。之后，唐蕃两国间仍战事频繁，双方为之付出了巨大的人力和财力，特别是处于下风的吐蕃疲于应付，急切要求息兵停战。唐玄宗开元十八年（730 年），遣使臣皇甫惟明及张元方等人入蕃以探视金城公主为名，向吐蕃表达和平意愿。双方约好以赤岭（今青海日月山）为界，更不相侵。开元二十二年（734 年），双方在赤岭分界立碑，布告两国和好，无相侵扰。

赤岭分界后，唐蕃两国维持了较为短暂的和平时期。开元二十四年（736 年），吐蕃出兵西域，攻破小勃律国，这极大地损害了唐在西域的利益，两国之间又展开了大规模的战事。开元二十五年（737 年），唐僴史孙海和宦官赵惠琮趁吐蕃无备，矫诏领河西节度使崔希逸对驻青海的吐蕃大论乞力徐军实施突袭，于青海湖北侧大破之。开元二十六年（738 年），吐蕃入河西，赤岭界碑被捣毁，双方关系全面恶化。开元二十九年（741 年），吐蕃集 40 万大军攻承风保至河源军，西入长宁军，浑崖峰骑将军盛希液以众五千攻而破之。十二月，吐蕃军攻唐要塞振武军得手，并倾力把守，唐屡攻不克。唐军依赖有效的防御体系，屡有胜绩，并将战事从陇右推进到河曲一带。天宝十二年（753 年），唐朝大将哥舒翰集中兵力攻破吐蕃洪济城和大漠门城，进而收复黄河九曲之地。次年唐朝于九曲之地置洮阳（治今甘肃碌曲县一带）、浇河（治今青海贵南沙沟一带）

两郡和宛秀、神策两军。

天宝十四年（755 年），安史之乱爆发，唐以哥舒翰为太子先锋兵马元帅，统陇右、河西及朔方大军入中原靖难。陇右、河西边备空虚，吐蕃乘机大举东进，唐肃宗至德二年（757 年），廓州失陷，广德元年（763 年），鄯州失陷。吐蕃尽取河西、陇右之地，青海河湟地区也成为吐蕃王朝的势力范围。

吐蕃获取青海河湟后，将大量吐蕃民众迁徙至此地，以为驻防，同时在同化白兰羌、吐谷浑等民族的基础上，进一步强制同化河湟各民族，青海河湟汉族土著也成为吐蕃强制同化的对象，处境悲惨。① 据《通鉴考异》卷一七记载，当时"河陇之士约五十万人，（吐蕃）以为非族类也，无论贤愚，莫敢任者，悉以为婢仆，故其人苦之"。另据《新唐书》卷二一六（下），吐蕃强制当地汉人着蕃服、说蕃语、行蕃俗，汉人们只有"每岁时祀父祖，衣中国之服，号恸而藏之"。吐蕃强制同化汉人的政策，随着时间的推移，逐步深入人心，数代之后，当地汉人已与汉文化传统相疏离，且安于蕃服、蕃语、蕃俗。《全唐诗》卷六三三录有《河湟有感》一诗，其诗云："一自萧关起战尘，河湟隔断异乡春；汉儿尽作胡儿语，却向城头骂汉人。"这说明，唐代后期青海河湟地区的吐蕃人成为新的华夏边缘。和之前仅为割据一时的地方政权不同，吐蕃是一个具有强大国力的国家，同时也有着浓厚的民族文化传统，吐蕃对青海河湟的统治不仅将中央王朝之前的内地化成果毁于一旦，同时也深刻地改造了当地内生地方秩序的各种构成要素。在政治上，吐蕃将青海河湟全部纳入统一的国家行政体系之中，使之摆脱了割据或分属于不同

---

① 汶江：《吐蕃治下的汉人》，《西藏研究》1982 年第 3 期，第 30~38 页。

政权的状况，吐蕃化的政治制度和地方行政设置也深刻改变了原有的政治格局。吐蕃民族以本民族的本教和藏传佛教等文化因素影响当地各少数民族，还通过强制吐蕃化的手段使之成为吐蕃族的组成部分。最终，经过数十年的吐蕃化历程，青海河湟地区的地方秩序及社会文化表现出完全的吐蕃化，中原社会文化的影响力降到了微不足道的程度。

2. 青唐政权统治下的青海河湟

唐蕃两大王朝衰落后，中原地区进入五代十国时期，河西、陇右出现了数个割据政权。其中，曾建政于青海河湟的青唐政权，是一个以吐蕃族为主体民族的地方政权，它在北宋时期一度成为颇具影响力的一个地方政权，当地吐蕃人以这一政权为依托，以华夏边缘的身份延续着吐蕃社会文化对当地的主导性影响力。

青唐政权的建立者唃厮啰，亦译为"嘉勒斯赍"，《宋史·吐蕃传》记载，唃厮啰本名欺南陵温，生于"高昌磨榆国"（今西藏日喀则一带）。① 12 岁时被客居高昌的河州吐蕃人何郎业带到河湟地区，由于此人相貌奇伟，又有高贵的血统，当地人称之为"佛子"，"唃厮啰"即为"佛子"之意。少年唃厮啰到河湟后，因其特殊的出身而引起当地吐蕃各部的关注。他先是被河州大姓耸昌厮迎往移公城（今青海循化南黑城子古城），耸昌厮欲借唃厮啰统领吐蕃各部。后来，唃厮啰被湟水流域的宗哥部大首领李立遵和邈川部大首领温逋奇联手劫到廓州（今青海化隆），并拥立为主。不久，李立遵又独挟唃厮啰至宗哥城（今乐都县碾伯镇），自任论逋（相）。北宋大中祥符八年（1015 年），李立遵与唃厮啰聚集吐蕃各部通过"立文法"

---

① 钱伯泉：《唃厮啰生于高昌磨榆国辩证》，《民族研究》1990 年第 2 期，第 56 页。

控制其他部落，使其族众增至 10 万多人。唃厮啰本人于 1015～1032 年，先后被李立遵、温逋奇尊立为"主"，但始终未能摆脱这二人对他的控制。① 而正是在这两个部族首领的拥立下，唃厮啰才得到吐蕃各部的尊信，这也为他后来成为青唐主奠定了一定的政治基础。

唃厮啰摆脱他人控制后，在青唐城（即今青海西宁）建立政权，史称青唐政权。这一政权在内外施政上采取了一些结合当地实际的措施，以巩固和发展新建立起来的政权。对内，他在青唐城兴修佛寺，利用藏传佛教在吐蕃民族中的影响力来加强对族人的统治，以获得拥护和支持；他还利用类似于"立文法"的盟誓制度维持所属各部之间的统属关系，以达到控制各部族之目的；他利用西夏占领河西走廊后，青唐城成为西域诸国和地方政权与宋朝往来主要通道这一特殊地理交通优势，发展商业贸易，以增强经济实力。对外，唃厮啰采取依附于宋朝抵御西夏以自保之策，他在接受宋朝的册封、赏赐，以取得宋朝支持的同时，还向外用兵，征服一些不愿臣服的部落，以扩大统治区域，② 最终将青海河湟地区纳入统治范围。此后，青唐政权的历代国主基本秉持了联宋抗夏的战略方针，极力向北宋靠拢以获支持，并通过牵制西夏，来帮助北宋解除西北边患。后来由于北宋发动熙河之役，并有意西进河湟，引起青唐国主董毡的警觉，两国关系一度紧张，青唐政权也曾一度倒向西夏，后又因受西夏威逼而修复了同宋朝的关系。不过，北宋仍以攻掠河湟、断西夏右臂为国策，并于崇宁二年（1103 年）六月挺进河湟，于第二年四月进兵鄯州，龟兹公主青宜结牟及李可温等开城出降，青唐政权从此瓦解。

作为一个地方民族政权，青唐政权从 1032 年唃厮啰定都青唐至

---

① 祝启源：《青唐盛衰》，青海人民出版社，2010，第 30 页。
② 祝启源：《青唐盛衰》，青海人民出版社，2010，第 38 页。

1104 年小陇拶被宋朝王厚、童贯驱离，统治河湟地区长达 70 多年之久。在这一期间，当地吐蕃部落或直接臣服于青唐政权，或作为统治外围与这一政权关系密切，这一民族共同体成为该地区占主体地位的政权形式。有学者研究，宋朝时的吐蕃部落广泛分布于青海河湟地区，以及黄河以南的洮、岷、叠、宕、阶州及宋积石军地区，"这些部族名称各异，或以地名族，或以人名部，或以姓氏为族名。这些吐蕃部族大多以分布地域为其固定的活动地区，但也有少数部族迁徙不定，居地有变。"①宋人李远的《青唐录》描述，宗哥川"长百里，宗河行其中，夹岸皆羌人居，间以松篁，宛如荆楚"②。这说明湟水谷地的吐蕃人过着定居的农耕生活，这也说明中原华夏的农耕文明及其生活方式已扎根青海河湟，内地化的进程经历百年的挫折后又开始呈现深化的趋势。

青唐政权瓦解后，当地的吐蕃部族再也没有形成统一的力量重新统治河湟地区。经过西夏及金的短暂统治后，元朝势力进入青海河湟，并攻占整个青藏地区。元朝将整个藏区划分为三个部分，即安多（朵思麻）、乌斯（思）藏和康区，青海河湟地区属于安多。为便于管理安多地区藏民族，元政府成立吐蕃等处宣慰使司都元帅府，治河州，辖今青海、甘肃两省和四川阿坝、甘孜两个藏族自治州北部的一些地方，因西宁州为章吉驸马分地，不属于都元帅府辖地，而受甘肃行省管制。③元朝统治时期，藏传佛教得到极力扶持，成为国教。早在阔端统治时期，萨迦班智达曾至凉州与其会面，其所宣讲的教义为阔端所接受，并命令族众信奉藏传佛教。萨迦班智

---

① 刘建丽：《宋代西北吐蕃研究》，甘肃文化出版社，1998，第 138 页。
② （宋）李远：《青唐录》，载《青海地方旧志五种》，青海人民出版社，1989，第 9～10 页。
③ 马曼丽、切排：《中国西北少数民族通史·蒙、元卷》，民族出版社，2009，第 101～102 页。

达之侄八思巴得到忽必烈的信任，被封为帝师，元政权还成立宣政院来统领全国佛教事务及藏区事宜，藏传佛教僧侣在元朝得到空前的尊敬与优待。在这一时代背景下，青海河湟地区的藏传佛教也得到长足发展，当地藏族社会文化也因受到元朝政府的特殊关注而得以进步和发展。此时，由于中央王朝的民族文化属性发生了大的变化，在文化上青海河湟藏族仍是中原汉族的西部边缘，但在政治这一关系上甚难确定，这反映出该时期青海河湟地区与中原关系的复杂性。

3. 明代前中期的民族分布

元势力退出中原后，明王朝于洪武四年（1371 年）初设立河州卫，任命原吐蕃等处宣慰使何琐南普为卫指挥副使，他属下诸部则置千户、百户，均由子孙世袭职位。在青海河湟地区，明朝政权在卫所体制下，采取军政合一的统治形式，由汉藏官吏参治，[①] 以混合的统治体制来统治当地的汉族移民和藏族土著居民。

《西宁府新志》卷十九记载，洪武十三年（1380 年）居牧于今青海河湟地区的申中族、隆奔族、西纳族、加尔即族、剌卜尔族等归顺明朝，他们游牧于以今西宁为中心的大小南川及湟水河北岸等地，是当时这一地区的主体民族。其中西纳族在青海藏族部落和宗教史上占有重要地位，藏文史籍《安多政教史》记载，西纳家族属吐蕃四大族姓之一的冬氏，冬氏家族又分为白色的南木冬（萨迦氏）、黄色的尼冬（西纳氏）和杂色的萨冬（灌朗氏）等。藏族有"天下人一半属冬氏，冬氏一半是西纳"之说。元朝时期，西纳族与蒙古皇室建立了联系，被封为宗喀地方的万户。明朝时期，西纳堪布喜饶意希来到青海河湟后，被人尊为第一代西纳喇嘛。后来，第

---

① 《藏族简史》编写组：《藏族通史》，民族出版社，2009，第 113 页。

二代西纳喇嘛建立西纳寺，被明朝廷封为国师。① 可见西纳族在青海河湟政治及宗教上的影响力之大。此外，今青海民和的弘化寺是一座家族性寺院，由当地弘化部落首领掌管，今青海乐都的瞿昙寺也是一座家族性寺院，长期为藏族梅氏家族所掌控。

明代时，政府将青海河湟地区纳入卫所体制，同时通过移民垦殖的方式，使大量汉族移民进入这一地区。至明代前中期，汉族移民的数量大为增加，西宁卫因此被赋予管理民政的权力。汉族移民的到来，使内地的农耕生产及与之相关的社会生活方式重新进入这一地区，也使当地的民风民俗进一步内地化。尽管当时藏族仍为当地的主体民族，但汉族移民的到来既改变了当地的民族构成，也加快了当地的内地化，同时使华夏边缘的社会文化因素变得更为复杂起来。

二 多元民族地带：明代中期及清代前中期青海河湟地区的民族分布

明代中期以来，一些新的民族共同体开始出现，一些民族的势力逐步壮大，逐步改变了青海河湟地区的民族分布和结构。其中有自称是"蒙古尔"的土族在吸收汉、藏诸民族成分及其文化因素的基础上，发展成为一个新的民族共同体；其远祖可追溯到唐宋，民族主要来自 13 世纪初的中亚各部落的回族，也于明代时大量居住在今青海河湟地区；元初，徙居于今青海循化的撒拉族，在明代时人口达万人；② 明中后期以来，东蒙古部落迁居青海湖一带，部分蒙古人游牧于今青海大通北部一带。这说明，明中期以来，当时作为西部华夏边缘的少数民族，除了藏族外，还有土族、回族及蒙古族等。

---

① 陈庆应：《中国藏族部落》，中国藏学出版社，2004，第 348 页。
② 崔永红、张得祖、杜常顺：《青海通史》，青海人民出版社，1999，第 268 ~ 275 页。

明朝在今青海境内黄河以南以东地区基本属于陕西都司所属河州卫统辖。明洪武三年（1370 年），在原元朝积石州政设积石千户所，所辖区域包括今青海循化一带。洪武八年（1375 年），在原元朝贵德州政设归德守御千户所，直隶陕西行都司；景泰年间改为中左千户所，属河州卫，该所下辖百户 8 个，后增加至 10 个，分屯于今贵德、尖扎及同仁保安一带。明朝在青海河湟的卫所建置，以军事职能为主，以行政职能为次，这是为了适应当时的边疆形势。同时，为确保明朝政权在当地的统治，朝廷承袭汉代以来移民屯田的治边方略，在青海地区实行军屯。军屯劳动力主要是士兵，也包括驰刑徒和士兵家属。除军屯移民外，明朝还在河湟地区实行民屯，乾隆《西宁府新志》卷一六《田赋志·户口》记载，洪武十三年（1380 年），明政府从河州移民 48 户至归德千户所，"开垦守城，自耕自食，不纳丁粮"。万历年间，董汝汉担任西宁兵备，"开屯田数百顷，招抚流移百千余家"。万历二十三年（1595 年），陕西巡抚乔庭栋勘查出西宁等地"额外荒田九百六十八顷招垦，永不起科"。万历末年，河湟地区的屯田已达 30 万亩左右，这一时期移入或原本生活在河湟地区的人口数量并不庞大，人地关系较为宽松，各地流民纷纷涌入，军士家眷也在军屯耕地之外开垦荒田，有些官田的性质也向民田转化。[1] 大量汉族移民的到来，改变了这一地区的人文生态环境，[2] 不仅使华夏边缘的地理分布向西收缩，也使当地社会文化的内涵悄然发生着改变。

除设置卫所、推行屯田之制外，明朝也因袭元代作法，在青海河湟地区普遍推行土官制度。《明经世文编》卷四〇四记载，明朝在

---

① 姚兆余：《明清时期河湟地区人地关系述论》，《开发研究》2003 年第 3 期，第 63 页。
② 李健胜：《汉族移民与河湟地区的人文生态变迁》，《西北人口》2010 年第 4 期，第 67 页。

西宁卫所辖的藏族"十三族"各部落中，"其诸豪有力者，或指挥、千户、百户，各授有差"，并大力扶持家族性藏传佛教寺院，以"因俗而治"的方式，利用当地藏族贵族上层势力间接控制藏族百姓。此外，土官制度的适用范围也包括当地土族和回族等，这从一个侧面说明随着民族分布的多元化，华夏边缘政治势力和社会文化的内涵也呈多元化发展的态势。明朝政府对上述民族或采取"因俗而治"的统治方式，或和当地汉人一样施以编户齐民，形成不同的管理方式和民族关系表现形态。也正是如此，从明中期开始，这一地区如周魏晋时期一样，又成为多元化的民族地区，华夏边缘的社会文化呈现出多元化的态势。所不同的是，这一时期中央王朝已完全控制这一地区，其行政力量确保了它对地方秩序的管理与收摄，多元化的少数民族社会文化也隶属于整体的国家形态。

清政府统治青海河湟地区后，当地的社会文化因多民族杂居的状况也呈现出多元化状态。总体上看，随着卫所体制向郡县体制的过渡，汉族移民的涌入，以及回族、土族等民族人口的增长，藏族人在此的社会影响力逐步变弱，使当地民族结构和政治格局也日趋多元、复杂化，特别是和硕特蒙古人在青海地区的活动，深刻地改变了河湟地区的民族结构和政治格局。

清朝前期准噶尔部入藏，导致和硕特蒙古对西藏70余年的统治宣告终结，同时也危及清政府对西藏的统治。为此，康熙五十七年（1718年）至五十九年（1720年），清朝政府数次派兵入藏，于1720年左右将准噶尔军队驱逐出西藏。清朝控制西藏后，不再恢复和硕特部统治西藏的旧制，而是委任4名藏族世俗贵族为噶伦共同负责处理西藏的事务，这一举措使和硕特亲王罗卜藏丹津深感失望。为恢复和硕特蒙古在藏区的权威，雍正元年（1723年），罗卜藏丹津发动叛乱，号召和硕特各部"恢复先人霸业"，叛乱的战火很快烧到青海河湟地区，据年羹尧所报奏折，当时这一地区的藏族兵马及西宁附近的塔尔寺、郭莽寺、郭隆寺及却藏寺的僧众也加入蒙古军，他们"披甲持械，率其佃户僧俗人等，攻城打仗，抢掳焚烧，无所不至"。清朝政府立即下令川陕总督年羹尧率军镇压。雍正元年（1723 年）十一月，年羹尧拟定由岳钟琪等分领清军近 2 万人从西宁、松潘、甘州及隆吉尔（今甘肃瓜州县境）"四路进剿"的方案，并付诸实施。在清军强大攻势的压力下，附叛的许多蒙古首领及喇嘛僧人纷纷降清，使罗卜藏丹津陷入孤立。是年底，岳钟琪平定了青海贵德和共和一带郭密部等各藏族部落叛乱，于第二年初抵青海互助郭隆寺一带，与前锋统领苏丹、副都统觉罗伊礼布等会剿郭隆寺。郭隆寺僧众与周边藏族和土族部落与清军展开激战，死伤 6000 余人。在镇压罗卜藏丹津反叛的过程中，河湟地区的藏族部落及一些寺院受到了冲击，导致一些部落人口锐减，加之平叛后，清政府着力改革当地的行政建置，使谙于"因俗而治"的藏族部落势力被进一步分化和瓦解，这些都使清代前中期河湟地区的民族结构发生了很大的变化。

平定罗布藏丹津叛乱后，清政府在青海河湟地区广泛设立了郡县制，当地少数民族的分布在这一体制下也发生了一些变化。当时，黄河流域贵德地区的藏族有熟番 24 族，生番 19 族，野番数族，青海湖有环海 8 族，循化有熟番 18 族，生番 52 族，同仁有热贡 12 族，乐都有阿塔、普尔扎、麻具等 11 族和南山番民 22 族，西宁有上郭密 9 族与其他 16 族，大通有隆旺、兴马等族。[1] 所谓熟番是指纳入郡县体制中的百姓；生番是指受土司节制的百姓，形式上臣服于中

---

① 黎宗华、李延恺：《安多藏族史略》，青海人民出版社，1992，第 147 页。

央王朝；野番是指仍未纳入统治体系的一些部落。

在汉族人口结构中，移民占了较大比重，与前朝一样，清政府也把屯田与移民视为治边良策，因此不仅以行政手段组织内地居民迁往河湟，同时也鼓励自发性的移民活动，使青海河湟地区成为当时重要的移民承纳之地。明朝以来形成的新的民族共同体土族，其人口较之前也有一定的增加。元明时期，土族土司受封于中央王朝，得到当政者的宠信，往往具有管辖土民的特权，这些土民形式上归顺中央王朝，实际上受地方土司直接管理，是地方秩序的人口基础。清政府继承明朝旧制，立土族土司来管辖土民，使之成为华夏边缘的重要组成部分。回族除受祁土司管辖的人口外，基本被纳入编户齐民的统治方式之中，其政治地位与汉族基本相当，同时也深受中原农耕文明影响，有一部分回族专事商业或手工业，是当地较为富足的居民群体。"兹郡近接青海……然经营手艺，多出回民，而汉民养生送死，惟赖于农。兼农事不勤，常苦于贫。"① 多民族杂居的态势最终形成汉族、羌藏、鲜卑蒙古、突厥伊斯兰四大族系②共存的局面，共同构成华夏边缘的多元民族共同体，同时也使当地成为典型的多元民族地带。

清代前中期，青海河湟华夏边缘移动与变迁的主要表现皆与清政府在此地的行政设置、移民政策有关。随着郡县体制的进一步完善，纳入这一体制范围的人口也相对增加，包括回、土及部分藏族在内的一些少数民族不再归土司、千户等管理，行政设置的内地化使华夏边缘的民族构成发生了分化。大量汉族移民的到来，也改变了当地民族的人口结构，原来以少数民族为多数的人口结构对应的

---

① （清）杨应琚：《西宁府新志》，青海人民出版社，1988，第 257 页。
② 芈一之等：《西宁历史与文化》，辽宁民族出版社，2005，第 18～19 页。

是少数民族社会文化的主导地位，而到清代中期，这一情况已发生重大改变，汉族社会文化的主导地位开始上升且对周边其他民族产生了重要影响，内地化的进程也因此加速，内地化的各种结果对当地社会文化属性的影响也愈加明显，华夏边缘社会文化属性中的地方性因素因此变淡而华夏文化的因素在逐步增加，这不仅是明清以来中央王朝治理青海河湟的成果体现，也为之后的内地化打下了坚实的基础。

综上所述，青海河湟地区的少数民族构成经历了从单一羌人地带到多民族地带的过渡，其间有两次民族多元化的历史变迁，所不同的是，第一次民族多元化时期，中央王朝对这一地区的统治力度有限，当地内地化的程度较浅；第二次是指明代中期以来的多元民族结构，王朝国家的力量在更广大的区域影响着青海河湟军政事务及社会文化，作为臣服于中央王朝的诸民族，其社会文化对华夏边缘社会文化属性产生的作用与影响显然不同于前一个历史时期。不过，就整体而言，先秦至清代，青海河湟地区一直是少数民族聚居之地，这决定了其社会文化因素的特殊性，同时也使当地的内地化进程时刻受到这种特殊文化因素的影响，进而使华夏边缘的社会文化因素形成与发展经历了较为漫长而曲折的历史过程。

第二节　传统时代青海河湟地区的社会文化变迁

在分析、研究先秦至清代前中期青海河湟地区的民族构成及华夏边缘的变迁基础上，本节拟对古代青海河湟社会文化的具体表现及其变迁进行归纳、解析。正如笔者在绪论中指出的那样，社会文化是文化的具体化，从内容上讲，包括观念文化、政治文化和物质文化，同时社会文化具有鲜明的地域性和民族性。根据社会文化这一概念的具体特点，本节拟从文化观念、政治态势和社会生活三个方面分析古代青海河湟社会文化内容及变迁过程。分析时除利用国家与地方社会、边疆社会文化内地化等分析框架外，也会突出这一地区社会文化的地域特征和民族性，并以此作为分析视角，解析青海河湟社会文化变迁的内容、过程及影响。

一　中原华夏与民族边缘文化观念的冲突与融合

（一）"华夷之辨"下的中原与华夏边缘文化观念的冲突

"华夷之辨"是华夏族在处理与周边民族关系过程中形成的民族观念，它以抬升华夏族的正统地位，贬斥周边少数民族文化为主调，使视华夏文化为先进、正宗，少数民族文化为落后、野蛮的民族观念成为中原华夏处理民族关系的主导思想。在青海河湟地区，"华夷之辨"下的中原与华夏边缘观念的冲突，是这一地区社会文化发展变迁过程中居于主导地位的一个问题，它属于意识形态的范畴，同时对社会文化的其他方面产生决定性影响。

华夏族因居于生存环境优越的中原地区，社会文化的发展程度和文明程度皆高于周边少数民族，因此自古以来，中原华夏在文化观念上就有很大的优越性，孔颖达《尚书正义》卷一二即云："冕服采章曰华，大国曰夏。"在中原华夏看来，中原是世界之中心，分布于周边的东夷、北狄、西戎、南蛮皆是落后、野蛮的民族，即所谓"四晦"，意谓黑暗、蛮荒之地。这些落后野蛮的民族皆为华夏之边缘，只有臣服且自觉学习华夏文化者，才能进入文明世界。《孟子·滕文公上》云："吾闻用夏变夷者，未闻变于夷者也。"意思是说，只有"用夏变夷"，不能"用夷变夏"，这即是"华夷之辨"的核心内容。当然，"华夷之辨"也是一个颇具弹性的民族观念，在少数民族侵扰威逼华夏族时，华夏族视夷狄如禽兽般贪得无厌，而当华夏族占据优势地位时，或以"因俗而治"而礼遇之，或以"用夏变夷"来同化之。"华夷之辨"也有其政治、经济的原因，学术界对这一观念的历史局限性也有较深入的探讨。① 具体到青海河湟地区，在这一观念主导下的文化观念冲突主要表现在以下几方面。

1. "华夷之辨"是中原华夏开拓西部疆土的观念利器，给当地少数民族带来了甚多灾祸

两汉时，为征服青海河湟地区的羌人，汉政权数次用兵河湟，屠杀了无数羌人，掠夺羌人粮食、牛羊不计其数。在两汉统治者眼里，尚未进入国家阶段的西部羌人为野蛮部族，对其剿杀、攻灭是帝国大业的垫脚石，而历代护羌校尉和郡县官吏中，主张安抚羌众，关心羌人疾苦者甚少，大多是贪财好货、凶暴残忍的苛官酷吏，他们要么借治羌之事中饱私囊，要么背信弃义，残暴屠杀羌人族众。汉朝对镇压羌乱的官吏也多有奖赏，如东汉光武帝时，马援奉命逐西羌，"帝以玺书劳之，赐牛羊数千头，援尽班诸宾客"②。羌人感到自己的生存空间被日渐蚕食后，愤而发动反抗活动，而他们的反抗活动又会被视为犯上作乱，引来中原王朝的疯狂镇压。

在所谓先进民族殖民落后地区的过程中，曾广泛分布于青海河湟等地的羌人生存空间一再受到挤压，中原华夏开拓西疆过程中，羌人不幸成为"华夷之辨"观念中那个需要"用夏变夷"的对象。除受到武装攻掠外，两汉政府在青海河湟的屯田活动，也给当地羌人带来无尽灾难。汉宣帝时，赵充国受命平定羌乱。战事结束后，

---

① 李健胜、赵荗贞等：《儒学在青藏地区的传播与影响》，人民出版社，2012，第244～249页。
② 《后汉书》卷二四《马援列传》，中华书局，1965，第835页。

他提出"罢兵屯田"的建议。赵充国的屯田计划为：从临羌至浩门一带，有"羌虏故田及公田民所未垦可二千顷以上"，或以"步兵九校吏士万人"分屯各要害处垦田，一方面可以防御有人滋事，另一方面可以生产粮秣以备战。屯田兵士且耕且战，农闲时还可就地伐木，以修复沿途邮亭，整治道桥。同时，屯田可以减少政府军费开支，省却粮草运输之苦，减轻政府负担。驻军每月所需粮食可由原来的 199630 斛减少到 27363 斛，所需盐可由 1693 斛减少到 308 斛。屯田一旦成功，不仅可以解决驻军粮食自给，还可以充裕国库。总之，赵充国认为罢兵屯田"内有亡费之利，外有守御之备"，是保境安民的良策。汉朝政府采纳了他的提议，"诏罢兵，独充国留屯田"。赵充国遂"罢骑兵，留驰刑应募及淮阳、汝南步兵与吏士私从者合万二百八十人"屯田。[①] 赵充国屯田河湟被认为是中原王朝治理边疆的一个典范，然而需要指出的是，这一屯田活动是通过抢掠羌人耕地，以强迫归顺羌人在军屯土地上劳动为前提和代价的。在汉人看来，青海河湟谷地"其田土肥壤，灌溉流通"，[②] 是屯田的不二之选，而屯田之策导致羌人流离失所、族众离散的悲剧却少见于汉文史籍。

2."因俗而治"方略下的妥协与冲突

"华夷之辨"的民族观念中有"因俗而治"的内容。一般而言，"因俗而治"被视为良好的治边方略，体现了王朝国家的大度和对少数民族的宽容。实际上，"因俗而治"只是一种手段，而非目的，是在王朝国家尚不能完全取代地方秩序时采取的权宜之计。[③] 正如古人

---

① 《汉书》卷六九《赵充国传》，中华书局，1962。
② 《后汉书》卷二四《马援列传》，中华书局，1965，第 835~836 页。
③ 李健胜、赵菱贞等：《儒学在青藏地区的传播与影响》，人民出版社，2012，第 248 页。

所言：“考西夷之杂错西陲者，部落数十种，而数十年间，受羁縻不敢大肆凭陵者、种类区分，力敌而势均，内惧相兼、而谋不协，无有能统属之者，是以苟安于无事。”①“羁縻”即是“从俗”，是在文化观念上暂时与地方社会文化达成妥协，以求“苟安于无事”的施政效果。

因青海河湟地区民族众多，社会文化发展状况也甚为复杂，两汉至清初，中原王朝对这一地区多采取“因俗而治”的统治策略，这在客观上缓解了中原华夏与当地社会文化在观念上的冲突，有利于当地社会形势的稳定。然而，两种社会文化观念的冲突仍然存在着，对于中原王朝而言，这一手段最终还是要以“用夏变夷”来取代，正所谓“西番为中国藩篱，其人本非我之孝子顺孙，徒以资茶于我，绝之则死，故俯首服从，此制番之上策，前代略之，而我朝独得之者也。顷自金牌制度，而私贩盛行，失利已久，岂徒边方乏骑乘之用，将来彼番无资于我，跳梁自恣，将生意外之忧，撤藩篱之固，甚非计也”②。在这种观念的支配下，试图从内部改造华夏边缘社会文化观念的施政目的从来都是主流，在此基础上，二者的冲突也在所难免。

3. “用夏变夷”政策引发的各种冲突

“用夏变夷”是“华夷之辨”的主要内容，也是中原王朝对待少数民族的根本目标。为实现这一目标，中原王朝首先要打破青海河湟地区在生产生活方式上的独立性，通过移民屯田、控制茶马贸易等方面的措施，使其在生产方式上依从中原，在经济上仰赖内地，以此达到控制这一地区的目的。除军事征服是必不可少的手段外，

①　（清）梁份：《秦边纪略》卷一《全秦边卫》，青海人民出版社，1987，第23页。
②　（清）梁份：《秦边纪略》卷一《河州卫》，青海人民出版社，1987，第35页。

通过设置郡县、编户齐民的方式，使当地少数民族成为国之"臣民"，进而使之脱离地方秩序的控制，借此为改造其社会文化观念打下基础。

青海河湟地区"迫近西戎，修习战备，高上气力，以射猎为先，以兵马为务"①，加之这一地区"士风壮猛，便习兵事"②，居住此地的民族不可能毫无反抗地就会接受中原王朝的"用夏变夷"，于是冲突的发生就在所难免。可以说一部青海河湟历史也就是一部河湟华夏边缘被"用夏变夷"的过程，其间发生的冲突不计其数。在这一冲突频繁发生的历史长河中，中原与青海河湟地区在文化观念的异质性展露无遗。中原王朝希冀的是一个大一统的世界，在这一世界里，君主是统治一切事务的权威，包括华夏边缘在内的"天下"则要服从于同一秩序、同一观念。在青海河湟地区的世界里，大一统的观念与少数民族自身的观念及这一观念培育而成的地方秩序格格不入，如藏族对藏传佛教上层人物的崇拜、回族等民族对真主的信仰，与大一统理念具有天然的差异，中原王朝"用夏变夷"的目的，就是要以这些民族的信仰及政治观念为改造对象，因此冲突就在所难免。

（二）中原伦理观念与华夏边缘伦理世界观的冲突

中原华夏与民族边缘在文化观念上的冲突，还体现在以忠、孝为核心伦理原则的中原伦理观与"崇释尚武"③的华夏边缘伦理世界观的冲突上。

我国古代中原地区的核心伦理观是忠孝观。具体而言，"孝"是

---

① （清）杨应琚：《西宁府新志》卷八《地理·风俗》，青海人民出版社，1988，第249页。
② 《资治通鉴》卷四九，中华书局，1956，第1582页。
③ （清）杨应琚：《西宁府新志》卷八《地理·风俗》，青海人民出版社，1988，第252页。

中原农业社会普遍遵循的家庭伦理观念和社会价值准则，移孝作忠的结果，即效忠于朝廷、忠诚于帝王，集中体现了中央集权的君主专制体制利用儒家伦理观念进行国家管理和社会控制的制度设定。春秋战国时期，先秦儒家将西周以来普遍作为家庭伦理规范的孝道思想凝聚，并将之上升为儒家最为重视的伦理范畴之一，在此基础上，建构"忠"这一伦理范畴。两汉以来，统治者把"孝"看作有利于统治的一个伦理观念，并大力弘扬，以求移孝作忠的效果。经过长期的宣教，忠孝观成为中原地区最为核心的一种伦理观，对人们的行为具有普遍的约束力。

与之相比，青海河湟地区是一个农、牧并举的地区，孝道观的社会基础较为薄弱，加之中原政权在此地的统治也不如中原那样深化，因此忠孝观的社会化程度比较浅，在尚武精神中透露出的与孝道思想明显不同的精神追求是当地伦理世界观的一大特色。另外，唐中期以来，深受佛教伦理观影响的青海河湟地区，其伦理世界观的具体内容显然与中原有很大的区别。《西宁志》卷一《地理志·风俗》载，明代西宁卫"外戎内华，山阻地险。俗尚佛教，人习射猎"。乾隆《西宁府新志》卷八《地理志·风俗》记载，清代西宁府"迫近西戎，修习战备，高上气力，以射猎为先，以兵马为务。酒礼之会，上下通焉，吏民相亲……民俗质朴，风土壮猛，人性坚刚慷慨……崇尚释教，荷戈执戟，防奸御侮之功居多"。地处黄河南北岸的贵德所"粮无二价，家有恒产，力农习俭，犹存古风。惟丧尚佛事，人不读书，文物之化阙焉"。地处湟水中上游的大通卫"崇尚黄教，不耻白丁"。《碾伯所志·习尚》记载，处于湟水中游的"碾伯地接戎、羌，僻在西壤，汉、番杂处。民情坚刚，荷戈执戟，修习戎行。西番夷民，多重射猎，畜牧资生。汉民勤习耕稼，罕知贸迁，草莱未辟，士鲜知文。然民俗质朴，物力滋丰，三代遗风，犹见于今"。光绪《丹噶尔厅志》卷五《风俗》记载，当时"入学读书者颇多，明通礼义者甚少。至识孔教而信奉惟谨者，则绝无其人也。若释、道二教，精理奥旨知者固鲜，而坚信者亦不乏"。可见，湟水上游的丹噶尔也是一个深受佛教伦理影响的地区。《丹噶尔厅志》卷五《风俗》还记载："回乱时，文学生员尝驰骋凭陵，鸟枪命中为勇丁先，亦短于文而优于武之精神也。况番匪抢劫之处，日事枪马、追逐、截堵之勤，故人皆习劳耐苦。至从戎起家者，亦颇不乏。自经制、外委至千、把总、守备者，相续不绝。若团练时之技勇超群而摧锋陷阵者，称曰好汉。其名自传于道路也。"这说明这一地区的尚武风气甚为浓厚。总之，"以兵马为务""尚佛事""不耻白丁"是华夏边缘伦理观念的重要内容，这一方面说明习文风尚和尊师重教对当时青海河湟地区百姓生活的影响还较为有限，[①] 另一方面也说明当地的伦理世界与中原具有很大差异。

中原华夏与民族边缘在伦理观上的冲突固然是通过政治、经济及军事等角力来具体展现的，但是通过分析不同旨趣的伦理追求也能看出二者的差异。笔者仅就中原孝道观与藏传佛教伦理观的区别，对二者进行比较。中原孝道观念讲究家族内部的上下有序、和谐共生，同时也强调家族长的权威，移孝作忠则要求人们关注世俗生活、服从君主统治。与此相比，藏传佛教的伦理世界观则较为独特，据地方史志评述："湟中本小月氏之地，且屡没羌戎，无怪释氏多而道士少，而番僧尤众。番汉诸僧，虽服制不同，而经教则一。今则又分道而扬镳焉。一以涅槃为大，一以转生为奇，是边方释氏又分为

---

① 李健胜、赵菱贞等：《儒学在青藏地区的传播与影响》，人民出版社，2012，第90页。

二矣……盖以番僧为羌戎所重，藉以羁縻之意。而边人见其车服赫奕，殊以为荣。故番人、土人有二子，必命一子为僧。且有宁绝嗣而愿令出家者。汉人亦有为番僧者。番、土人死，则以产业布施于寺，求其诵经，子孙不能有。故番、土益穷，而僧寺益富。"① 藏传佛教是藏族文化的典型，凝聚了这一民族在哲学、教育、医学、政治等方面的智慧和传统，特别是在政教合一的体制下，藏传佛教所传达的伦理，对当时的少数民族具有决定性的影响。与中原人士不同，青海河湟地区的藏、土、蒙古等民族热衷于出家为僧，"番、土人死，则以产业布施于寺，求其诵经，子孙不能有"，将信佛、供佛作为人生最高理想，与热衷于子孙传承和传家立业的中原伦理观大相异趣。藏传佛教寺院还通过田土租税和派放差役控制着其所管辖的百姓，史称"至若住居寺院、城市者流，则虽各以讽经为名，而额给衣单口粮之成，尚多田土租税，人民差徭之供，其摧科扰民，无异衙蠹。其挟势牟利，买卖逃税甚于市侩，僧徒之无赖，病民而取诟于世也，非偶然矣"②。因此，藏族百姓长期受藏传寺院的管理和控制，其社会伦理中的服从意识针对的也是上层喇嘛，而非中原人士心目中的君主。此外，藏传佛教寺院还是藏民族教育文化的传承之所，前近代社会的藏区，"寺院外无学校，宗教外无教育，僧侣外无教师"③，这也与中原地区由政府举办社会教育以教化百姓遵奉王朝国家的教育传统大不相同。

伦理观念不同，十分典型地反映出中原地区与青海河湟华夏边

---

① （清）杨应琚：《西宁府新志》卷十五《祠祀·番寺》，青海人民出版社，1988，第385～386页。

② （清）杨志平：《丹噶尔厅志》卷五《宗教》（青海地方旧志五种），青海人民出版社，1989，第294～295页。

③ 耿金声、王锡宏主编《西藏教育研究》，中央民族学院出版社，1989，第350页。

缘在社会文化上的区别。如果以青海河湟地区为一面镜子的话，我们能更清晰地看到，中原地区的确深受儒家伦理观念的影响，孝道观念所传达的汉民族精神旨趣和社会追求也的确与这一地区大为不同。在汉人伦理观念中，为孝的重要性和必要性，使人们在社会生活中追求平安、稳定的生活方式，故而形成尚文风气，不追求以勇力来解决社会问题。正因为要讲孝道，汉族人普遍重视家庭生活，认为传宗接代才是人生头等大事；正因为要遵从孝道，将财富流传给子孙，以壮大家族势力才是汉族人重要的伦理价值观；移教作忠的结果，使汉族人形成了忠君意识，甚至将忠君与爱国混为一谈，君即是国、国即是君。在华夏边缘的世界里，除上述受藏传佛教影响而形成的藏族、土族等独特的伦理观念外，青海河湟地区的回族、撒拉族因信仰伊斯兰教，其伦理观念也具有鲜明的民族特色和边缘特征，基于此，在伦理观念构筑的社会文化中的区别显得十分具体、真实，这也十分典型地体现了青海河湟地区在意识形态上具有不同于中原的精神气质和价值追求。

（三）儒学传播过程中华夏边缘国家认同意识的培育与发展

中原华夏与民族边缘在文化观念上的冲突，从大的方面讲是因为不同民族的社会历史、文化传统造成的，从地域上看，是华夏与边缘的分界造成的。一旦这一分界被打破，文化观念上的冲突就会变得具体化、现实化，而随着中原王朝势力进入青海河湟，占据优势地位的中原文化观念就会对青海河湟地区的观念产生冲击和影响，最终经过长时期的磨合，走向融合。

笔者认为导致文化观念融合的主要原因是儒学在青海河湟地区的传播。儒学是中原王朝"用夏变夷"的重要手段，也是忠孝观念的一个载体。历代统治者都认为儒学具有移风化俗的效果，是同化边蛮、体现王道的重要手段。正如《明实录》卷二九《宪宗实录》所载，明成化二年（1466年），甘肃右佥都御史徐廷章奏《边防事宜》中云："设学校以训边氓，肃州卫所俗杂，羌夷人性悍梗，往往动触宪纲，盖由未设学校以教之故也。请如山丹等卫例，开设儒学，除授教官就于军中选其俊秀余丁以充生员及各官弟男子侄俱令送学读书。果有成效，许令科贡出身。其余纵不能一一成才，然亦足以变其习性，不数年间礼让兴行，风俗淳美矣。"在中原统治者看来，军事手段固然可征服边疆民众，但要从根本上改变这些"动触宪纲"的边地民族，就需要设立学校，对其实行教化，以移风化俗的手段，来改变他们的习性，进而在这些民族中培养忠君爱国的精神气质和价值追求。

青海河湟地区"民俗质朴"①，"地广民稀，水草宜畜牧……其俗风雨时节，谷籴常贱，少盗贼，有和气之应，贤于内郡"②。天然的质朴风气在客观上为儒学传播提供了一些必要条件，加之中原王朝在此地的行政建置逐步完善，依附于郡县体制的儒学教育体系也逐步在青海河湟地区推行开来。

有学者研究，儒学在青海河湟地区的传播大致经历了三个时期：两汉至魏晋时期是青海河湟儒学教育的萌芽与初步发展期，隋唐至宋元时期是青海河湟儒学教育的曲折发展时期，明清时期是青海河湟儒学教育的鼎盛时期。③ 至清代前中期，西宁府及下设县、厅普遍设有府、县、厅儒学，义学、社学及私塾等基层儒学教育机构也较为普遍。这些儒学教育机构的受教主体是当地汉族子弟，而少数民

① 《后汉书》卷二三《窦融传》，中华书局，1965，第797页。
② 《汉书》卷二八《地理志》，中华书局，1962，第1645页。
③ 李健胜、赵菱贞等：《儒学在青藏地区的传播与影响》，人民出版社，2012，第66~81页。

族也普遍参与其中，一些儒学教育机构还专门为少数民族设置，一些少数民族子弟还在儒学教育及科举考试中表现出不俗的成绩。

清代，青海河湟地区有专门教育回族子弟的社学。清代前期，"郡东关回民甚众，多习回经而不读书"①，回族伦理观念多受伊斯兰教影响，国家认同意识淡薄，针对这一情况，乾隆十一年（1746年），西宁府金事杨应琚、知府刘洪绪、知县陈铦、主簿顾宗预捐俸创设回民社学。嘉庆九年（1804年），西宁道蔡延衡等人也在西宁增设回民社学3处。乾隆《循化志》卷三《学校》记载，陕甘总督福康安在他的《请添设厅学疏》中说："职因公下乡，见童稚中有颇俊秀者可以造就成材，随增修义学，延师教读，数月以来，不特汉民踊跃，即撒拉、回族，亦多乐从。"这说明，循化地区也曾设立过专门教化撒拉、回族子弟的义学。

接受儒学教育的少数民族子弟中也涌现出一些俊杰人士。比如明代西宁卫人李玑，就是一位土族进士。据顺治《西宁志》卷六《人物志·甲第》记载："进士，成化辛丑，李玑西宁卫人。中庚子科乡试，王华榜进士，任尚宝寺少卿。"李玑，字贞德，是土族土司李南哥之后，据乾隆《西宁府新志》卷二七《献征志·人物》记载，此人"喜读书，不事华饰"，辞官归乡后曾在今青海民和县兴修扎都渠，惠利百姓。李玑修渠一事被世人颂扬为"泽彼当时，功流万世"。另一位在科场中显名的土族人士为李完，系李玑之侄，明嘉靖七年（1528年）中举。乾隆《西宁府新志》卷二七《献征志·人物》载，李完"杜户读书，无间寒暑，闭影公门，人高其节"。此外，东府祁土司祁仲豸为康熙乙酉科武举，庚戌科武进士，乾隆

---

① （清）杨应琚：《西宁府新志》卷一一《建置·学校》，青海人民出版社，1988，第294页。

《西宁府新志》卷二八《献征志·人物》记载："仲豸孝友，临事果决，而温良有让，乡人爱敬焉。"清朝宣统《甘肃新通志》卷六八《人物志》记载，西府土司祁维藩也是位"性沉静，好读程朱性理之书，淡于名利……晚闭门谢客读书"的儒生。

儒学的推行，不仅为青海河湟地区少数民族培育了人才，优化了这一地区的风俗，更为关键的是培养了这一地区的国家认同意识。

国家认同意识是指特定人群在文化认同基础上，对其所在国家政治、文化及其价值规范自觉服从、维护的文化心理的总称。在中原与华夏边缘的关系方面，国家认同意识既是两者的区别所在，也是两者融为一体的关键因素。中原汉民族长期以来形成的强大国家认同意识与这一观念相对淡薄的华夏边缘，之所以在社会文化观念上有区别，就是因为国家认同意识在两者间的不平衡所致，经过中原政治势力及文化传统对华夏边缘的长期影响，华夏边缘接受了中原儒学的熏陶与影响，最终形成了对中原王朝的认同意识，进而有了国家认同。因此，其他社会文化观念上的特殊性也因此消解，与中原华夏的区别也因此淡化。

在青海河湟地区，国家认同意识甚为浓重的民族首推土族。土族因民族人口较少，政治势力较弱，文化传统也多受中原影响，故而在明清时期主动臣服于中原王朝的统治。土族土司为维护其地位，尽力攀附中原华夏，以汉化的生活方式、伦理观念来配合中原王朝对其的政治优势和期许。例如，东府李土司家族就深受儒学熏染，国家认同意识十分浓厚。[①] 青海河湟地区的回族、撒拉族也在一定程度上受到明代以来伊斯兰教"以儒诠经"的观念影响，具有较浓重

---

① 李健胜、赵菱贞等：《儒学在青藏地区的传播与影响》，人民出版社，2012，第189～194页。

的国家认同意识。①

　　国家认同意识的形成在客观上有利于国家的统一和民族关系的和谐，故而是弥合中原与华夏边缘关系的润滑剂。② 在古代青海河湟社会文化变迁过程中，正是有了国家认同意识，这一地区在政治层面和社会生活层面才会逐步接受中原华夏的文化洗礼，也才会在更广阔的领域逐步接纳中原先进文化。不过需要指出的是，在青海河湟地区，国家认同意识的培育绝对不是和风细雨式的，恰恰相反，它是王朝国家以政治强压、教化灌输的方式强加于少数民族的，其培育方式多具有前近代性质，因此国家认同意识也往往停留在功利化的表面上。当中原王朝统治势力稳固之时，国家认同意识基本有效，如若统治势力出现衰弱迹象，这一认同意识就会淡化。这种现象恰恰与儒学在少数民族地区传播过程中，难以在更大范围、更深层面展开的情况是相一致的，③ 导致这一现象的内在因素也多有相似之处。

二　王朝国家与地方秩序的角逐与融通

　　在古代青海河湟社会文化发展过程中，介于文化观念与社会生活之间的政治活动，既属于社会文化的组成部分，又在很大程度上展示着社会文化的变迁过程。因此，探究华夏边缘的社会文化，必须考量中原华夏与民族边缘之间的政治关联所导致的政治活动，只有这样才能看清边缘地区社会文化的全貌，这也是研究华夏边缘社

---

① 敏生光：《刘智思想与西道堂》，《回族研究》1991 年第 4 期，第 19～29 页。
② 李健胜：《试论儒学在青藏地区的传播方式及其影响》，《青海民族研究》2013 年第 3 期，第 152～159 页。
③ 赵春娥：《清朝时期儒学在青海循化地区的传播及难以展开的原因分析》，《青海民族研究》2011 年第 2 期，第 89～93 页。

会文化变迁不同于中原相关问题的一个方面。

总体上看，王朝国家与地方秩序在青海河湟的角逐，大致分三种类型：一是大一统王朝与尚处于部落阶段的少数民族之间针对生存资源展开的竞争，因处于部落阶段的少数民族在时代上处于王朝国家的早期阶段，故这一类型即是两汉时期汉政权与羌人的竞争关系。二是中原与青海河湟地区不同政权间的竞争关系，其形成的前提是中原王朝势力衰落，青海河湟的少数民族政权与中原政权相互攻伐。三是指中原王朝将青海河湟地区纳入统治版图后，臣服于中央的少数民族上层统治集团与国家权力之间的矛盾冲突。笔者拟对上述三种角逐类型逐个展开分析，以此来探索青海河湟社会文化变迁过程中的政治因素。

（一）大一统王朝与华夏边缘的角逐

如前文所述，在我国历史上，大一统王朝与青海河湟华夏边缘的角逐，发生的时间段大致在两汉时期，在这一时期，中原王朝的政治、军事势力首次真正进入河湟地区，原本在社会文化上完全独立存续的西羌民族也第一次真正成为华夏边缘。

从笔者在本章第一节和第二节的相关论述看，汉王朝与西羌的角逐完全是一种不对等的政治竞争关系，二者的政治、军事冲突一开始就是一边倒的情形。在这种政治竞争关系中，二者在政治、军事上的冲突集中反映在汉政权对西羌民族的攻掠、驱逐及统治奴役上。

从汉政权角度看，经过春秋战国及秦代的政治建构和制度创设，君主专制的大一统统治模式在西汉时已基本成形，这一统治模式的主要特点在于以君主为最高政治权威，拥有政治、经济、军事及意识形态上的决断权，以郡县体制为核心造就一个从中央至地方一体化的统治模式，以取消地方在政治、军事及经济上的相对独立权，达到国家资源的整合和国家权力的集约化。在对外关系上，大一统政权也具有各方面的优势，特别是其制度的设定，在很大程度上可以优化对外征战的效率和对新开拓疆土的统治。例如，护羌校尉的设置，不仅使汉政权对青海河湟的军事资源进行整合和高效利用，也使之成为巩固边疆的一个行政建置，加之汉政权在河湟地区的边郡设置，也发挥了有效统治归顺羌人的行政作用。① 这些措施都保证了汉政权在青海河湟拓边活动的有效开展，也使汉政权征伐的军事活动完全处于皇权及地方官员的监管之下，保证了拓边行动的一体化、集约化。

与汉政权在大一统体制下的政治及军事优势相比，处于部落联盟阶段的西羌部族完全处于劣势。两汉时期，生息繁衍于青海河湟的羌人处于部落联盟阶段，尚未建立统一的国家政权，《后汉书·西羌传》称这种情形为"无相长一"，究其缘由，主要有以下几个方面：一是西羌民族文化渊源虽较久远，但部落阶段的遗习一直未能根除。一般来说，人类的早期都会经历部落阶段，在氏族制的约束下，人们以血缘关系为纽带结成相对稳固的联盟，使人与人之间的阶级分化与贫富差距始终处于相对均衡的状态，而打破这种状态的结果则是国家的产生。有趣的是，尽管羌人早有悠久、丰富的史前文明，但始终未能打破这一状态，进入国家阶段。二是羌人所处的青海河湟地区，地理形势复杂，自然资源也相对贫乏。复杂的地理形势使不同部落之间的联系受阻，形成统一的早期国家的政治基础也相对较弱，而贫乏的自然资源使部落之间的势力也处于平均状态，

---

① 高荣：《汉代对西北边疆的经营管理》，《中国边疆史地研究》1994 年第 4 期，第 58～67 页。

无法形成势力较大的部落来征服、吞并其他部落。加之处于河谷间的农耕羌人与处于山区的牧业羌人之间在生活方式、习俗等方面具有天然的差异，形成统一国家的基础也就相对薄弱。三是羌人部落首领之子取父母之名命名新的部落，借此形成新的势力，以区别于旧部落，长此以往，形成"分枝性结构"①，使部落势力在人口增多后不仅不能变强，反而被逐步分化了。四是当匈奴及西汉势力影响到青海河湟羌人的历史发展进程时，尽管其还未进入国家阶段，但这并不意味着西羌民族永远不可能进入国家阶段，只是这一民族的文明进程被匈奴及西汉势力打断了，特别是西汉政权势力进入河湟后，西羌民族自身的历史发展进程便让位于其与汉政权的征战史，故而阻断了西羌民族进入国家阶段的历史进程。

正是上述原因，汉政权与西羌的角逐，不是两个国家间的较量，而是一个成熟的大一统政权与处于原始社会末期部落阶段少数民族的角力，其结果可想而知。汉朝统治者认为："戎狄可以威服，难以化狎。"② 他们对羌人的攻伐与抢掠在很大程度上带有强大政权和先进文明的优越感。总体上看，汉政权在这一竞争关系中处于绝对优势地位，羌人受汉政权政治及军事势力的打击曾组织过反抗，但结果是受到了汉政权更为严厉的惩罚性攻掠。③ 在这一政治及军事竞争关系中，也包含着不同社会文化体系的较量，而随着归顺羌人被纳入郡县及军屯体系的人数逐步上升，羌人社会生活中的汉族因素也呈上升趋势，导致这一因素上升的直接原因则来自大一统政权的政治及军事优势。

---

① 王明珂：《游牧者的抉择》，广西师范大学出版社，2008，第 179～191 页。
② 《后汉书》卷八八《西域传》，中华书局，1965，第 2912 页。
③ 何湼：《关于东汉时期羌汉战争的性质——与张大可同志商榷》，《青海社会科学》1985 年第 1 期，第 122～128 页。

两汉时期，大一统政权与华夏边缘的角力还体现在屯田活动中，中原汉人与羌人的矛盾、农地与牧地的矛盾上。

屯田是汉政权重要的拓边方略，学术界一般认为赵充国创始的屯田之策将中原先进的农耕文明引入河湟，客观上对这一地区的经济发展做出了贡献，只是在执行时有所偏差。[①] 作为拓边方略之一，屯田活动始于赵充国，东汉时的规模远大于西汉，而两汉的屯田活动又成为后世开发青海河湟的一个典范，其在客观上对当地经济的促进作用是不能否认的，汉政权以屯田的方式经营河湟的策略也不能完全被否定[②]，但是，两汉的屯田活动是以剥夺羌人耕地、强迫部分归顺羌人在土地上劳动，并占有这些劳动成果为前提的。可以说，屯田活动是大一统政权战胜松散的西羌部落联盟后，为巩固胜利果实而采取的一举数得的措施。

屯田活动首先隐含着汉族移民与当地羌人的矛盾。汉人的到来占据了羌人的"美好山谷"[③]，迫使居住在湟水中下游及黄河流域大、小榆谷及大允谷一带的一部分羌人迁徙到环青海湖一带，甚至远徙至河源地区，还有一部分羌人沦为军屯劳力或者被迫内迁。由屯田引发的人与人之间的矛盾最终是以羌人的反抗起义爆发为真正意义上的大冲突。[④] 同时，这种矛盾是以两种社会文化之间的疏离或同化关系来体现的。对于那些远徙河源的羌人来说，其社会文化体系的独立性是以丧失原住地为代价的，而对于臣服汉政权的羌人来说，其汉化的过程也是丧失社会文化独立性的过程。

---

① 陈新海：《试论东汉在青海地区的施政》，《青海社会科学》1997年第5期，第79～85页。
② 高荣先生认为东汉王朝对羌民族政策完全错误，从而激起了羌族的猛烈反抗。见高荣《论两汉对羌民族政策及东汉羌族起义》，《广东社会科学》1998年第3期，第95页。
③ 王明珂先生称羌人世居的河谷谷地为"美好山谷"，特指这一地带物产相对丰富、生存条件也相对较好。见王明珂《游牧者的抉择》，广西师范大学出版社，2008，第240页。
④ 王友富：《青海西羌部落衰败原因探析》，《青海民族研究》2004年第2期，第83～87页。

屯田活动也包含着农地与牧地的冲突。汉政权实行的屯田活动除了强占原有羌人的耕地外，还组织劳力开垦新地。这些被开垦的新地一般是原游牧羌人的牧地，农地与牧地间的冲突因此形成。西羌民族的生产生活方式基本依赖于游牧生活，特别是湟水中上游及黄河北岸的羌人部落，其生产方式基本是游牧业。随着牧地被开垦为农田，羌人赖以生存的物质基础被剥夺和消解了，羌人除了远徙他地外，只能臣服于当地汉人地方政权求生存。农田与牧地的矛盾反映到社会生活上，就是两种生活方式的冲突，那些被迫在农田上求生存，并与汉人移民杂居的羌人，大多数放弃了原有的游牧生活方式，或者缩小放牧范围，这除了使其生活质量下降外，更为关键的是，他们不得不去适应新的生活方式，原有的社会文化体系也因此向农耕文化妥协。

总之，在王朝国家与地方秩序的角力中，大一统政权与处于部落联盟阶段的西羌民族的角逐，是地方秩序让位于王朝国家的历史过程，也是羌人社会文化体系被打散、打乱的过程。在这一过程中，部分羌人远徙他地，以保存其社会文化体系的独立性，部分羌人接受了汉政权的统治，进入汉化的历史进程，特别是那些内迁的青海河湟汉人，经过数代的强制同化，完全融入汉人社会中。

（二）不同政权间的攻伐及中原文化对华夏边缘的影响

王朝国家与地方秩序的角力，有时是以不同政权间的攻伐形式体现的。此时，王朝国家不再是一个统一的大一统政权，而是形式上具有中原华夏正统地位，但其政治、军事实力相对贫弱的政权；青海河湟地区的地方秩序已不再是松散的部落联盟，而是一个具有相对明确的疆域、政权形式相对成熟的国家。在由不同政权之间竞争关系引发的政治活动中，中原与华夏边缘的角力对青海河湟地区社会文化及其变迁过程的影响，是以华夏边缘地方政权主动接受中原文化的方式呈现的。

不同政权之间在青海河湟地区的攻伐，所对应的时代大致是魏晋至两宋时期，其典型史例即为南凉政权与周边政权的角力，隋唐时期中原政权与吐谷浑、吐蕃的竞争关系，以及北宋时期青唐政权与北宋及西夏的战和关系等。这一时期，由于中原战乱及少数民族内侵等原因，除隋唐时期中原为统一大国外，其他时期，中原王朝的政治及军事势力相对较弱，这一方面为包括青海河湟地区在内的周边少数民族地区形成地方政权提供了历史机遇，另一方面也为中原与华夏边缘之间关系的建构提出了新的历史要求。即使是强盛的隋唐王朝，因其面对的吐谷浑及吐蕃政权也是相对强大的少数民族政权，因此中原王朝面对的不再是松散的地方秩序，而是可与其比肩的国家。在这样的时代背景下，中原王朝对华夏边缘的政治及军事影响力总体上呈下降趋势，相比较而言，通过文化输出或借用贸易通道，以教育文化、政治制度及商贸经济来影响华夏边缘的社会文化进程则成为主要方式。

这一时期，青海河湟地区成为少数民族地方政权的角逐之地。魏晋南北朝时，南凉、北凉、后秦等政权或建立于此，或政治势力波及此地，吐谷浑的政治势力也曾长期盘踞于青海黄河南北两岸，特别是吐蕃吞并青海河湟后，其与唐王朝的对峙关系，在很大程度上改写了以往中原与华夏边缘的政治、经济及文化关系的既定模式。

在这样的时代背景下，中原与华夏边缘在社会文化领域内的关系也随之发生变化。作为当时先进文明的主要代表——中原汉文化在政治、军事领域内的影响力开始变弱，但由于之前已经形成中原与华夏边缘社会文化交流的关系，加之以丝绸之路青海道为代表的商贸及人口迁移、文化交流通道的开启，使得汉文化中的一些先进因素，如儒学教育、政治制度、农业经济等持续对华夏边缘产生影响。相对应的是这一时期的地方政权因其在政治上或完全独立或具有相对独立性，其社会文化体系在自主独立的同时，也需要引进先进文化来充实、增进。因此表面上看，这一时期是战争频繁、社会混乱的时期，实际上恰恰是青海河湟华夏边缘接受汉文化洗礼的关键时期。笔者拟以魏晋时期儒学对河湟文化的影响，唐蕃和亲时中原文化典籍随文成、金城公主入藏等事例，来说明这一问题。

魏晋时期，儒学在中原的发展呈式微迹象，《后汉书》卷七九《儒林传》云："自桓、灵之间，君道秕僻，朝纲日陵，国隙屡启，自中智以下，靡不审其崩离。"与此相比，河西、河湟一带因世家大族的提倡和弘扬，儒学呈迅速发展的态势，[①] 使当地的儒化风气甚至浓于受少数民族内迁影响而儒学式微的中原地区，正"所谓中国失礼，求之四夷者也"[②]。

在河湟地区，郭、麴、田、卫等世家大族，也十分重视儒学教育，这些家族中也涌现出一些颇有儒家风范的人士，如《晋书》卷八九《麴允传》记载，麴允是一位"性仁厚，无威断"的儒士。后麴氏袭取高昌国，据《魏书》卷一〇一《高昌传》，曾"遣使奉表，自以边遐，不习典诰，求借五经、诸史，并请国子助教刘变以为博士"。受当地儒学士风影响，由少数民族建立的一些政权也积极吸引儒生参与国政，并以此作为与其他政权相抗衡的人才基础。《晋书》卷一二六《秃发乌孤载记》记载，南凉政权广泛收笼"夷、夏俊杰"，秃发利鹿孤时，接受了属下"宜建学校，开庠序，选耆德硕儒

---

① 李健胜：《河西儒学对吐蕃的影响》，《西藏研究》2011 年第 5 期，第 57～65 页。
② 《后汉书》卷八五《东夷列传》，中华书局，1965，第 2810 页。

以训胄子"的建议，不仅推行儒学教育，还让大量汉族儒生参与政治，"金石生、时连珍，四夷之豪俊；阴训、郭幸，西州之德望；杨统、杨贞、卫殷、麴丞明、郭黄、郭奋、史暠、鹿嵩，文武之秀杰；梁昶、韩圯、张昶、郭韶，中州之才令；金树、薛翘、赵振、王忠、赵晁、苏霸，秦雍之世门，皆内居显位，外宰郡县。官方授才，咸得其所"。《通典》卷一九〇《边防六》载："自吐谷浑至叶延曾孙视罴，皆有才略，知古今，司马、博士皆用儒生。"《晋书》卷九七《吐谷浑传》载："其官置长史、司马、将军，颇识文字。"这些都说明，在中原与华夏边缘的政治较量过程中，以及在不同政权相互征伐的过程中，绝不仅仅是战争和攻掠，也有通过学习中原文化使华夏边缘内地化的历史进程加快的事实。

唐蕃两国在青海河湟地区的军事冲突，改变的不仅仅是当地的民族构成和华夏边缘的地理范围，在两个政权的交往与冲突过程中，中原文化也通过各种方式进入吐蕃文化体系中，进而使这一新的华夏边缘与中原之间的关系变得更为紧密。《西藏王统记》记载，文成公主进藏和亲时，曾携带了大量书籍，"金镶书橱，诸种金玉器具，诸种造食器皿，食谱，诸种花缎、锦、绫、罗与诸色衣料二万匹"，此外还有"四百有四种医方，百诊五观六行术，四部配剂书和书典三百六十卷，术数书三百卷"①。这些食谱、医书、书典、术数书籍，都是中原文化的文字载体，它们随着文成公主进入藏区，自然会对当地的社会生活、教育文化、典章制度产生影响。此外，金城公主进藏时，也带有汉文典籍，《旧唐书》卷一九六上对吐蕃有记载："吐蕃使奏云：'公主请《毛诗》《礼记》《左传》《文选》各一部。'

---

① 索南坚赞：《西藏王统记》，刘立千译，民族出版社，2000，第 67~68 页。

制令秘书省写与之。"

　　除汉文典籍因唐蕃和亲进入藏地外，吐蕃政权还通过派贵族子弟入学唐国子监，学习唐朝的典章制度，引入汉族伦理观念等方式增进本民族的文明进程。特别是对汉族伦理观念的吸收，突出反映了儒学对吐蕃的影响。敦煌古藏文文书 P. t. 1283 和 P. t. 2111，共532 行，大约有 1.4 万字，著名藏学家王尧和陈践先生翻译时将其定名为《礼仪问答写卷》。该文书成书于 8 ~ 9 世纪①，可能出自居于敦煌地区的吐蕃官吏之手②，它以兄弟问答的形式，系统讨论了处理君臣、父子、师生、主奴、夫妻、家庭等关系中存在的伦理问题。《礼仪问答写卷》无论是其文体，还是其内容均深受《论语》影响，③ 是"唯一一卷没有受到宗教香烟熏染的集合了吐蕃时期藏族人民的道德原则、道德规范和道德修养方法论的伦理学著作，是藏族伦理学史上的重要文献"④。关于《礼仪问答写卷》的具体内容及其儒学化，学者有过详细研究，它是"儒家经典《论语》在吐蕃地区的另一种表达，这种通过藏民族的特有形式包装后的表达方式，尤其易于让儒家伦理思想为藏族社会各阶层接受"⑤。

　　总之，不同政权间的征伐，既是中原与华夏边缘在政治及军事上冲突的历史表征，同时因这一时期中原华夏没有政治、军事上的

①　王尧、陈践：《敦煌古藏〈礼仪问答写卷〉译解》，《西北史地》1983 年第 2 期。班班多吉先生则认为《礼仪问答写卷》的成书年代甚至可以提前至七八世纪，见班班多吉《藏族传统宗教、哲学与伦理》，《法音》1996 年第 12 期。

②　周云水：《从〈礼仪问答写卷〉看吐蕃伦理文化与儒家伦理的关系》，《阿坝师范高等专科学校学报》2007 年第 4 期，第 18 ~ 22 页。

③　余仕麟、刘俊哲、李元光、魏新春：《儒家伦理思想与藏族传统社会》，民族出版社，2007，第 335 ~ 336 页。

④　丹珠昂奔：《吐蕃王朝兴盛时期的藏族伦理思想》，《青海社会科学》1985 年第 4 期，第 80 ~ 87 页。

⑤　李健胜、赵菱贞等：《儒学在青藏地区的传播与影响》，人民出版社，2012，第 170 页。

压倒性优势，其与青海河湟地区的少数民族政权之间的交往方式也因此发生了一些变化，这在客观上对华夏边缘学习、借鉴中原文化提供了良好的时机。

（三）国家权力与地方势力的合作与冲突

中原与华夏边缘的角力，还以国家权力与地方势力之间的矛盾冲突得以展现。在这种冲突模式中，中原王朝的政治势力已完全控制河湟地区，当地的一些少数民族已纳入编户齐民的统治形式中，还有一部分少数民族虽然受当地土司、贵族或藏传寺院管辖，但他们在形式上已经是中原王朝国家的臣民。与中原王朝以国家身份管理地方的模式相对应，这一冲突模式中的华夏边缘政治势力，既不是松散的部落联盟，也不是地方政权，而是臣服于王朝国家的以少数民族首领为主体构成的具有地方自治色彩的政治势力。从时间上看，这一冲突模式主要是元明清时期，中原王朝在青海河湟的行政及军事建置相对完善，而地方势力既是国家权力的派生物，也是与之有冲突关系的地方政治形态。

元朝统治青海河湟时，当地藏族受吐蕃等处宣慰使司管辖。当时元政府推崇的藏传佛教萨迦派大力发展在河湟的势力，元帝师八思巴及其弟子等曾在青海河湟地区大力发展藏传佛教寺院，建立了不少萨迦派寺院，河湟地区的禅定寺、隆务寺、文都寺，其前身都是元代创建的萨迦派寺院。[①] 虽然这些寺院在规模、数量及宗教影响方面远不及西藏地区的萨迦派寺院，但萨迦派借助这些寺院一方面控制着当地的藏族部落，另一方面利用这些寺院作为地方政治势力的代言人，与国家权力之间达成统属关系。不过，元代时青海河湟

① 白文固、杜常顺等：《明清民国时期甘青藏传佛教寺院与地方社会》，青海人民出版社，2009，第16页。

地区家族性藏传寺院还未大量涌现，这一地区的地方势力往往是藏族部落首领，他们以千百户的政治身份既任职于地方政府，同时也直接管理部落事务，并与王朝国家结成不同层面的政治合作关系。

元代，藏族属于色目人，王朝国家的民族属性也有很大的共性，加上蒙古上层普遍信仰藏传佛教，因此包括青海河湟藏族部落在内的藏民族受到了元朝统治者的特殊待遇，其政治地位优于汉人及南人。元政府在青海河湟地区普遍实行的是"因俗而治"的统治方式，在很大程度上保证了藏族贵族及僧侣集团在地方上的自治权，因此王朝国家与地方势力之间的关系也较为亲密，因各种利益发生冲突也相对较少。在这种国家与地方社会关系中，中原与华夏边缘在社会文化层面上的关系，完全不同于之前及之后的历朝历代，汉族文化在河湟地区的传播受到抑制，而藏传佛教及藏民族文化东向传播与发展，以及对元代上层的影响却日盛。

明代时，在卫所体制下，当地行政事务在很大程度上依赖于各种土官，明政权还根据少数民族的具体情况，以不同方式达成国家权力与地方社会关系的建构。对当地主体民族藏族，明政府仍然利用藏传佛教僧侣集团势力间接控制当地藏族部落，和元代仅扶持萨迦派的做法不同，明朝政府对藏传佛教诸派采取"从封众建"的策略，既昭示其优崇佛教的政策，又可起到分化其地方势力的作用。明代，青海河湟地区兴建了大量家族性藏传佛教寺院，对藏族贵族及僧侣上层施以羁縻之策，同时以西宁卫下辖的千户所来管理藏族部落事务。总体上，因明朝采取优待藏传佛教的政策，青海河湟地区藏族部落地方势力与王朝国家之间在政治上基本采取合作态度。正是朝廷采取了"因俗而治"的羁縻之策，加之卫所体制下地方行政体系不甚完备，当地藏族在社会文化上受到中原文化影响的渠道、方式相对较少，使华夏边缘的地方特性在很大程度上得以保全，而汉文化对当地藏族部落的影响相对较弱。

明政府结合当地少数民族多元化的社会现实，对回族、土族等少数民族聚居区采取"土流参治"的统治模式。明朝时期，冶土司家族控制着今青海民和米拉沟地区，《明史》卷七二记载，冶土司有"各统其官军及其部落，以听征调、守卫、朝贡、保塞之令"的职责。嘉靖三十九年（1560年），冶鸾、冶为钺父子因战死沙场受到清政府表彰。冶土司不仅领有兵士，还设有衙门，处理地方诉讼事宜。① 在土族聚居区，明政府也采取"以土官治土民"的政策，其中李土司及祁土司的地方势力最为强盛。他们一方面依仗明朝的封赏，握有地方军政大权，另一方面利用家族势力统治地方土民，既是中央王朝政治势力在地方的代言人，也是土民心目中的政治权威。此外，游牧于今青海湟源、大通北部一带的蒙古部落在地方行政方面也具有很高的自治权力，当地的蒙古、土族及部分汉族也是蒙古贵族直接管辖的土民。在"土流参治"的统治模式下，中央王朝利用卫所建置和流官控制、监督地方土官，而土官则对基层百姓有直接治理和管辖的权力。总体上看，这种统治模式也基本因袭了"因俗而治"的统治方式。这种统治方式是在确保青海河湟诸少数民族上层政治权益的基础上对地方民众展开统治的，能得到绝大多数上层贵族的支持。明代，青海河湟地区的土民虽爆发过一些零星的反对中央王朝的斗争，但基本上臣服于卫所体制下的地方政治秩序，而当地基层社会文化也因中原文化影响与渗透力量相对薄弱，还保持着本民族的基本特色。土族等上层贵族多受汉文化的洗礼，汉化

---

① 喇秉德、马文慧等：《青海回族史》，民族出版社，2009，第53页。

程度颇深，上述东府李土司家族成员在科举考试方面取得的一些成绩就是典型事例。

和元明时期不同，清政府在取得青海河湟统治权后，对这一地区的行政建置进行了大规模的改革，特别是在镇压罗布藏丹津叛乱后，包括土、撒拉、藏族等少数民族在内的土民被纳入编户齐民的统治方式中。在国家权力与地方社会政治势力的较量过程中，地方社会政治势力让位于国家权力成为主要趋势，当地社会文化因此发生了大的变迁。

镇压罗布藏丹津叛乱后，清政府设置了西宁府，这是青海河湟地区行政体系内地化的一个标志，[①] 乾隆二十六年（1761 年），原属蒙古贵族领地的大通撒卫改县，归德千户所则由西宁县丞分驻，这标志着整个湟水流域及青海黄河南北两岸，都被纳入郡县体制中。郡县体制在青海河湟地区的深化，意味着土司、贵族的权威减弱，当地的社会经济也逐步由流官控制。有学者统计，雍正年间青海河湟地区清查入册的少数民族耕地约有 128 万亩。到乾隆三十七年左右接近 133 万亩，新开垦近 5 万亩。[②] 政府鼓励汉、回等民族开垦新地，使当地的农业经济得到发展。土地清查入册及新开垦土地增多，意味着当地土司直接控制的土地减少，当地少数民族需要向政府直接纳粮交税，而新移民的到来又会增加土地的人口负载量，加重了人地间的矛盾。当时的土司还拥有一些特权，因此少数民族群众受到官府和土司的双重剥削，社会矛盾日益突出。

除改革行政建置外，清政府还通过推行儒学教育、改易当地风俗等方式，加强对青海河湟地区的控制。例如，在西宁、循化等地

---

① 杜常顺：《论清代青海东部地区的行政变革与地方民族社会》，《民族研究》2011 年第 2 期，第 66 页。

② 崔永红：《青海经济史（古代卷）》，青海人民出版社，1998，第 173～176 页。

设立社学、义学，强制当地回、撒拉等少数民族子弟学习儒家经典，通过表彰孝子孝妇、为节妇贞女立牌坊等，在基层宣传儒家理念，[①]并以此作为影响当地少数民族、改易旧有风俗的重要措施。

由此可知，清政府在青海河湟地区采取的是移风化俗的统治方式，这种统治方式不同于元明时期的"因俗而治"，它是在剥夺当地土司权力的基础上，使内地化的郡县体制得以在更广大的地域、更多的领域得以发挥功效，同时还通过推行儒学教育、改易风俗等办法强制当地少数民族放弃旧有的教育方式、生活方式，来配合清政府构建"大一统"的政治需要。

清政府的这种统治模式使国家权力与地方政治势力之间的关系变得更为复杂，矛盾冲突发生的概率也大大增加。笔者在本章第二节较详细地陈述过的罗布藏丹津叛乱，实际上就是这种统治模式引发国家权力与地方政治势力冲突的前奏。因清政府取消了和硕特蒙古在西藏的特权，同时试图在青海大通等地设置卫所，这在很大程度上伤害了蒙古贵族拥有的自治权力，并因此引发了大规模的冲突。在这次冲突过程中，青海河湟的诸多藏族部落及藏传佛教寺院也加入叛乱大军。除因受到蒙古贵族的胁迫不得已而造反外，这些藏族部落首领和藏传佛教寺院的特权受到清政府的节制也是其中的重要因素之一。乾隆二十七年（1762年），清政府在撒拉族聚居的循化设置厅一级行政建置，以加强对撒拉民族的统治。清政府还以"帮扶旧教"的政策，参与教派争斗，挑起"新教"与"老教"的对立，加之当地撒拉民族深受官府和土司的双重压迫，终于在乾隆四十六年（1781年）爆发反清斗争。[②] 这次起义最终被清政府残酷镇

---

① 李健胜、赵菱贞：《儒学在青藏地区的传播与影响》，人民出版社，2012，第84~87页。
② 崔永红、张得祖、杜常顺：《青海通史》，青海人民出版社，1999，第356~362页。

压，由于国家权力对民族宗教事务的蛮横干预及其"善后"政策的残暴，形成了"清人待回教至虐，故回教徒叛清之事亦特多"的局面。[①]

清政府政治势力深入青海河湟地区的过程，也是华夏边缘社会文化内地化程度逐渐加深的一个过程。从地理分布和人口结构看，青海大通等蒙古族、西宁周边藏族逐步迁往青海牧区，使藏人聚居地区的民族人口结构发生了很大变化，最为显著的变化即是汉、回族人口增加。从社会文化的表现形态看，青海河湟地区的回、土、撒拉等少数民族子弟较大规模地接受儒学教育，这使当地的文化教育、伦理观念及生活方式等发生了很大变化。

总之，在国家权力与地方政治势力的角逐过程中，"因俗而治"和"移风化俗"是王朝国家与地方秩序角力的两种方式，因元明清时期，地方秩序臣服于王朝国家，因此当王朝国家采取"因俗而治"的统治时，青海河湟地方势力顺应统治的概率远大于与中央的对抗；而当国家采取"移风化俗"的统治模式时，地方秩序因利益受损反抗王朝国家的情形显著增加。对于青海河湟地区社会文化发展进程而言，"因俗而治"的统治模式确保了社会文化的地方性及民族性，因此社会文化变迁的外部动力较弱，内地化的程度也较低；"移风化俗"是以改变青海河湟社会文化地方性及民族性为目的的，因此在这种统治模式下，社会文化变迁加速，内地化程度也较高。

三 华夏边缘社会生活及其内地化的缓慢进程

先秦至清代前中期，中原与华夏边缘在文化观念上的冲突与融

---

① 陈垣：《回回教传入中国史略》，《东方杂志》第 25 卷第 1 号，1928，第 122 页。

合，以及王朝国家与地方秩序的角力与融通，既是青海河湟华夏边缘社会文化发生变迁的动力，也是这一社会文化的组成部分。不过，文化观念及政治活动展示出的社会文化变迁过程虽然是揭示这一变迁过程的主体内容，但其表现形式相对复杂、多变，与之相较，社会生活领域体现出的社会文化变迁则更为具体、直观，它能够更清晰地体现古代河湟社会文化变迁的过程及基本特点。

社会生活是指特定民族、人群生产、生活方式的具体体现，主要内容包括居民的衣食住行及生活习俗。社会生活在社会文化中属于物质文化的范畴，是社会文化体系的基础。社会生活处于文化的基础层面，因此与之相关的内容往往是人们日用而不知的习惯，故而甚少被记录、记载。历史上，曾生息于青海河湟的诸少数民族要么没有文字记载的传统，要么其历史记述为宗教神学所替代，而二十四史及《清史稿》所记述的往往是这一地区的重大历史事件及政治、军事情况，也甚少记述当地百姓的日常生活。笔者拟利用考古学材料及部分传世史料中有关西羌、鲜卑等少数民族社会生活的信息以及明清与民国方志中零星记载的河湟藏族、土族、回族等的社会生活材料，梳理青海河湟地区古代社会生活及其内地化的一般概况。

（一）两汉至宋元时期青海河湟华夏边缘社会生活及其变迁

两汉至宋元时期，青海河湟地区华夏边缘在衣食住行及生活习俗方面往往保持着本民族特色，两汉以来，虽然或多或少受到中原文化的影响，但内地化程度并不高，因此这一时期的青海河湟地区作为华夏边缘的政治、经济及文化基础相对稳定。

羌人的衣食住行及生活习俗既是构成华夏边缘的物质文化基础，是羌人独特社会文化的组成部分，也是华夏边缘异于中原的具体体现。

在人类文明的早期阶段，羌人以兽皮为主要服饰，考古工作者在羌人的墓葬中看到，"墓室内人架下往往发现类似皮质的黏着物，个别洞内还发现过皮质的残片"①，这些皮质的黏着物就是兽皮。湟水下游的羌人可能种植过麻类作物，因此麻类作物也是羌人服饰的原材料。②卡约文化时期以来，羌人多从事游牧业，加之特殊地理条件的影响，羌人多着兽皮，这一点在中原文献中亦有体现。《礼记·王制》云："西方曰戎，被发衣皮，有不粒食者矣。"西汉扬雄所撰的《法言义疏》记载："孔疏曰：'衣皮，有不粒食者，以无丝麻，惟食禽兽，故衣皮。'"当时，中原人士还注意到羌人特殊的服饰习惯，史称"今凉州部皆有降羌，羌胡披发左衽，而与汉人杂处"③。可见，"披发左衽"是羌人服饰异于中原的重要特征。

在饮食方面，羌人文化的源头，即宗日文化曾受马家窑文化影响，据考古学者研究，"宗日先民主要以 C_4 类植物为食，也摄取一定量的肉食，反映了以粟、黍等为主食而渔猎为辅的生活方式"④。卡约文化时期，受气候变干变冷及羌人生产方式变化的影响，羌人的饮食结构也发生了变化，到两汉时，羌人农耕地带为汉政权侵占，羌人以游牧为业的比重进一步增加，其饮食是以肉食为主。《东观汉记》记载，窦固"在边数年，羌胡亲爱之。羌胡见客，炙肉未熟，人人长跪前割之，血流指间，进之于固，固辄为啖，不秽贱之，是

---

① 刘杏改：《卡约文化的埋葬习俗》，《青海师范大学学报》（社会科学版）1995 年第 4 期，第 116 页。

② 崔永红：《青海经济史（古代卷）》，青海人民出版社，1998，第 21 页。

③ 《后汉书》卷八七《西羌传》，中华书局，1965，第 2878 页。

④ 崔亚平、胡耀武、陈洪海等：《宗日遗址人骨的稳定同位素分析》，《第四纪研究》2006 年第 4 期，第 604 页。

以爱之如父母也"①。从中可见羌人的饮食以肉食为主，还有酒、乳等。两汉时期，中原汉人以粮食作物为主食，肉食为副食类，而青海河湟华夏边缘的主体民族则以牛羊肉、乳类为主食，饮食上的差别是此地社会文化不同于中原地区的具体体现之一。

在居住方面，宗日文化居民曾过着定居生活，青海同德宗日文化遗址中出土了居住遗址。考古发掘报告认为："居址遗迹被破坏殆尽，仅存大量柱洞。柱洞小者直径约 20 厘米、残深约 40 厘米；大者开口于表土层下，圆形，直径 60 厘米、深 120 厘米，底有大石块做柱础，填土夯实，夹杂有小石块、烧土块，木柱痕迹不清。"② 宗日文化人群的房屋形式是半地穴式，到卡约文化时期，羌人的居住形式有所发展，一种是半地穴式，另一种为地面式，其中地面式建筑"估计可能是一种帐篷式的结构。其居住面与灶的设计方法，都与今天的牧区帐篷类似。居住面稍有倾斜度，与牧区扎帐篷时选择地形相同，以此用来排水或防水"③。由此可见，羌人的居住方式也异于中原。有史料记载，早期羌人交通工具是马。马有负重远行的耐力，羌人培育的马一般被称为"西宁马"，史称"虏皆马骑，日行数百，来如风雨，去如绝弦，以步追之，势不相及，所以旷而无功也"④。可见，马是羌人重要的作战工具，当然也是羌人重要的交通工具。

由于缺乏相关史料，针对羌人衣食住行的具体状况甚难做出更为翔实的描述。从上述情况来看，羌人在物质生活层面的确异于中

① （汉）刘珍等：《东观汉记校注》，中州古籍出版社，1987，第 414 页。
② 陈洪海等：《青海同德县宗日遗址发掘简报》，《考古》1998 年第 5 期，第 1~4 页。
③ 高东陆、许淑珍：《青海湟源莫布拉卡约文化遗址发掘简报》，《考古》1990 年第 11 期，第 1016 页。
④ 《后汉书》卷八七《西羌传》，中华书局，1965，第 2890 页。

原汉族，作为当时青海河湟地区的主体民族，他们的衣食住行既构成了华夏边缘社会文化的一个方面，也是异于中原文化的重要标志。

羌人的生活习俗也多异于中原，笔者拟以丧葬习俗为例说明这一点。在丧葬习俗方面，羌人实行火葬，史称"氐、羌之虏也。不忧其系累也，而忧其不焚也"①。《后汉书》记汶山郡，"其山有六夷七羌九氐，各有部落。其王侯颇知文书，而法严重。贵妇人，党母族。死则烧其尸"②。中原史籍虽没有记述青海河湟地区羌人实行火葬的情况，但从与羌人有关的考古遗址中也能看到河湟羌人实行火葬的一些遗迹。例如在宗日遗址中，"埋葬后的二次扰乱现象较为普遍，共有 39 座被扰乱，占总数的 13%，颅骨多破碎，或上半身骨骼散乱不全。同时，墓穴被挖成了不规则形，随葬品被毁坏，更特殊的是将棺椁也付之一炬"③。在上半主洼村遗址中考古学家也发现两座火葬墓，M2 是不规则长方形竖穴土坑墓，人骨架经二次扰动，原葬式为仰身直肢，木棺面有被火烧过的灰炭；M10 也是不规则长方形竖穴土坑墓，棺内人骨架以泥土包住后再用火烧，使人骨架被红烧土紧紧裹住。④ 羌人的火葬习俗可能与其远古宗教信仰有关⑤，羌人视身体为污秽所集，"羌胡俗耻病死，每病临困，辄以刃自刺"⑥。因此，人死后以火焚之则顺理成章。《墨子·节葬下》云："秦之西有义渠之国者，其亲戚死，聚柴薪而焚之。熏上，谓之登遐，然后成为孝子。"可见，羌人的火葬习俗的确与其宗教观念有关。先秦以来，中原汉人多实行土葬，这一葬俗后又受到儒家文化理念影响，

---

① （清）王先谦：《荀子集解》，中华书局，1988，第 501 页。
② 《后汉书》卷八七《西羌传》，中华书局，1965，第 2858 页。
③ 陈洪海等：《青海同德县宗日遗址发掘简报》，《考古》1998 年第 5 期，第 3～4 页。
④ 许淑珍：《青海化隆县半主洼卡约文化墓葬发掘简报》，《考古》1996 年第 8 期，第 31 页。
⑤ 李锦山：《论宗日火葬墓及其相关问题》，《考古》2002 年第 11 期，第 52～56 页。
⑥ 《后汉书》卷一六《邓训传》，中华书局，1965，第 610 页。

成为汉人灵魂观念及丧葬习俗的主流，以此观之，羌人的火葬习俗则可看作是羌人社会文化独特性的具体体现。

（二）魏晋至宋元时期的社会生活

由于缺乏相关资料，笔者很难系统描述魏晋至宋元时期青海河湟地区各民族的衣食住行及生活习俗，笔者仅以零星材料，描述这一时期的基本情况。

在这一时期，中原政权在青海河湟的行政建置兴废不已，汉族移民土著化的状况也因时而异。总体上，这一时期青海河湟地区的社会生活受到了中原文化的影响，一些领域也有内地化的表现，但地域特色仍是主体。比如，在建筑方面，《晋书》卷一二六记载，鲜卑秃发部傉檀曾"大城乐都"，修有内、外二城，据考古证实，该城位于今青海乐都县城西大古城村北，从这个古城型制来看，显然受到了中原城镇型制的影响。十六国时期，青海河湟地区的佛教建筑颇具特色，北魏阚骃撰《十三州志》记载："西闻亭北有土楼神祠"；乾隆《西宁府新志》卷一五《祠祀志》载，当时"佛教盛行于鄯州，曾作佛龛于土楼山断岩之间，藻井绘画"。可见，中原佛教建筑曾对土楼建筑产生过影响。北宋时期，青唐城中最具特色的建筑是藏传佛教寺院，《青唐录》中有"傍设金冶佛像，高数十尺，饰以珍珠，覆以羽盖""为大象（佛像）以黄金涂其身，又为浮屠三十级以护之"等，说明佛塔建筑是青唐城中具有典型代表意义的建筑类型。青唐政权是政教合一的少数民族政权，《青唐录》载："吐蕃重僧，有大事必集僧决之，僧丽（罹）法无不免者。"这种情况反映在当时的建筑物上，即为"城中之屋，佛舍居半。维国主殿及佛舍以瓦，余虽主之宫室，亦土覆之"。这又说明建筑的民族特色和地域特征在这一地区具有主导地位。

此外，中原农耕文化对青海河湟华夏边缘也有一定影响。两宋时期，湟水流域"夹岸皆羌人居，间以松篁，宛如荆楚"①。此处的"羌"实为吐蕃，是当时河湟流域的主体民族，他们以游牧为业，间以农耕、渔猎。

（三）明代及清代前中期青海河湟华夏边缘的社会生活及其内地化

从史料记载看，有关明代及清代前中期的青海河湟华夏边缘社会生活方面的资料尽管比之前时代较为丰富，但比同时期史料还是相对较少。一般来讲，特定民族的衣食住行及婚丧礼俗的传统延续性都比较强，所以利用清代后期及民国初期的相关记载，即所谓"后见之明"来综述明代及清代前中期的情况也是可行的。因此，笔者除利用《西宁志》《碾伯所志》《西宁府新志》的资料外，也使用了《西宁府续志》《丹噶尔厅志》《大通县志》等资料。

1. 衣食住行的基本情况及其内地化

明代时，西宁卫"外戎内华，山阻地险"，当地百姓"俗尚佛教，人习射猎"②，清前中期，当地藏族也"多重射猎，畜牧资生"③。可见，青海河湟地区的藏民族大多从事畜牧业。此外，居住在河谷地带的熟番、回族及土族等，和当地汉族一样也从事农业生产。作为生产方式的社会化表现形态，居民的衣食住行往往反映着他们的劳作方式。明代时，青海河湟地区的藏族以"毳皮为衣"④。清时，河湟藏族亦"贵虎豹皮，用缘饰衣裘。妇人衣锦，服绯、紫、

---

① （宋）李远：《青唐录》（《青海地方旧志五种》），青海人民出版社，1989，第 9~10 页。
② （清）苏铣：《西宁志》卷一《地理志》，青海人民出版社，1993，第 136 页。
③ （清）李天祥：《碾伯所志·习尚》（青海地方旧志五种），青海人民出版社，1989，第 115 页。
④ （清）苏铣：《西宁志》卷一《地理志》，青海人民出版社，1993，第 136 页。

青、绿"①。其中，湟源藏族"男子则穿长领衣祆，以带围腰，令腰间衣悬垂如袋，取其多能携带物件也；女子则多穿长袍，腰间亦系带，惟不令取悬垂也"②。大通藏族"法衣缝成大幅，由左肩披搭，扣入右胁，名曰袈裟；女服身长袖小，周围镶以红色，上束大带。戴帽辫发，脑后绣花辫套，双枝下缀，长与衣齐，或饰以宝石金银不等。另用氆氇上嵌海罗，俗呼'克图儿'，交十字负之于肩，上背而下，垂五六寸红穗，丝棉不一"③。贵德藏族结婚时，以马匹、氆氇为陪嫁。④由此可见，作为河湟地区的主体民族，藏族在服饰上具有浓郁的本民族色彩，这具体地呈现出该地区不同于内地的社会文化。此外，土族、蒙古族等也具有本民族色彩的服饰。比如大通土族"男服大领长袖，内地亦有汉制。妇女戴帽，辫发红棉绳贯青铜钱垂于脑后。耳缀大环，银铜不一。足穿腰袜，衣服不论绸布，杂以五彩，束之大带"⑤。这些民族服饰一般为左衽，与中原服制区别较大。

从上述史料看，藏族、蒙古族及部分土族服饰的内地化程度较弱，其服饰样式及制作材料基本因循着本民族的传统。这种服饰传统与这些民族的政治地位密切相关，因为他们皆为"土民"，属于土司、千户等直接管辖的边地民众，其服制可依照本民族传统，而无须遵循清朝服制。和这些民族不同的是，青海河湟地区的回族、撒拉及部分藏族、土族因被纳入编户齐民的统治方式，其服制、发式

---

① 刘运新等：《大通县志》卷六《艺文志》（青海地方旧志五种），青海人民出版社，1989，第 636~637 页。

② 王昱、李庆涛编《青海风土概况调查集》，青海人民出版社，1985，第 128 页。

③ 刘运新等：《大通县志》卷二《种族志》（青海地方旧志五种），青海人民出版社，1989，第 514 页。

④ 姚均：《贵德县志稿》卷二《地理志》（青海地方旧志五种），青海人民出版社，1989，第 717 页。

⑤ 刘运新等：《大通县志》卷二《种族志》（青海地方旧志五种），青海人民出版社，1989，第 516 页。

需遵循清朝服制，因此，这些居民的服饰内地化的程度颇高，与当地汉人区别不大。①

在饮食方面，由于青海河湟地区毗连青藏牧区，加之明代及清代前中期，藏族、蒙古族等驻牧于此，所以当地少数民族的饮食习惯多与游牧生活有关联。同时，这一地区又靠近甘肃、陕西，加之这一时期汉族移民的大量涌入，甘肃、陕西一带的面食文化也对当地少数民族产生了影响。因此，河湟地区少数民族的饮食习惯兼有青藏牧区及西北农业区的两种饮食传统特征。

明朝时期，青海河湟藏族"酥湩煎茶"②，即以酥油、奶茶为主要饮食，肉食比例也较高。清朝时期，当地的藏族也以羊肉、酥油、奶茶为主要饮食。有地方志记载，今青海湟源一带人们"皆喜食羊肉。依蒙、番俗，六七人共煮一大块，重十余斤，手裂而啖，同席皆然，不以为嫌。家常所食，亦用以请客，惟需盐、醋、蒜三种，以助滋味。八九月番羊多时，几于比户皆然，谓之'手抓羊肉'云"③。这说明除藏、蒙等民族外，当地汉人也接受了"手抓羊肉"。如今，原本为藏、蒙等少数民族的饮食成为青海河湟地区饮食的一大特色。这说明在当时，青海河湟华夏边缘的饮食文化不仅保持着本民族特色，还通过对当地汉人的影响，使华夏边缘与中原的社会文化交流呈现双向影响的趋势。酥油是藏民族重要的食物，"以牛羊乳制成之，用以和茶及拌炒面之需"④。当时，"土人亦嗜食焉"。⑤

① 李健胜：《青代—民国西宁社会生活史》，人民出版社，2012，第21～28页。
② （清）苏铣：《西宁志》卷一《地理志》，青海人民出版社，1993，第136页。
③ （清）杨志平：《丹噶尔厅志》卷五《风俗》（青海地方旧志五种），青海人民出版社，1989，第293页。
④ （清）邓承伟：《西宁府续志》卷十《志余》，青海人民出版社，1985，第557页。
⑤ （清）杨志平：《丹噶尔厅志》卷五《商务出产类》（青海地方旧志五种），青海人民出版社，1989，第279页。

"熬茶"是青海河湟地区重要的饮品。清代西宁府"番、回杂处，日食熬茶"①，今青海湟源一带"有藏番所饮之茶，尝以茶叶熬成，灌入长木桶，和酥油以木杵舂之，经三、五次而后成，名曰打茶。邑人多喜饮之，每人至三四十碗，有终日彻宵不休者"②。"熬茶"系黑茶，具有提供热量、解油脂的功能，茶马贸易兴盛时期，这种茶叶作为牧区百姓日用品，曾在茶马贸易中扮演着重要角色。

在民居方面，青海河湟地区少数民族也有本民族的一些特色。一般而言，游牧藏民多居住于帐篷当中，也有一些藏民"居板屋，富室以毡为幕"③。游牧于今青海大通北部的蒙古族"随畜荐居，以毡为庐"④。河谷地带的少数民族则多受当地汉人影响，居住在"庄廓"中。"庄廓"是我国北方四合院建筑在青海河湟的地方形态。它一般以一户为独立单元，平面上呈正方形或长方形，用四至五米高、近一米厚的夯土庄墙，开一"大内"，供进出。内建有堂房、卧室、厨房、仓库、牲畜圈、厕所等。当地回族、土族及部分藏族受汉族影响，以"庄廓"为主要居所，这说明华夏边缘的民居也有内地化的成分。

明清时期，一些以藏传佛教为代表的大型建筑也能反映出中原与华夏边缘在社会文化上的相互交流与影响。比如青海河湟地区知名佛教圣地塔尔寺，就是一个汉、藏建筑艺术结合的典范，称为

① （清）杨应琚：《西宁府新志》卷十七《田赋·盐法》，青海人民出版社，1988，第437页。
② （清）杨志平：《丹噶尔厅志》卷五《风俗》（青海地方旧志五种），青海人民出版社，1989，第293页。
③ 刘运新等：《大通县志》卷六《艺文志》（青海地方旧志五种），青海人民出版社，1989，第637页。
④ （清）升允等：《甘肃新通志》卷一一《舆地志·风俗》，见张羽新主编《中国西藏及甘青川滇藏区方志汇编》（第13册），学苑出版社，2004，第52页。

"前、后藏总汇之所"①。塔尔寺始建于16世纪中叶，其"早期建筑的特征多采用汉宫殿式建筑的传统艺术，完全是按明制汉匠手法建造起来的"②。后来，西藏僧侣将西藏传统建筑艺术带到塔尔寺，使清代前中期兴建的佛殿具有藏式建筑的特色，并使塔尔寺融合了藏民族建筑的一些特点，创造出汉藏结合的建筑风格。

在交通方面，由于缺乏史料，甚难搞清当时青海河湟地区少数民族出行时所依赖的交通条件、交通工具及出行习惯等。不过，历史上唐蕃古道及丝路青海道自东向西贯穿青海河湟地区，随着中原王朝统治势力的加强，用于公文传递、人员往来的驿站也逐步完善起来。到清代前中期，河湟地区形成了以西宁为中心向东、西、南、北四面辐射的交通网络。③ 加之游牧民族一般以骑马出行，间有驾车的习惯，以及用牛、马等驮行物资的传统，由此大致可以推测出当时生活在河湟地区的少数民族也会利用早已开辟的驿道出行，可能更多的是以骑行为主，并利用畜力驮运物资，至于这些少数民族的出行习俗则不得而知。

2. 各具特色的婚丧礼俗

婚丧习俗最能典型地反映各民族社会文化的具体面貌，因此也最具有民族地域特色，同时也是其民族文化的具体体现，因而外来文化甚难对其产生大的影响，可看作是民族精神风俗化的一个典型。

《贵德县志稿》卷二《地理志》记载，贵德地区的藏族结婚"亦有聘礼，富者以马牛十余匹或数匹，毡氇，斜布十数匹。首饰用

---

① （清）邓承伟：《西宁府续志》卷九《艺文志》，青海人民出版社，1985，第484页。

② 陈梅鹤：《塔尔寺的建筑及建筑艺术》，载《青海文史资料选辑（内部资料）》第6辑，1980，第110页。

③ 李健胜：《清代—民国西宁社会生活史》，人民出版社，2012，第54~56页。

银镞数件，戒指、耳环数件，羊、酒等物"。结婚当天，"男家女眷迎于路，新妇服氆氇或红绿洋缎袄……女家亲眷携妆奁拥至，其母不送"。新娘到夫家后，"见姑及长辈，但起立不行礼，亦不与翁、婿相见"；男方家供食三日后，新娘返回娘家，一两个月之后，再择日娶妇，最终完婚。因清代贵德厅辖地在今青海黄河南北两岸，故这种现象基本可以反映当时黄河流域藏族的婚俗。贵德藏族"招赘之风盛行。有女不嫁，招赘女婿，生男产女，顶立禋祀"①。湟水流域的藏族有"请媒议婚"的习俗，待"女家既允后，媒持男家酒，遍饮女之父母、伯父、兄弟，则为定婚。女家烹羊款媒。议财礼或马，或牛，或羊，多寡量贫富焉"。结婚当天"男家女眷迎于路，新妇服青氆氇袍，缘以桃红或绿色布，戴狐裘帽或尖顶毡帽，外载大毡盖一顶，穿牛皮靴。……新妇乘马，妇家亲眷及其父、兄弟、房亲携妆奁皆拥至，惟其母不送。……至婿家不行礼，同入帐房，以口袋盛羊毛磊高，覆以白褐为间隔，女眷坐左间，男子坐右间。新妇见姑及长亲至，但起立，不去毡盖，亦不与翁婿相见。男家供酒饭三日，送亲之男女仍拥新妇去，谓不成婚。男家取一半妆奁交送亲之人携回。至一二月，仍择吉娶，女家只一二人送新妇，并送乳牛二只，骡马二匹，面酒数驮，为女食用。至，去毡盖，仍不行礼，是日成亲"②。由此可见，湟水流域的藏族婚俗与前述贵德地区大致相同。湟水流域的藏族社会也流行"招赘"，丹噶尔"境内南乡一带东科尔佃户，原系西番种类，其婚多属招赘女家，男家反受聘礼，而冒女家之姓。亦有迎女为妇者，其聘礼则尤重也。番户所用礼币

---

① 姚钧：《贵德县志稿》卷二《地理志》（青海地方旧志五种），青海人民出版社，1989，第 717 页。

② （清）升允等：《甘肃新通志》卷一一《舆地志·风俗》，见张羽新主编《中国西藏及甘青川滇藏区方志汇编》（第 13 册），学苑出版社，2004，第 52 页。

财物，多马牛羊氆氇之类，亦有用斜布羽绫者"①。

回族婚俗中有下茶、送定茶、送礼、遵婚、支茶、娶亲、摆针线、回门等的习俗，② 其婚俗的某些仪式与汉族婚俗接近，但其主要仪式受伊斯兰教教义影响。土族、蒙古族也有各自特色的婚礼习俗，除受本民族文化影响外，也受到藏族及汉族婚俗影响。

藏族的丧葬习俗也具有民族特色。有史料记载，在贵德地区，"父母初亡，男女俱哭尽哀，用皮绳捆尸立帐房内，以褐单盖之。孝眷男女各解发辫，反穿皮帽一月，（后）如常日。每请僧念经七日，破施颇丰……送殡出门，抬空山弃尸，任鸦鹊鹰鸟食尽则喜。或有用火烧成灰烬者，谓之天葬"③。在巴燕戎格地区，"番民父母死，男女大小哭泣尽哀，请喇嘛诵经。移尸帐房门左，盖以褐单。或三日五日，于番经选日异尸，以油柴焚之，为火葬；或置尸于野，由鸟鹊食之，为天葬；或沉尸于河，为水葬。其孝服，男女各解发辫，妇女去首饰，衣服反穿一月"④。可见，当时藏族葬俗中有火葬、天葬和水葬。青海河湟地区的回族丧俗也颇有民族特色。"回民父母死后，男子大小哭泣尽哀。置尸木床，裸体浴尸，以白布单三撒红花潮脑，自下而上裹之，束以布条，入木匣。抬至葬处，掘一直坑，又斜穿隧道，谓之穿堂。开匣解布条，将尸侧身置穿堂内。开头露面，以土坯塞门，拥土起坟。"⑤ 此外，回族"服用白布，亲族戚友

---

① （清）杨志平：《丹噶尔厅志》（青海地方旧志五种），青海人民出版社，1989，第291页。
② 喇秉德、马文慧等：《青海回族史》，民族出版社，2009，第301～305页。
③ 姚钧：《贵德县志稿》卷二《地理志》（青海地方旧志五种），青海人民出版社，1989，第718～719页。
④ （清）邓承伟：《西宁府续志》卷一《地理志》，青海人民出版社，1985，第67页。
⑤ （清）邓承伟：《西宁府续志》卷一《地理志》，青海人民出版社，1985，第67～68页。

来吊，富者亦散孝布。又以钱散贫人，谓之做好事"①。在回族葬礼中，伊斯兰教的影响程度很深，葬礼举行时，"掌教诵经先散，留亲房尊长一人诵经。此后每日三次，仍请亲房尊长至坟诵经，四十九日乃至"②。

总之，无论是早期羌人的社会生活，还是鲜卑、藏、回、土等民族的社会生活及丧葬习俗，总体上具有浓厚的本民族特色，这十分具体、鲜明地表现了不同时期青海河湟华夏边缘在社会文化上的独特性。同时，也可以看到，随着历史的发展，青海河湟地区社会文化内地化的程度逐步加深，少数民族社会生活的具体内容也呈内地化的趋势。不过，内地化的趋势表现得比较缓慢，特别是两汉至两宋时期，因中央王朝在青海河湟的政治影响力随其政治、军事势力的强弱而变动不已，社会生活领域的内地化程度也因此变动不居，有时还会出现因时局变动而其成果几近消弭的现象，即使是中央王朝统治力量较强的明清时期，社会生活领域内地化的进程也受到"因俗而治"的策略及地方秩序的制约，这些都集中反映了古代华夏边缘内地化进程的基本特点和基本状况。

---

① （清）升允等：《甘肃新通志》卷一一《舆地志·风俗》，见张羽新主编《中国西藏及甘青川滇藏区方志汇编》（第 13 册），学苑出版社，2004，第 53 页。
② （清）邓承伟：《西宁府续志》卷一《地理志》，青海人民出版社，1985，第 68 页。

第二章

近代青海河湟地区的社会变迁因素

晚清及民国时期，随着中原政权在青海河湟地区统治的深化，近代民族主义思潮在该地区的传播与影响，以及汉族移民的增多、该地区与中原商贸往来的增加等，青海河湟地区社会政治、经济及文化的内地化程度在逐步加深。这一时期，中国社会走向近代化，青海河湟地区的近代化伴随着内地化，形成近代化、内地化及西化交织并进的局面。笔者拟在本章中对晚清以来青海河湟地区的政治变革、移民及商贸往来等情况进行剖析，研究晚清及民国时期青海河湟地区社会文化变迁的动因。

第一节　近代河湟地区的政治文化变革

在青海河湟历史上，晚清以来的政治变革具有深远的影响，这一变革导致青海河湟地区进入近代化的历史进程，也意味着当地少数民族社会文化的变迁、发展迎来了一个全新的时代。

一　清末新政在河湟的实施

晚清以来，中国社会经历了一次前所未有的社会大变革，在西方列强的威胁及内部近代化因素的共同作用下，中国社会进入近代化的历史阶段。在传统时代的少数民族聚居区，随着政治体制的"均质化"，社会文化的内地化，以及地缘政治条件的变化，当地社会文化属性也发生了很大的变化。在清末新政的影响下，青海河湟地区原本属于"治内"与"化外"过渡地带的地缘形势，因新疆建省等因素的影响，青海河湟地区原有的社会文化属性逐步淡化，国家行政力量借助郡县体制发挥作用的空间也逐步扩大，当地少数民族的社会文化内地化的程度也在加深。

1901 年 1 月 29 日，清朝政府发布上谕宣布实行新政，至宣统皇帝退位，史称"清末新政"。清末新政的推行既有列强入侵的外部因素，也有清政府试图通过自上而下的改革来挽救时局的内部变革因素。从新政历程看，清末新政以 1905 年清朝政府派五大臣出国考察宪政为界标，前一个阶段是宪政的准备阶段，后一个阶段为"预备立宪"阶段。从新政内容看，这次变革涉及行政、司法、教育、外交等诸领域，从变革内容上看，真正得以落实的包括废除科举、举办新式学堂、派遣留学生等。

我国少数民族地区在行政管理制度上与中原地区的"均质化"经历了一个漫长的历史过程。以青海河湟地区为例，历代中原政权在此地的行政建置，因民族的、军事的、政治的诸多因素影响，可谓兴废不已。至清代前中期，虽然这一地区中存在多样化的统治模式，但郡县体制无疑已是最为主要的统治形式。清末新政推行之时，青海河湟地区的行政建置成为推行新式教育、改革地方行政的主导机构。具体而言，以西宁府为中心的青海河湟行政建置对地方事务的管理在晚清时期得以深化。受同治、光绪"回民起事"事件的刺激，清政府注意到加强对青海河湟地方行政的控制力是解决当地民族矛盾的一个关键，因此在镇压"回民起事"后，清政府加强了地方行政建设，主要表现在对当地土司权力的限制上。伴随着郡县体制在土族、撒拉等民族聚居地区的推行，具有地方割据色彩的土司统治逐渐衰落。以撒拉族地区为例，《循化志》卷四载："自设官立营，土司之威权日减……而事寄渐轻，不能约束其众。""回民起事"后，清政府废止了撒拉族土司制度。晚清以来，土族土司的统治势力也逐步被削减，清初，土族祁土司统治民众达十数万人，至清末时减至700余户，加之在同治、光绪"回民起事"中，土族土司的地方势力受到回族军队冲击，"回民起事"结束后，一些土司解体，一些土司的权威受到地方政府的进一步节制，在地方的影响力也大不如前。至清末新政时，青海河湟地区基本被纳入甘肃行省西宁府的统辖，西宁府下设的西宁、大通、碾伯三县和巴燕戎格、丹噶尔、循化、贵德四厅，在统治地域上涵盖了整个青海河湟地区，对当地各项事务的管理程度得到加强，这使青海河湟地区的"均质化"比以往有所深化，几乎达到了与内地同等的程度。

1840年以来，中国社会进入灾难深重的近代发展历程，随着西方列强坚船利炮打开国门，各种外部政治力量开始干预中国内政，致使中国社会遭遇前所未有的社会政治困局，边疆危机也随之爆发。在我国西部地区，新疆、西藏等地成为英、俄等列强觊觎、瓜分的"热点"地区，清政府面对殖民列强操控的"国际秩序"，一度束手无策，一些边疆的领土、主权被列强瓜分。在西方列强的刺激下，国人开始"对边疆危机的关注和对边疆事务的构思，国人的政治意识才更为直接、明确地触及近代中国这一极为重要的发展主题"①。在边疆危机的刺激下，清政府及社会精英对邻近边疆的青海河湟地区给予了前所未有的关注，并把这一地区的行政建置视为确保边疆稳定的重要政治基础。因此，清政府在处理西藏、新疆危机时，总以青海河湟及甘肃河西等地区作为具有代表性的政治桥头堡。

光绪十年九月三十日（1884 年 11 月 17 日），清政府正式公布新疆建省，这意味着比青海河湟地区更靠西的"化外"之地也随着清末新政的推行，进入"均质化"的历史进程。加之青海牧区中的果洛属四川省管辖，其他牧区属青海办事大臣节制，原本属于"治内"与"化外"过渡地带的地缘形势，发生了很大的变化，这一地区在地理位置上的特殊性也逐步瓦解，成为与中原地区地缘属性基本一致的地区。

清末新政使青海河湟地区传统社会文化属性沦丧的历史逻辑还体现在近代教育文化的推行方面。清末实施新政以来，全国各地兴办新学，以应对西方近代文化的冲击，清政府也把推行新式教育看作是挽救颓势的重要国策。在青海河湟地区，利用旧有儒学机构推行的新学，既是清末新政在这一地区推行的一个结果，同时也进一步说明该地区社会文化的属性发生了变化。

光绪三十一年（1905 年），改五峰书院为西宁府中学堂……是年，湟中书院改为高等小学校。②光绪三十二年（1906 年），丹噶尔厅同知邓尔康改书院为小学堂。③大通县于光绪三十一年（1905 年）

---

① 胡成：《略论晚清民族主义思潮对边疆事务的构思》，《近代史研究》1995 年第 4 期，第 14～34 页。
② （清）邓承伟等续纂：《西宁府续志》卷十《志余》（青海地方旧志五种），青海人民出版社，1985，第 504 页。
③ （清）邓承伟等续纂：《西宁府续志》卷十《志余》（青海地方旧志五种），青海人民出版社，1985，第 504 页。

设立高等学校 1 处，改泰兴书院为高等小学校，还在城乡设立初等小学校 4 处。^① 光绪三十三年（1907 年），贵德河阴书院改为学堂。^② 光绪三十年（1904 年），复立丹噶尔北义学，后改称官立蒙养学堂。这些新式学堂的设立首先意味着清政府在青海河湟的行政管辖力量仍在存续和运转；其次，它也意味着清政府推行的"均质化"，在一定程度上已变为现实。此外，更为关键的是，青海河湟地区不仅在行政建置上已与中原同质，其社会文化中属于自上而下的政策性内容，几乎与中原地区同步发展，这就意味着清末新政时期的河湟地区的确已成为真正意义上的"治内"之地。

当然，基于特殊的社会历史文化条件，河湟地区推行的新政也有其特殊性，即近代教育改革中的民族文化因素仍然存续。例如，青海大通县为推行新学，设立 13 所义学，设在回、土、藏、蒙古少数民族地区的，就有三分之一左右，其余则为或回、汉，或土、汉，或回、土、汉，或回、藏、汉等混合学校。^③光绪二十一年（1895 年），大通县在良教乡还设立 1 所回族小学。^④ 此外，丹噶尔"南乡一带克素尔、兔尔干各庄，有西番住屋耕田者，名曰东科尔佃户，与汉民杂居，间有读书者，土人称为'家西番'，即熟番也"^⑤。从上述史料来看，清末新政时期推行的新式教育承纳了当地的一些少数民族子弟，他们的身份集中体现了这一地区新式教育的特殊性。从

---

① 刘运新等编纂《大通县志》卷二《建置志》（青海地方旧志五种），青海人民出版社，1989，第 482 页。

② 姚钧纂《贵德县志稿》（青海地方旧志五种），青海人民出版社，1989，第 736 页。

③ 任国安：《清末及民国时期大通少数民族教育梗概》，载《大通文史资料》（内部资料，第 2 辑），1987，第 47 页。

④ 马仙麟、伊正气：《大通回族村庄首创的一所小学堂》，载《大通文史资料》（内部资料，第 4 辑），1993，第 106 ~ 110 页。

⑤ （清）杨志平编纂《丹噶尔厅志》卷六《人类》（青海地方旧志五种），青海人民出版社，1989，第 316 ~ 317 页。

相关史料来看，当时虽有部分少数民族子弟被纳入新式教育体系中，但是他们当中的大多数要么没有受教育的机会，要么被纳入本民族特殊的教育体系中。比如，藏族的教育体系从属于藏传佛教寺院，学者称为"寺院外无学校，宗教外无教育，僧侣外无教师"①。历史上，除一些封建领主贵族子弟进入政府举办的官学和私塾外，"藏区最主要、最普及的教育形式就是寺院教育"②。在青海河湟地区，塔尔寺设有显宗、密宗、时轮、医明、法舞五大学院，佑宁寺、广惠寺的寺院教育也颇具规模。清末新政时期，上述寺院承纳了藏、蒙、土等少数民族子弟，前来学习佛法，其教育的公共性不强，主要为寺院本身的发展服务。

当地精英对待教育文化的态度与普通民众的教育实践之间有巨大差距。由当地官员、士绅构成的社会精英群体，其社会观念与教育理念往往能契合政府的执政理念，也能符合时代发展的需要。他们认为："学堂书院，各殊而事一。惟学堂课程，中西参变，国人科学数门。其故因前代以八股文取士，以致我国文人半生精力皆消磨于沉吟披诵之间，及一旦入官，而前之所为，悉归无用。况时至近今，内政外交，实形浩繁。凡我国人，幼之所学，必欲壮而能行，自不能不务去浮文，力求实事……变书院而造学堂，凡以为强国计也。"③然而，基层百姓对教育的态度，因受各方面因素的制约，与精英群体之间形成巨大差距。首先，百姓对教育的认识不足，据光绪《丹噶尔厅志》卷五《风俗》记载，晚清时期，丹噶尔地区"入学读书者颇多，明通礼义者甚少。至识孔教而信奉惟谨者，则绝无其

---

① 耿金声、王锡宏主编《西藏教育研究》，中央民出版社，1985，第350页。
② 白文固、杜常顺等：《明清民国时期甘青藏传佛教寺院与地方社会》，青海人民出版社，2009，第220页。
③ 刘运新等编纂《大通县志》（青海地方旧志五种），青海人民出版社，1989，第483页。

人也。若释、道二教，精理奥旨知者固鲜，而坚信者亦不乏"。受社会条件限制，青海河湟地区普通百姓普遍不重视教育。光绪《丹噶尔厅志》卷五《风俗》记载："城乡民间子弟，十八九皆入义塾读书。专馆以教者盖亦鲜矣。二月至三月为上学之期，七、八月则皆不到馆读书矣。故入塾二、三年，而不识之无者最多。"当然，百姓对教育的不重视，并非仅是观念所致，这一地区的客观外部条件也对百姓的教育观念形成了制约性影响，如落后的生产方式导致百姓普遍贫穷，无力延送子弟受教；即使受教子弟也需要在农忙时帮助家里从事农业生产；一些百姓仍受土司统治时期形成的文化传统影响，或受地方政治势力的制约而不能自主地延送子弟进入新式学堂。受上述诸因素制约，清末新政时期，青海河湟地区教育文化的近代化程度远不及内地，而精英群体与普通百姓之间在诸如教育理念上的巨大差距，体现了少数民族边疆地区的社会文化面貌。

二　民国时期的行政改革与社会变迁

民国初年，中国近代化进程加速，中国社会内部结构也因近代化的历史进程而发生重大变化。在少数民族地区，围绕近代化的历史进程，同内地化、西方化的转型过程交织在一起，使边疆地区的政治结构发生了重大变化。在青海河湟地区，民国时期的行政改革，不仅使原有的行政建置及其行政权力得以深化，也以青海牧区的县制改革为历史契机，加快了内地化进程。

（一）民初以来青海河湟政治结构中的新气象

1. 内地化进程成为发展趋势

民国初年，青海河湟地区在地缘政治中的地位并没有因改朝换代而发生大的变化，也没有因此发生大的离心倾向。究其缘由，主要是清代晚期以来，这一地区的社会文化属性发生了大的转变，这一地区在政治、经济、文化上的从属性超越了原有的独立性，使这一地区的内地化进程形成了不可逆的发展趋势。

（1）在政治方面，内生的地方性秩序已不再对这一地区的政治走向产生决定性影响

民国初年，河湟地区是西宁道辖区，归甘肃省管辖，该地区内的土司、千户及政教合一的寺院等地方秩序也被纳入统一的行政建置中，尽管他们仍然在地方政治结构上具有某种独立性，但其力量既不能影响统一的行政建置及其有效性，也不可能组织政治力量反抗民国政府的政治决策，进而形成大的离心力量。

在传统时代的社会文化组成中，内生的地方性秩序①是一种牢固的社会结构，在两汉至唐宋时期，这一社会结构在政治上具有独立性，而在元明清时期，"因俗而治"的统治策略，使王朝国家的政治与行政力量或多或少让位于地方性秩序。自民国初年，国家政治与行政力量的近代化，使地方性秩序的合法性在民族国家的层面失去了存续的意义，这也意味着传统时代的一些社会文化因素退出了历史舞台。

（2）在经济方面，随着河湟地区与中原地区经贸关系的紧密化，原本属于相对独立的经济体系，被纳入与中原一体的经济体系之中，以河湟地区为中枢的经贸往来，使这一地区与中原地区形成了紧密的经济联系，这也使传统时代的社会文化所仰赖的经济基础得以瓦解。

---

① "内生的地方性秩序"指未纳入王朝国家政治与行政体系之中的地方政治力量，同时也指这一地区固有的社会结构与秩序。见李健胜《儒学在青藏地区的传播与影响》，人民出版社，2012。

（3）在文化方面，随着内地化进程的加速，青海河湟地区异于中原的文化因素退居次要地位，而以汉文化为主体的地方文化则逐步成长为主体文化，特别是内地化的进程与近代化的时代潮流交并而行，西方化的历史趋势也越加明显，青海河湟地区原有文化的独立体系已被彻底打破。

旧的社会文化体系瓦解，意味着新的社会文化体系的建构，而近代中国恰恰是一个新旧交替的时代，剧烈的社会动荡，波澜壮阔的社会转型，不仅波及近代中国社会的方方面面，也对这一时期的社会各阶层、各民族形成巨大的冲击。近代中国的社会转型对于青海河湟地区各少数民族而言并非置身事外的"他者"，而是一个可直接感触的社会现实。首先，辛亥革命成功后，国家政权的新旧交替直接关系这一地区行政建置和地缘政治的更新和重新定位，当地精英需要在新的政治环境中找到自身的定位，普通百姓则需要以改易服饰、更换赋税等具体形式适应新的统治力量。政治上的近代化意味着社会各阶层在新的政治环境中寻找新的政治定位，适应新的政治秩序，同时也意味着，在更大的、更高的国家权力框架中，民族地区社会文化的方方面面存在如何跟进的问题。

2. 近代化进程对青海河湟地区的影响

自辛亥革命以来，中国社会近代化的进程加速，中国社会的方方面面也迎来了自我更新、加快发展的历史契机。原来受专制体制压抑和阻滞的各种社会力量也得以释放，进而结合近代化的时代大背景，完成"新陈代谢"的历史使命。[①] 对青海河湟地区而言，近代化的时代主题对这一地区有着重大意义，近代化首先意味着该地

---

① 陈旭麓先生以"新陈代谢"来比喻近代中国社会的发展进程。参见陈旭麓《近代中国社会的新陈代谢》，中国人民大学出版社，2012。

区民众及社会精英可借助中国社会近代化的时代力量，完成去旧迎新的身份转换，摆脱地方秩序既有政治力量的束缚，真正走向近代化。

近代化对青海河湟地区而言，是结合时代需要，加快内地化进程的一个历史契机。然而，内地化的历史进程是一个缓慢的历史过程，其中经历了曲折反复的过程，前近代时期，内地化进程受各种政治力量的制约，不能很好地作用于该地区的社会发展。一方面作为国家行政力量的具体实施者——地方政府把内地化简化为推行儒学，以达到移风化俗的政治目的；另一方面作为地方性秩序的代表者——当地土司、千户及政教合一的政治力量，有时拒斥内地化，以达到保持自身政治的独立性，这在很大程度上影响了这一地区文明发展的进程。总之，在古代社会，河湟地区普通百姓既没有内地化的主动权，也无法建立与之相适应的话语体系。在民国初年，随着专制君权的瓦解，传统政治力量通过调适来适应新时代。① 在这一过程中，国民个体意志得以伸展，社会民众的主体意识也在成长。在这样的时代背景下，内地化的内容和进程成为一个可控的、可选择的对象，内地化的进程也不再受到各种政治力量的控制和干扰。因此，近代以来，结合近代化的内地化进程得到迅速推动，更多的民众受益于这种内地化，进而能够紧跟中原的社会文化发展进程。

（二）青海建省后河湟地区行政改革的深化与牧区地缘政治建构

真正使青海河湟地区近代化、内地化的力量凝聚起来，进而使这一地区社会文化属性发生大变革的一个标志性事件便是青海建省。

---

① 丁三青、王建玲：《论中国传统政治在近代的调适》，《广西师范大学学报》（哲学社会科学版）1995 年第 2 期，第 12～18 页。

1. 建省前后青海河湟地区行政改革的深化

自清末青海建省被提上议事日程，经历二十多年，青海于 1929 年正式建省。[①] 青海建省意味着经过长期的斗争、磨合，地方政治势力最终接纳了近代化国家行政权力的秩序与规则，进而成为地方行政制度近代化的推手与实践者。当时，青海河湟地区属于以马麒为首的马氏地方军阀的势力范围，在青海建省前，马麒实现了青海军政权力的统一，由于他积极推行近代教育、发展工商实业，为青海建省奠定了一定的社会经济文化基础。[②] 马麒认为，青海建省应"首以兴办教育为基础，次以振兴实业为后盾……教育普及，民智日开，绝不至受他人之煽诱而叛祖国"[③]。马麒将教育的近代化与当时盛行的爱国理念结合起来，试图说明民智开化对行政建置改革的重要性与必要性。同时，以马麒为代表的地方政治精英也注意到发展实业对青海建省的重要性，他曾呈文北洋政府，提出："宜择地多设县治，屯垦开矿，练兵设学，兴实业以辟利源，修铁路以便运转。"[④] 尽管马氏军阀在青海地区的经贸活动往往具有狭隘的垄断性，但在客观上发展了当地经济，为青海建省奠定了一定经济基础。

以马麒为首的地方政治势力积极向中央政府靠拢，且通过发展教育、兴办实业等形式夯实青海建省基础的行动说明，近代以来，内生的地方性政治秩序的合法性基础已不再通过内生性建构得以成

---

① 《国民政府指令（民国十八年）甘肃旧宁夏道西宁道属各县于民国十八年元月起分别划归宁夏、青海省管辖》，青海地方志办公室内部档案资料，档案编号：政事类第 2 卷，68：65。

② 勉卫忠：《论马麒与青海建省》，《中国边疆史地研究》2013 年第 2 期，第 50～60 页。

③ 中国科学院历史研究所第三所南京文史资料整理处：《北洋政府时期青海历史资料》，1951 年油印本。

④ 中国科学院历史研究所第三所南京文史资料整理处：《北洋政府时期青海历史资料》，1951 年油印本。

立，而是需要外部力量，特别是中央政府的认可才能成立。笔者认为近代化在一定程度上就是国家化的过程，其中也包括地方行政建置及行政权力的国家化，即国家对地方行政权力具有强大的约束力，进而将地方政治势力纳入统一的国家权力体系之中。以马麒为首的地方政治势力表面上拥有青海地区政治、经济及文化上的控制权力，但其权力的合法性却来自中央政权，这就意味着这一政治势力不再是传统时代相对独立的政治实体，而是从属于中央政府，臣服于统一的行政制度的一个政治单元。与此同时，由于青海河湟地区远离当时的行政中心，加之北洋政府时期内忧外患，战乱频仍，马氏地方军阀盘踞河湟所形成的地方影响力很大，因此这一政治势力和中央政府的关系与中原地区地方行政力量和中央政府之间的关系有很大区别。简言之，作为少数民族地区，这一地区的政治结构尽管走向了近代化的历史进程，但其中仍有传统时代的一些因素，而恰恰是这些因素为新的政治、经济、文化属性提供了其所确立的缘由与要素。

以马麒为首的地方政治势力尽管为青海建省奠定了基于地方政治力量的各种基础，但国民军进入青海地区，控制当地局势，才是青海建省直接原因。国民军在国民政府内部合法性的建构与冯玉祥出任行政院副院长不无关联，正是冯玉祥在中央政府政治地位的提升及其权力合法基础的被认可，使由国民军控制的西北地区行政改革进入中央政府的视野之中，进而达成以国民军主力干将为核心的行政改革和人事安排。冯玉祥部将孙连仲出任青海省政府主席，意味着以冯玉祥为首的军事力量借助国家权力将其在西北地区的政权及军事合法化，孙连仲到任后，迅速开展了诸如禁烟、禁止女子缠足等的活动，以增强在地方上的影响力。1929 年，冯玉祥与蒋介石的矛盾公开化，国民军奉命撤出青海，马麒起初代理青海政府事务，后被蒋介石任命为代理青海省政府主席。马氏军阀得到控制青海军政事务大权的机会，表面上看是当时上层的政治矛盾所致，其实质是地方政治势力合法化的必然结果，也意味着地方性政治秩序真正服从于国家行政力量的管辖。

青海河湟地区行政建置的细化和与之相应的行政改革，使当地百姓被纳入统一的地方行政管理体系中，当地的司法、教育、商贸也归入地方政府的统一管辖。因此，原本属于一些藏传佛教寺院的势力范围及其控制的人口、土地也因行政改革而纳入地方政府的控制范围，这在很大程度上削弱了政教合一的政治及宗教力量对地方的管辖权。宋元以来，政教合一的藏传佛教寺院本身就是传统社会文化因素存续的一种力量和重要标志，而近代以来，特别是青海建省后，这些藏传佛教寺院在地方上的影响力被削弱，也从另一个侧面反映出当地社会文化属性的变革。具体而言，政教合一政治势力的削弱是青海河湟地区近代化、内地化的必然结果，这为新政治结构的建立提供了必要的前提。同时，政教合一的政治势力虽被削弱，但在民国时期其政治、宗教影响力仍在持续，这从另一个侧面印证了少数民族地区在文化属性方面不同于中原内地。

近代化的地方行政制度的改革，使原有土司制度的合法性基础迅速瓦解。元明清时期，土官、土司制度与青海河湟地区特殊的地理条件、民族构成及社会经济发展水平相适应，是这一地区异于中原社会文化地位的典型政治制度。但是，随着时代的发展，土司制度营造的"独立王国"不再适应中央集权的强化和近代化历史发展进程，同时也对内地化过程产生强大的阻碍。青海建省后，在新的县制范围内，土司的特权显得格格不入，原本训练土兵和统治土民的行为，被看作"聚敛族民作威乡里，私人练兵以争雄长"①，一些土民也反感土司特权，试图挣脱土司的控制。为顺应新形势，1930年，青海省政府决定取消土司制度。次年 8 月，国民政府行政院第 34 次国务会议根据青海省政府和地方绅士的请求，通过"明令撤销土司"一案，并呈准国民政府，决定"改土归流"，土司属民改由县、乡管理，自此土司制度被正式废除。土司制度的废止既是政治制度变迁的必然结果，也是青海建省后行政改革的一个必然结果。国民政府对丧失特权的土司给予优待，以及土司家族势力仍以宗族关系等作用于地方政治的事实，② 则从另一个侧面说明了近代河湟社会文化的特殊性。

2. 青海牧区的行政建置与地缘政治的建构

清末，边疆危机迫使清政府逐步放弃原有"边疆自治"的统治模式，试图以"改土归流"的形式将原属地方土司、贵族的直辖地区纳入统一的地方行政体系之中。在青海地区，西宁办事大臣所辖地区即属于行政上需要"均质化"的对象。光绪三十三年五月二十九日，《西宁办事大臣咨酌议青海应设官立学驻兵各情形抄奏》中，地方官员就建议在青海牧区"立学驻兵"，认为"屯兵实为防边之计，现西宁总兵所统之兵仅驻扎四厅三县境内，而奴才直辖之区并未设有专兵，有事则咨商陕甘总督派兵进剿，远隔千里，及兵全而贼已远遁，实难近速成功，况边患日迫，而与强邻接壤之区并无驻兵以防之，倘一旦敌人长驱大进，祸患直不可言，此驻兵尤为防边之上策也，奴才统筹熟计，设官、立学、驻兵三者实为青海不可缓

---

① 高士荣：《西北土司制度研究》，民族出版社，1999，第 236 页。
② 崔永红：《论青海土官、土司制度的历史变迁》，《青海民族学院学报》2004 年第 4 期，第 108 页。

之图，奴才谨就管见所及者缕陈之"。与此同时，地方官也意识到在青海牧区推行教育的重要性，其目的无外乎是以移风化俗之策，为"均质化"的地方行政建构创造人文环境，因此视"立学"为"良法"。在此基础上，"择青海紧要之区，设官数员……西宁既设巡抚，其旧有镇道府厅县各官即应划归巡抚管辖，此外再择河南北各要区，设知府一员，设知县四员，玉树各要区设知府一员，设知县二员……再设吏务、财务、法务、民政四司，每司各设司使一员，吏务司专管课吏用人升迁调补之法，并兼管学务及外交各事件，财务司专管地丁钱粮杂税厘金盐课兵饷一切出入各款，法务司专管刑名。民政司专管户口巡警各事宜，并兼管农工商矿及邮传各事件，西宁道即改为司使，无庸专设道员以便知府直接各司办事"①。由此可见，光绪年间西宁办事大臣拟在所辖青海牧区，特别是玉树地区"驻兵""立学"，派驻官员，以为将来建立县制做好准备。

宣统二年二月二十八日西宁办事大臣所呈《为筹备立宪查报蒙旗各项事宜并填送藩属要政统计表》载：

> 查青海地方由西宁至柴达木东西路一条约有千余里，由柴达木南通西藏北通新疆，约有数千里之遥，山重水复，险峻非常，抑且行人甚稀，货物亦少，此地断难兴修铁路，蒙番亦力集股，又查蒙番插帐住牧，居址零星散碎，亦无法设立巡警，遇有外交事件，向由西宁地官办理，无庸添设专员，遇有洋员游历，经过内地由地方官派拨兵役接替护送，如出口游历青海，由本大臣饬蒙番官员人等加意保护，以昭慎重，至变通权限一

---

① 《西宁办事大臣咨酌议青海应设官立学驻兵各情形抄奏（光绪三十三年五月二十九日）》，青海省图书馆地方志阅览室内部档案资料：《青海近代史料辑录》，档案编号：1523:159。

节，现时开办垦务征税集款拟设学堂，俱由本大臣督办，开矿设官盐局俱由陕甘总督派员办理，扎萨克等并不干预，垦务现将荒地查出，业经拟定，具择奏报，至征税集款拟设学堂各节，上禀奉到硃批后，即将税则章程咨送度支部核定，迄今尚未核准，是以并未开局，启征奉文后，开局征税集有巨款，再拟开设学堂，此循序办法也，再指查蒙古管制世爵户口疆域等项，前经填注，原颁表式咨送贵部查核，在案兹准前因相应，咨复为此合咨，贵部请烦查办施行至咨脊右咨理藩部。①

宣统二年二月二十八日

青海湖以西地区"山重水复，险峻非常，抑且行人甚稀，货物亦少"，加之当地长期为蒙古王公贵族统治，户口、土地的具体情况未作统计，加之交通不便，建立县制的条件远未成熟，因此西宁办事大臣认为应当先建立垦务机构，以"征税集款拟设学堂"，为未来的县政建置做准备。

1913 年，马麟被任命为西宁等处蒙番宣慰使并会办该处边防事务。② 马麟曾向中央政府报告青海牧区防务情况：

北京大总统国务院陆军部钧鉴，午密麟归镇西宁，复奉宣慰蒙番会办边务防务之命，才轻任重，弥切悚惶，责任所在，尤有不能不呈请主持者。查西宁青海一带南岭藏卫，西接新疆，其为英俄觊觎者已非一日，惟彼等方注意新藏，尚未及青海耳，我不

① 《为筹备立宪查报蒙旗各项事宜并填送藩属要政统计表》，青海省图书馆地方志阅览室内部档案资料：《青海近代史料辑录》，档案编号：1523：176。
② 《国务院公函（二年，陆字第八百九十号）》，青海地方志办公室内部档案资料，档案编号：政事类第 2 卷，68：30。

及时自谋处置之法，行且无及，刻下欲谋青海，不得不先谋自固之兵力，西宁现在兵力薄弱异常，前已略陈大概，李管带菜所带中路巡防马队，前经赵都督派令侦探藏事开拔来湟，一则可作湟中后援，一则该队训练有年，熟习番情，实为陇中办理番案，不可多得之马队，而省城有人与该管带恶感颇深，心欲将该队裁遗，迭经麟函呈张护督请将该队改为西宁边防马队，并请无论汉回兵队添派三四营来湟，以固边围，顷奉张护督函开裁遗（遣）李管带军队一事，并无成见，惟事多掣肘，不得不委屈成全，已将来牍发交财政、实业二司会议办法，尚未呈复，请电中央说明商定将本管带一营调留番地，差遣粮饷仍旧等语，刻当外侮内争，国势万分危急之时，西宁虽系一隅，实为蒙藏要衡，西北边防最重之地，请添之兵队尚未实行，已留之兵队反行遣散，国防边务何堪设想，护督对于西宁所有维持之意，而大权旁落，左右为难，伏望中央主持，准将李管带菜所带中路巡防马队，改为西宁边防马队，粮饷仍旧电令护督转行遵照，并准由甘省现有兵队内无论汉回拨派三四营来湟归麟调遣，以颈国防，而维边局，不胜迫切待命之至，麟原系国民一分子，但期兵力稍可自固，即竭力进行，以保全青海为巩固民国西陲之计，义务所在，虽牺牲性命亦所不辞，惟大计所关，忌者或以私意相阻，务乞力为主持，以救危机，以伸公理，在此电系借用廉长官密码合并陈明，以后可否由中央另颁密码，以便随时呈报边防要务，仍候酌夺。

西宁总兵兼蒙番宣慰使马麟（有印）

北（一〇一）997①

---

① 《西宁总兵兼蒙番宣慰使马麟报告青海边防情形并陈意见电》（1913 年 8 月），青海省图书地方志阅览室内部档案资料：《青海近代史料辑录》，档案编号：1523：997。

从上述文献中可看出，尽管清末时期，以西宁办事大臣为首的地方官员力主在青海牧区推行统一的地方行政制度，但因改朝换代的影响，以及这些地方尚不具备建置等客观因素，晚清时期中央政府并没有在青海牧区建立县制。因此，晚清时期青海河湟地区传统的地缘政治结构仍然存续。民国初年，以马麒、马麟为代表的马氏地方军阀也力主在青海牧区推行县制，蒙番宣慰使马麟以青海牧区防务关系国家稳定等理由，要求中央政府授权，来强化对这些地区的军事控制，其实质也是为县制改革奠定基础。

青海建省后，在青海牧区设立县制的条件基本具备，青海省政府按照《国民政府建国大纲》拟在青海牧区建立县制。并于1929年和1930年，先后设立玉树、都兰等县，使属于蒙、藏王公贵族、千百户统治的"化外"之地，在政治地位及统治模式上成为与河湟地区一体化区域。

第二节　近代民族主义思潮背景下的青海河湟地区

晚清以来，中国兴起民族主义思潮。传统种属观念、革命浪潮中的"排满"运动、西方民族国家观念、国族主义建构等各种民族观念汇聚而成的民族主义思潮，使中国的近代化进程与意识形态的近代化皆与构建民族国家的时代主题相关联，进而对当时人们的民族观、国家观产生重要影响。青海河湟地区传统社会文化属性的建构也与近代民族主义思潮有关，具体而言，这一社会文化属性是在近代民族主义思潮背景下得以建构的，中国近代民族主义思潮的兴起、发展及其特点对该地区新的社会文化属性的形成，以及这一地区的政治、经济及文化地位皆具有控制性的影响。

一 晚清及民国时期的民族主义思潮与河湟时局

近代中国的民族主义思潮发端于中国传统民族观念和西方民族主义思想的合流,随着《万国公法》的引入和《天演论》的翻译,以及西方民族主义思想的传入,传统种属观念在中国逐渐淡化和消解,以政治统一为基础的中华民族观念逐渐增强。① 在这历史过程中,学界精英、政治家及传播媒介皆作用于当时民族主义思潮的兴起、发展及其思想内涵,而在近代民族国家建构中,这一思潮对当时的国人及中华民国的合法性等产生过重要影响。

(一)晚清及民国初年的民族主义思潮

有学者认为,中国传统民族认同符号以华夏中心主义为思想基础,形成一个牢固的泛化政治文化秩序。在世界殖民体系的冲击下,华夏中心主义被突破,导致整个传统文化认同符号的结构性危机。中国先进分子从种族、文化、经济、政治四个方面,试图重新构建新的民族认同符号,形成一个复杂交错的多元化态势。四种认同符号之间缺乏有效的整合,最终无法构建新的民族认同符号。民族认同危机无法解决,直接导致中国近代化的停滞与中断。② 然而从历史学的角度看,近代中国民族主义思潮的建构并非如一些学者说的那样是不同领域的碎片化联结,相反,它是一个以政治建构为基础,集传统资源、西方资源及经济资源为一体的思潮,对近代中国民族国家的建构具有决定性的影响,进而对近代化过程产生良性影响。

---

① 张淑娟:《近代中国民族主义理论的生成与外来关键性因素》,《世界民族》2010 年第 2 期,第 6 页。
② 申剑敏:《晚清民族主义思潮与近代中国的民族认同》,《人文杂志》2001 年第 6 期,第 123 页。

从历史过程看，清末民初是中国近代民族主义思潮兴起的阶段，也是"中华民族"观念的提出和初期使用阶段；五四前后近代民族主义思潮得到发展，"中华民族"观念也开始深入人心，到"九一八"事变后，日益加重的民族危机促进了近代民族主义思潮的高涨，也使"中华民族"观念被更广泛和深入地传播和接受。① 具体而言，传统中国对民族内涵的解释是从华夷之辨中获得的。春秋时期"尊王攘夷""非我族类，其心必异"等思想，以及宋朝以后中原王朝屡受北方游牧民族的侵扰，夷夏之防的思想进一步发达，体现了中国传统民族主义的特色。鸦片战争以后，国人依据传统夷夏观念，将中国文化视为最优，鄙视他邦为"未闻礼仪之风、仁者教化"的野蛮之国，将西人视为非我族类无文化的野蛮人。这种传统夷夏观念衍生出的传统民族主义意识到了晚清时期，在西方民族国家理念的冲击下，逐渐发生了瓦解，这一瓦解首先是从政治层面开始的，自从魏源以后，中国的士大夫对世界地理和国际格局有所了解，逐渐了解了以中国为中心的传统民族主义的不足和荒诞，因此在晚清思想界，出现了最有代表性的两种民族主义，即以孙中山为代表的族群民族主义和以梁启超为代表的国家民族主义。随着时代的演进，不论是"只有所谓中国，无所谓满汉"，还是孙中山后来提倡的建设一个中华民族，中华一体、国家一统的观念逐步植根于各民族心理与民族意识中，民族主义倡导者强调以中华一体、国家一统为基础，中华民族全体成员团结在民族救亡旗帜下共同奋斗，恢复中华民族的独立与尊严。

晚清时期，"排满"成为民族主义思潮发端的一个标志，传统种

---

① 郑大华：《中国近代民族主义与中华民族自我意识的觉醒》，《民族研究》2013 年第 3 期，第 1～2 页。

属观念与国家意识结合起来，形成了近代中国最早的民族主义思潮，邓实、黄节、胡朴庵等国粹派人物以《民国报》为阵地，宣传"排满"。革命党人也提出"驱逐鞑虏，恢复中华"，迎合并利用"排满"思潮达到革命目的。武昌起义爆发后，原来"排满"的《民国报》宣传以汉族"主治"，"同化"其他民族的主张，革命党则顺势放弃狭隘的"排满"主张。1911年11月19日，《大公报》发表署名"无妄"的《中国存亡问题系于民族之离合》一文，提出"中国者，全体国民肩头之中国，非一民族所能独立补救之中国也"。其主张已完全脱离"排满"之樊篱。

1912年元旦，孙中山在《中华民国临时大总统宣言书》中提出："国家之本，在于人民。合汉、满、蒙、回、藏诸地为一国，即合汉、满、蒙、回、藏诸族为一人——是曰民族之统一。""五族共和"的思想正式被提出。革命党人还建立"中华民国民族大同会"来宣传"五族共和"的思想，当时官方也禁止商人、报纸广告等使用"大汉"字样，社会各界成立"五族少年同志保国会""汉、满、蒙、回、藏五族共进会"等，来响应"五族共和"的思想主张。"五族共和"的主张虽然优于"排满"及赤裸裸的"同化"主张，但是"五族共和"取消了其他少数民族对近代民族国家建构的主体地位，造成"五族"与其他民族的对立，同时过分强调民族间的联合，弱化了国家认同的必要性，所以"五族共和"的缺陷也是显而易见的。针对"五族共和"存在的问题，时人也提出新的主张，如1913年，吴贯因在《庸言》上连续著文分析汉、满、蒙、回、藏混合和同化其他民族的历史，他在《五族同化论》一文中写道：[①]

[①] 吴贯因：《五族同化论》，《庸言》第一卷第八号，1913。

汉、满、蒙、回、藏五民族，其初固非单纯之种族，而实由混合而成之民族也。夫人种相接近，由种族之事故，而融合交通，世界历史上实数见不鲜，固非独中国而已。而我中国先民，既能融合汉土诸小族，而成一汉族；融合满州诸小族，而成一满族；融合蒙疆诸小族，而成一蒙古族；融合回部诸小族，而成一回族；融合藏地诸小族，而成一西藏族，况今日国体改为共和，五族人民负担平等之义务，亦享受平等之权利，既已无所偏重，以启种族之猜嫌，自可消灭鸿沟，以使种族之同化。则合五民族而成一更大之民族，当非不可能之事。

吴贯因提出"今后全国之人民，不应有五族之称"，应统称为"中国民族"。[1] 他虽未使用"中华民族"一词，但其超越个别民族进而塑造国族理念的意识已十分清晰。在他的观念中，传统种属观念中的"蛮夷"一变而成为"少数民族"[2]，中原地区与少数民族地区之间在政治、经济和文化方面的关系也因此需要重新调整。

从"排满"到"五族共和"直到"中华民族"之形塑[3]，从传统种属的旧话语系统与民族平等思想的边疆叙事中，都可以看出，晚清及民国初年的民族主义思潮是在近代民族国家形成的时代大背景下，中国社会的方方面面对民族与国家关系的思考、传播和实践过程中形成的具有中国特色的民族观念与民族国家建构思想的集合体。近代民族主义思潮也是近代以来，中国人面对民族、国家、社会重构过程中形成的诸种观念的集合体，这一思潮既对中原地区政

---

① 吴贯因：《五族同化论》，《庸言》第一卷第九号，1913。
② 王明珂：《羌在汉藏之间：川西羌族的历史人类学研究》，中华书局，2008，第 320~321 页。
③ 吴贯因：《五族同化论》，《庸言》第一卷第九号，1913。

治演进产生重要影响，更对少数民族地区的政治形势具有决定性的影响，当明确的"国族边界"取代了模糊的"帝国边疆"后①，少数民族地区的居民也一变而成为"国族"，即"中华民族"的组成部分。

一般而言，在"排满"阶段，因大汉族主义排拒包括满、蒙在内的其他少数民族，因此这一思想在蒙古族、藏族等少数民族聚居区产生了诸多不良影响；在"五族共和"阶段，民族之间、民族与国家之间的张力亦对我国少数民族地区产生过一些不良的影响；在"中国民族"阶段，以统一的民族国家考量少数民族边疆问题的政治实践则对少数民族地区政治结构产生良性影响。当然，民族主义思潮与民族地区的具体政治实践结合本身就是一个十分复杂的问题，这一思潮对特定地区的影响也要具体问题具体分析，但不能否认的是，在近代民族国家的建构过程中，民族主义思潮兴起不仅使民族地区引起了前所未有的关注，也使民族地区的内地化和近代化具有了实现民族国家独立自主的正当性和合法性，这一点也是值得深入研究的。

（二）近代民族主义思潮与河湟时局

晚清以来，中原地区局势风云突变，日薄西山的清政府和渐成气候的革命力量的角逐，尽管也波及青海河湟地区，但文化上仍处于传统时代的青海河湟地区，其政治局势和社会发展状况尚不能完全反映当时中国的整体形势。不过，随着晚清新政推行的教育改革等措施在青海河湟的落实，以及清政府在这一地区统治的深化，近代以来中原地区发生的政治变革及其影响也越来越直接地作用于青

---

① 王明珂：《羌在汉藏之间：川西羌族的历史人类学研究》，中华书局，2008，第 320～321 页。

海河湟地区。

1. 晚清时期，革命党人为推翻清朝贵族统治，借用反抗异族统治的历史资源，以及传统种属观念，提出了"排满"主张

"排满"主张之所以能够深得人心，与异族统治者曾在中原地区残酷镇压汉人反抗且长期压制汉族的专制统治不无关系。同时，受儒家文化影响，中国人长期服膺于"夷夏之辨"中"夏"优越于"夷"的种族观念，而社会现实却是作为夷人的满族人长期统治着汉人，因此恢复汉人正统地位是理所当然的。加之当时革命党人发动的起义屡屡受挫，这也引起了包括革命党人在内的反满情绪。总之，在各种因素作用下，"排满"成为政治界、学术界一度达成共识的民族主义思潮的一个关键因素。[①]

青海河湟地区由于地处偏僻，交通闭塞，晚清时期风起云涌的反满活动似乎在此地没有形成大的影响。不过，在辛亥革命前夕，以"黄标会"为代表的反满活动，恰好印证了晚清及民国初年民族主义思潮对青海河湟时局确有影响。

"黄标会"是李旺、安钻地、童广善等人在丹噶尔成立的，又称"黄表会"，入会者以黄色饰物为标识，故名。丹噶尔地处湟水上游，清朝后期以来成为高原贸易中心，当地汇聚了回商及山陕商人以及外国洋行，由于需从中原运进各种货物，因此当地百姓与中原百姓联系频繁，消息也甚为灵通，"黄标会"骨干成员李旺为当地脚户，做贩盐生意时遭过盐局敲诈，对当局怀恨在心，他因走南闯北，见识颇广，也知道中原地区到处爆发了反清的革命起义，遂怀反清之志，成立"黄标会"，意图推翻清朝统治。1911年初，"黄标会"得

---

① 李晓宇：《"非君"与"排满"——辛亥革命的近代性诉求及其中国式表达》，《四川大学学报》（哲学社会科学版）2011年第6期，第12~17页。

到同盟会《讨满檄文》，以其文"照得满族蹂躏中国二百余年，同胞在覆盆之下，胡儿居九五之尊，凡在国民，皆应拊膺。……大兵所过之区，愿我国民亦不得甘作满种牛马，徒效螳臂之当车……"动员当地百姓反抗清朝统治。为扩大影响，"黄标会"还利用迷信思想发动群众，使其活动范围扩大至乐都、民和一带。1911 年 5 月，李旺等人在各地散发"扫清灭洋"的传单，并在丹噶尔东、西城门上张贴告示①：

> 中华地，千万里，圣王天下，尧舜禹，大汉朝，治平邦家。谁意起，老洋人，辱侮华夏，任魔鬼，盗男精，取女血花。恨满清，给洋人，作奴为下，又赔款，又割地，又叫爸爸……我起兵，杀洋人，杀学洋话，灭满清，杀赃官，全不留他……要恢复，我中国，圣王天下，又自由，又平等，四海一家。

从这张告示看，"扫清灭洋"显然是"黄标会"的起义纲领，尽管也提出"自由""平等"等近代思想观念，但所谓"圣王天下"的主张，与"黄标会"借用义和团反清形式，立西宁大什字海菜铺当学徒的 13 岁男童李瞻为"皇帝"有关。正是在这种旧的反清起义形式下，"黄标会"迅速壮大，举事前会员人数达到 10 万人。"黄标会"计划于 1911 年 9 月 7 日（农历七月十五日）起事，后因机密汇露，被西宁镇总兵张定邦属下吕登科所镇压，李旺等人被捕，于 12 月 25 日（农历十一月六日）被杀害于丹噶尔。"黄标会"成员后又在西宁起事，亦被镇压。

---

① 石殿峰根据一些老人回忆所撰，见《甘肃文史资料选辑》第 11 辑，载崔永红、张得祖、杜常顺主编《青海通史》，青海人民出版社，1999，第 459~460 页。

"黄标会"发动的丹噶尔暴动承接了义和团运动中的反清思想，其成员的后期活动接受了辛亥革命初期"排满"纲领的影响，因此丹噶尔暴动可以看作是晚清及民国初年我国近代民族主义思潮在青海河湟地区的具体反映。丹噶尔暴动之所以失败，与这支起义队伍力量弱小、准备不充分，以及清政府在青海河湟地区统治力量相对较强等因素有关。由于"排满"思想本身的狭隘性，使这一民族主义观念在少数民族聚居区难以得到更大范围的认同，因为"排满"本身就是对少数民族的拒斥，是传统种属观念的近代翻版，自然得不到青海河湟地区回、藏、土等其他民族的认同，因而导致起义队伍力量有限，起义最终以失败告终，或许这才是主因之一。

2. 以"五族共和"为标志性口号的近代民族主义思潮在青海河湟地区有一定反映

"五族共和"是学界、政界等在对"排满"的反思与批判基础上提出的新的民族主义观念，与"排满"思想将以满族为代表的少数民族排拒于构建近代民族国家之外的思路不同。"五族共和"至少承纳了边疆地区分布广、人口多的数个少数民族，不仅扩大了民族国家的族群包容性，也有利于边疆的巩固。在青海河湟地区，以"五族共和"为思想基石，力图融入整体政治格局，并保持在地方上的军政大权便是以马麒为首的地方军阀势力。

马麒父亲马海晏于同治年间参与"回民起事"，后降清成为管带。慈禧、光绪离京北逃时，马海晏携其子马麒护驾得到赏识。马海晏死后，马麒统其旧部，参加西北地区镇压革命起义的军事活动，清帝逊位后，又摇身一变支持共和。甘肃临时议会议员李镜清以马麒掳杀宁夏人民为由，要求政府限制马麒等军人干政，却遭到马麒的疯狂报复。马麒依靠马安良等人的支持，升任西宁镇总兵。到任后，马麒利用蒙、藏千百户祭海之机，宣布中华民国成立的消息，将"大清皇帝"的牌位换成"中华民国"，并致电北京政府，称自己已"宣布中央德意，使与祭之王公咸晓于共和之宗旨……以率属而景从"①。袁世凯回电称："西宁镇总兵马麒熟悉边情，晓畅戎机。此次劝导该处附近喇嘛赞同共和，尤征恩信远乎。"② 1915 年，袁世凯政府裁撤青海办事长官一职，同时改西宁镇总兵为甘边宁海镇守使，自此马麒获得北京政府的信赖，成为北洋军阀在青海河湟的代理人。

马氏军阀在青海河湟地区的发迹和壮大，与这一地区当时特殊的政治环境、民族构成及地理形势等都有关联。马氏军阀之所以能够壮大，还与近代以来的民族主义思潮及民族国家的建构理念有很深的关联。具体而言，马氏以镇压本族起义军而发迹，得到清政府的信赖，并初步获得地方上的军政权力；晚清时期，为继续效忠清政权，马氏残酷镇压甘青宁地区的革命起义军，他们所到之处，烧杀抢掳，无恶不作，为汉族士绅及百姓所嫉恨，在"排满"为思想主旨的近代民族主义观念下，马氏军阀亦是被排拒的对象，其存在的合法性受到以李镜清为代表的汉族士绅的质疑。袁世凯执政时，"五族共和"的理念被广泛接受，马麒也适时向其表示效忠，其恶迹不仅没有受到惩处，反而在地方政治结构中得到前所未有的高位。这说明，"五族共和"不仅是中央政府构建民族国家的行动指南，它也曾一度成为地方军阀获得政治合法性的一个口实。在这一时期，以马氏军阀为代表的青海河湟地方政治势力不仅不再追求独立的政治秩序，相反十分注重如何使自身融入整个政治结构中，进而以此来保存、壮大自己的政治力量。当然，"五族共和"是一个过渡性的

---

① 青海省志编纂委员会：《青海历史纪要》，青海人民出版社，1987，第 268 页。
② 杨效平：《马步芳家族的兴衰》，青海人民出版社，1986，第 40 页。

民族观念，就民国初年的政府而言，其也未必是这一民族观念忠实的践行者。有学者研究，袁世凯较早地就认识到这一民族观念的内在缺陷，进而有建构"中华民族"的认识和见解，[①] 但这也不能否认马氏军阀借"五族共和"而获得地方政治权力合法性的事实。

3. "中华民族"的构建对青海河湟时局亦有重大影响

"中华民族"的构建超越了"五族共和"的局限性，在更大更高的层面凝聚了全国各民族的历史与文化，是建构我国近代民族国家的重要精神资源，也是西方近代民族主义观念中国化的产物。

在青海建省前，有关"中华民族"观念的传播主要是通过"共和"理念得以达成的。在青海地区，以蒙、藏王公贵族、千百户为首的上层精英对"共和"的拥护，间接地影响着青海河湟地区的政治形势，也为"中华民族"理念的传播奠定了一定基础。1912 年 12 月 13 日，青海办事长官廉兴为青海左右翼盟长等承认共和请予优奖电[②]：

> 北京国务院内务部蒙藏事务局鉴，据青海左翼正盟长扎萨克固山贝子，那木登吹固山副盟长，辅国公索那木达什，右翼正盟长贝勒、衔扎萨克固山贝子吹木丕勒诺尔布，副盟长贝子达细那木济勒二十九旗郡王贝勒贝子公台吉等承认共和事，迭准贵长官准中央政府文开王族一家青海蒙古应即认共和，十月二日蒙我长官祭海会盟，九示共和，利益优待条件遵即商知，各族厚敦亲睦，鄂十起义，民虑涂炭，赖大总统迫力扶危，安

---

① 冯建勇：《辛亥革命与近代中国边疆政治变迁研究》，黑龙江教育出版社，2012，第 320 ~ 322 页。

② 《青海长官廉兴为青海左右翼盟长等承认共和请予优奖电》，青海省图书馆地方志阅览室内部档案资料《青海近代史料辑录》，档案编号：1045：689。

我等远方迟认，谅不见咎，时谋民安牧，冈享幸福，准此理合电请优为盼。

从上述电文可以看到，蒙藏王公贵族、千百户对中华民国的拥护虽然仍停留在对新政权的认同以换取利益的阶段，但对"共和"认同，已超越狭隘的民族与地方利益，这意味着新的历史因素的萌发与影响。

"中华民族"的形塑与构建对青海建省的时局产生过影响。具体而言，青海建省意味着包括青海河湟地区在内的各少数民族将共同被纳入统一的行政体系之中，各少数民族在政治、经济乃至司法等领域的地位将被均质化。如若仍按前近代社会的种属观念理解青海建省，那么就意味着各民族在新的政治体制中将会被重新差序化，各民族也将在这一新的政治体制中被安排在不同的政治、经济及司法层面上。"中华民族"观念的传播，使青海河湟乃至整个青海省各族人民具有了超越本民族、本地域的认同基础，同时使国家的利益超越特定民族的利益，进而以"中国"为对象形成新的国家认同意识。青海建省前后，随着近代教育的推行，经济的发展及民智的开化，青海河湟乃至整个青海的国家认同意识得到了空前提升，贯穿其中的"中华民族"理念，既是近代教育、政治建构等的内容，也是民族边疆发展的重要产物。

青海建省后，青海河湟地区在行政体制上基本与中原地区均质化，这种政治形势反过来有利于"中华民族"观念在此地的传播与影响。由"中华民族"理念而形成的内地化的强烈意识，使青海河湟民众深深地意识到青海的落后，他们感叹道："居江浙者，恒目青海为西陲之地，然详览全国地势，甘肃之皋兰，实居全国中心，而青海省固邻近皋兰，西部尚有三千七百里长之新疆省在，徒以青新地广人稀，交通不便，平昔未之注意，故以西陲目之，其实非然也。"① 青海本来并非边陲之地，却被人们视为民族边疆地区，主要原因在于其内地化程度低，也就是近代化跟不上内地发展的节奏。因此，近代化的迫切性和追赶内地发展水平成为当时青海河湟乃至整个青海的主要思想观念，而剖析这一思想观念时不难看到，正是在以"中华民族"理念为基石的国家认同感的驱使下，青海河湟地区的百姓才会急于发展近代教育，也才会产生前所未有的危机意识，进而在近代化的历史潮流中努力奋斗，以近代化为武器，力图改换家乡面貌。

二 抗日战争以来的民族主义思潮对青海河湟地区的影响

近代中国，抗日战争是一件影响深远的历史事件。日本的全面侵华曾打断了民国时期以经济建设为核心的近代化进程，给中国人民造成了深重的灾难。日寇的疯狂攻掠，激起了中国人民的反抗，也刺激着中国人构建新的民族观念，进而形成新的民族主义思潮。总体上看，这一时期的民族思潮是以保家卫国为主要内容的，以政界、学界精英人士为主要发声者，通过宣传"中华民族"理念，来构建民族国家的社会基础。抗日战争前夕，国民政府在全国范围内开展了"新生活运动"，试图通过塑造新国民，来加快民族国家的构建进程。1939 年 2 月 7 日，史学大师顾颉刚在其日记中写道："作《中华民族是一个》，约四千字，未毕。……得孟真来函，责备我在《益世报》办《边疆周刊》，登载文字多分析中华民族为若干民族，

---

① 李积新：《青海之农垦问题》，《新青海》第一卷第一期，1932，第 7 页。

足以启分裂之祸，因写此文以告国人，此为久蓄于我心之问题，故写起来并不难也。"① 这篇名为《中华民族是一个》的文章发表于1939年2月23日在昆明复刊的《益世报》，集中反映了当时学人面对日寇紧逼，试图以学术研究为民族国家建构提供认知资源的思考。抗日战争前夕，一些近代新儒家也通过著书立说，试图利用传统文化资源来重构国民道德与精神，为反对日本发动侵华战争做好动员与准备。比如冯友兰的《贞元六书》就是在抗日战争时期完成的系列哲学论著，冯友兰试图通过构建"新理学"思想体系，为中国人建构基于传统儒家精神的道德体系与精神归宿。

受上述政治及学术、思想环境的影响，青海河湟地区也开展过"新生活运动"，一些仁人志士曾赴青海河湟宣传抗日，一些在南京等地求学的青海籍学生也向民众宣传抗日，并积极宣传近代化思想，使青海河湟与祖国内地因抗日战争真正融合在一起。在青海河湟地区，保家卫国的理念与建设家乡、追赶内地的热望往往融合在一起，成为抗日战争前夕民族主义思潮在青海河湟地区的具体表现。抗日战争期间，通过向民众宣传抗日战争理念来构建民族国家的民族主义思潮则成为主流。

（一）抗日战争前夕民族主义思潮对青海河湟的影响

"九一八"事变爆发后，日本全面侵华的野心昭然若揭，以保家卫国为宗旨的民族观念成为当时民族主义思潮最主要的内容。为了保家卫国，国民政府试图加快近代化的进程，特别是想通过改造国民运动，使民族国家理念深入人心。为此，全国曾自上而下推行"新生活运动"。"新生活运动"一词最早见于1934年2月17日蒋介

---

① 《顾颉刚全集》第47册，中华书局，2010，第197页。

石在南昌于调查设计会所做的演说《新生活运动发凡》，国民政府试图通过变革国民陋习，提升"国民道德"和"国民知识"，使国民具备近代国家公民基本素养。"新生活运动"是近代中国文化建设的重要内容，也是抗日战争前后民族主义思潮的产物。这一运动始自1934年，终于1949年，是一个横跨整个抗日战争时期的国民教育运动，也是在国家力量干预下的近代文化建设运动。1935年前后，青海河湟地区也受到国民政府"新生活运动"的影响，由在宁青海籍学生创办的《新青海》杂志就刊登了《青海青年今后努力的动向》一文，号召青年以"礼义廉耻"为中心，厉行新生活运动，革除颓废、消极的思想，树立复兴民族、拯救国家的精神。① 当时，青海河湟地区精英人士认为："青海公民，对于政治智识和认识，薄弱的（得）非常可怜，所以平日只注意到政府不要摊派为最大的希望，然究竟对于政府之设施，何者合理，何者有益，何者违法，何者有害，均不暇顾及，所以现出政治与人民不发生关系之现象。"② 因此，在进行公民训练时，"宜特别注重灌输公民以政治思想，而于管理政治意识之提高，管理政治之养成，使全省人民，都能参加政治管理政治，这是最重不过之事"③。国难当头，"吾边省青年，责任异常重大，使命非常艰难，若非自己明了非常时期之责任，不足以应付此非常时期之严重问题"④。从上述史料看到，当时青海河湟地区推行的"新生活运动"，主要是以提高民众的政治参与意识，特别是青年

---

① 志育：《青海青年今后努力的动向》，《新青海》第三卷第七期，1935，第 10～11 页。
② 张得善：《公民训练之重要与青海训练公民应注意之点》，《新青海》第三卷第八期，1935，第 14 页。
③ 张得善：《公民训练之重要与青海训练公民应注意之点》，《新青海》第三卷第八期，1935，第 14 页。
④ 岳永泰：《非常时期中边疆青年之修养与责任》，《新青海》第四卷第三期，1936，第27～28 页。

的社会责任感为主体内容的。实际上，在具体推行"新生活运动"时，当时的地方政府主要通过举办识字班，向民众宣传卫生健康知识等形式，达到贯彻国民政府通令的。在推行"新生活运动"过程中，当时的社会精英认识到青海河湟普通民众绝大多数为文盲，一些百姓限于生活条件不甚讲究卫生，还有一些民众受本民族宗教信仰等旧有文化积习的影响，思想意识尚处于前近代水平，这些状况都让当时的政府意识到推行"新生活运动"的必要性，也认识到了青海河湟地区与内地的差距。

抗日战争爆发前，西北地区作为战略缓冲区受到前所未有的关注，青海河湟地区与中原地区之间的联系也日趋紧密，一些青海人走出省门，来到中原后，首先感受的是青海经济落后，民众观念落伍。"我们每每走到上海、天津的十字街头时，看见一切近代化的生活表现，使我们回想起穷苦可怜的西北，荒野闭塞的边地。同是中华民国的土地，同是中华民国的人民，其社会建设，生活享受，竟有如此悬殊者！"[①] 他们来到内地后，首先感到的是青海河湟地区与内地在社会发展程度上的差距之大，已超乎他们的想象。1933年，田生兰在《新青海》著文，从政治建设、经济建设和社会建设三个方面，提出"化部落游牧生活为农工""开发天然宝藏""普及教育，调和感情，保障人民治安"[②] 的设想，反映了在民族主义思潮影响下，青海人建设家乡、发展青海的急迫心情。对此，来自青海的学生除了承载着保家卫国的重大责任外，还要承担起建设家乡的使命，实现追赶内地近代化发展水平的热切愿望。如果说前者是全国整体形势使然的话，那么后者则是民族地区赋予当地民众的时代责

---

① 李世军：《我们怎样走到新西北的路上？》，《新青海》第一卷第一期，1932，第4页。
② 田生兰：《建设新青海刍议》，《新青海》第一卷第四期，1933，第15页。

任和心理感受，因为当时除了经济落后外，少数民族地区的另一个特点就是在整个国家体制内无法获得重要的、受人尊重的政治及文化地位。直到 1935 年，在国民党中央委员会中仍然没有青海代表，令时人发出"青海无人"的感叹。[①] 民族边疆地区民众的身份危机感，既从一个侧面反映了青海河湟百姓渴求近代化的愿望，也从另一个侧面说明了民族边疆地区在近代民族国家建构中的真实地位。

抗日战争前夕，"中华民族"之观念，迅速深入人心，时人认为："民族主义就是国族主义，即是将整个中国的人民团结起来，无论他是广西佬、福建佬、江西佬、湖南佬、四川佬及种种外江佬，我们都不要分畛域。即使是蒙人，回人，满人，藏人，我们汉人也要一视同仁，因为大家都是中华民国的人民，这就叫作中华民族。"[②] 以"中华民族"为标志的近代民族主义思潮的演进，除了学界、政界的宣传鼓动外，也与当时严峻的国际、国内形势有关，面对穷凶极恶的日寇，当时的中国人意识到只有中国各民族团结起来，才能形成强大的合力，也才能真正抵御外侮。正是在这种超越族群意义的国族主义，使得包括青海河湟地区在内的民族边疆地区的少数民族亦能感受到同样的政治氛围，也能同样感受到为了保家卫国内地所采取的各项措施与本民族的各种关联。比如，为发展民族教育，青海曾建立蒙番学校，后"为使蒙藏诸族感情融洽起见……不论汉回蒙藏子弟，皆得入学"[③]。这说明，以"中华民族"为标志的近代民族主义思潮在青海教育界已变成引导教育发展的一个方针。当时的地方政府也意识到，"国难严重，日趋危机，开发西北，应即实行"[④]。

---

① "新青论坛"，《新青海》第三卷第十一期，1935，第 1 页。
② 老鹤：《什么是民族主义》，《民间周报》1933 年第 4 期，第 15～16 页。
③ 朱允明：《新青海之鸟瞰》，《新亚细亚》第二卷第四期，1931，第 78 页。
④ 马步芳等：《建设新青海之刍议》，《西北问题研究会会刊》（创刊号），1934，第 9 页。

因此，提出建设畜牧场、建立工厂、兴办教育等的设想，以加快青海发展步伐，为抗战做好准备。无疑，"中华民族"的形塑与构建，对于提振青海河湟地区民众自信力，加快内地化、近代化的步伐都具有很强的统摄力和指导力。原来属于各个族群的民众，往往只强调本民族的利益，而在"中华民族"的思想观念下，国家的利益高于族群利益，这无疑有利于建构国家认同意识，也有利于推动各少数民族的社会参与。在"中华民族"思想观念大规模传播之前，青海河湟地区的内地化、近代化往往或为精英人士的意志，或是一种集体无意识的行为，而在"中华民族"思想观念的号召下，内地化、近代化具有明确的组织形式，也有了明确的目标，同时河湟地区也加入众多普通大众共同参与的社会文化建设事业，因此这一时期的内地化、近代化建设无论是在规模上，还是在效果上显然优于之前的任何一个时期。

从上述史料中即可看出，在抗日战争前夕，近代民族主义思潮对青海河湟社会文化的方方面面皆有一定影响，可以将国民政府推行的"新生活运动"看作从政治层面实践近代国民理念，是民族国家构建民众基础的一个民族主义运动。这一运动虽然是为巩固国民党统治而推行的所谓公民塑造运动，但在客观上起到开启民众政治参与意识、改良社会生活习惯、整饬社会道德风尚的作用。"新生活运动"在青海河湟地区的推行，说明当时的民族边疆地区已与中原地区达到政治上的同步与思想倾向上的一致性，尽管在青海河湟地区推行的新生活运动是以"扫盲"、传播卫生健康知识为主要内容，但是恰恰就是"新生活运动"的推行，不仅加快了青海河湟内地化的进程，也从一个侧面印证了作为民族边疆地区的青海河湟，其社会文化各项内容的确与中原地区有较大差距。

抗日战争前夕，出生于青海河湟地区的一些学子走出省门后，全方位感受到青海的落后，青海虽然建省，但无论是政治上，还是经济和文化方面都远远落后于内地。他们认为，青海虽然为中国领土，青海人民也是中华民族的组成部分，但是无论是社会发展程度，还是政治地位，都逊于内地。这说明，在以"中华民族"为标志的近代民族主义思潮的演进过程中，构成"中华民族"的各个族群、地区之间的差距也是显而易见的。[①] 青海河湟地区作为民族边疆地区，在"中华民族"这一民族主义范畴中，既是它的组成部分，又是这一范畴中发展水平相对滞后的一个部分。由此可以看出，近代民族主义思潮对青海河湟的影响也具有二元特征：一方面正是"中华民族"的形塑与构建，使包括青海河湟地区各少数民族在内的民族边疆地区民众参与到整个国家的近代化进程，这无疑增强了民族国家的凝聚力；另一方面正是因为"中华民族"是近代民族国家建构的产物，是历史、文化及宗教等人文资源服从社会现实的产物，加之民族国家建构本身具有政治的狭隘性，又与传统种属观念有着千丝万缕的联系，因此"中华民族"内部因地域的、民族的因素而产生差序化，也是一种历史必然。正是在后者的影响下，边疆地区成为落后的、边缘的代名词，至今这样的社会文化定位在主流观念中仍然占有一席之地。

（二）抗日战争期间民族主义思潮对青海河湟的影响

抗日战争时期是我国民族主义思潮发展到高峰的时期，民族国家的建构与保家卫国的现实需要结合起来，使"中华民族"的形塑与建构达到一个高峰，而"保家卫国"则成为这一时期民族主义思

---

① 杨志娟：《民族主义与近代中国民族觉醒——以近代中国北部、西部边疆危机为例》，《兰州大学学报》（哲学社会科学版）2005 年第 3 期，第 59～64 页。

潮的重要内容。在社会文化层面，"保家卫国"既是当时进行全民政治动员的一个口号，也是借以深化民族国家建构的一个由头，特别是在抗战的大后方，通过文艺宣教等形式对民众进行抗日宣传，成为当时政府重要的国民塑造手段。在民族边疆地区，"保家卫国"的宣传强化了国家认同意识，也从观念上使边疆地区与中原内地休戚与共，从而使近代民族主义思潮真正作用于民族边疆地区。

抗日战争爆发后，青海省政府配合国民政府，积极宣传抗日精神。从《马主席对西宁县区乡镇长保甲讲习会全体人员训话》的记录看，地处大后方的青海河湟地区已把"救国卫家"作为当务之急，大力宣传爱国主义精神，把组织生产、加强训练、参与国防视为"国民对国家的责任"，并宣传"破坏社会秩序，扰乱后防的，就是汉奸！""当兵杀敌，是男儿无上的光荣！""集中人力财力物力，抗战到底！"等抗日口号。[①] 国内著名文艺工作者纷纷到西宁，或传播新文学，或宣传抗日，西宁各界群众深受感染，文艺气氛日渐浓厚，保家卫国的热情也空前高涨。[②] 这一时期，由政府、学校及知名人士创办、组织的各种剧团，也通过演出抗日剧目，宣传抗日，并在民众中产生较大影响。从中可以看出，当时近代民族主义思潮对青海河湟地区产生影响的具体形式可分为两种：一是内地知名人士及剧团在青海河湟地区进行的爱国主义宣传；二是以本地力量进行的抗日宣传。

抗日战争爆发后，由于青海河湟远离抗日前线，相对较为安全，加之当时中央政府有意开发西北，青海河湟地区引起了各方面的关注，来青海河湟进行文艺活动的知名人士也多了起来。例如，著名

---

① 《马主席对西宁县区乡镇长保甲讲习会全体人员训话》，青海地方志办公室内部档案资料，档案编号：政事类第 2 卷，68：40。
② 李健胜：《清代—民国西宁社会生活史》，人民出版社，2012，第 128～132 页。

文学家老舍曾来到青海西宁，并在西宁第一中学礼堂"为教师和学生作了一次学术报告，题为《什么叫新文学?》，他知识渊博，讲话通俗易懂，幽默风趣，运用诙谐的语言，使听众的情绪始终活跃热烈"①。老舍先生还举办了《怎样写作?》的文学座谈会，向河湟文艺爱好者授业解惑。老舍在文艺界名气很大，他的作品也是人们争相阅读的畅销作，因此，他的到来，不仅引起了河湟社会各界的关注，也刮起了一股热爱文艺之风。受其影响，当时"学校里学生自办的文艺小报，接踵而出。唯一的地方报纸也开辟了文艺副刊，一时文艺写作蔚然成风"②。老舍的文艺宣传虽然并不属于直截了当的抗日宣传，但是中国自古就有"文以载道"的传统，加之老舍先生本人就是坚定的爱国主义者，他的到来及其对文艺的宣传也对当时青海河湟地区"保家卫国"理念的传播产生了一定影响。

1940年冬，著名导演郑君里来到西宁为电影《塞上风光》到塔尔寺取景。郑君里十分关心青海的文艺事业，也有志于宣传爱国主义理念。当时，西宁成立了"儿童抗战剧团"，郑君里邀请剧团成员随他的电影摄影队到塔尔寺拍戏，并向剧团管理人员建议为儿童开设表演和音乐基础课程。郑君里先生对"儿童抗战剧团"的关心和支持，间接地向青海民众宣传了"保家卫国"的抗日理念，这也可看作是近代民族主义思潮对青海河湟地区产生影响的一个实例。

1941年，著名戏剧艺术家李朴园率抗日宣传队来到西宁，为西宁及周边地区民众演出《日出》《雷雨》《放下你的鞭子》《三江好》《打回老家去》等抗日剧，还演唱过抗日歌曲《大刀进行曲》

---

① 周宜逵：《抗战时期文艺界著名人士来青活动的片断》，载《青海文史资料选辑（内部资料）》第7辑，1980，第94页。

② 周宜逵：《抗战时期文艺界著名人士来青活动的片断》，载《青海文史资料选辑（内部资料）》第7辑，1980，第94页。

《保家乡》《抗日游击队歌》等。他们以喜闻乐见的文艺形式，向大众直接宣传"保家卫国"的爱国主义理念，其中的相声形式内容新颖，深受群众欢迎。李朴园还在西宁举办了"抗日漫画展览"。据周宜逵先生回忆，"他们在鲁沙尔镇街头演出广场剧《放下你的鞭子》时，演员事先化妆好，混杂在四周观众当中，当戏演到卖唱小姑娘遭到老头毒打时，观众中的演员一哄跳进场子，围打老头，观众也蜂拥挥拳入场。此时群情激愤，全场振臂高呼：'打倒日本帝国主义！''打倒汉奸卖国贼！''团结起来抗战到底！'演员和群众融为一体，这种形式的广场剧，教育人民群众收效最大，感受最深"①。

李朴园抗日宣传队可以视为内地文艺团体向青海河湟地区宣传爱国救亡思想的一个典型。首先，这支宣传队以各种文艺形式，直接向青海河湟民众宣传抗日救国思想，他们以文艺的形式将近代民族主义思潮中的核心精神传达到了民族边疆地区，对青海河湟地区民众的国家认同意识之建构直接地起到了作用。其次，这支抗日宣传队的声势甚为壮大，他们每到一处都能吸引很多观众，他们以喜闻乐见的艺术形式宣传抗日，既能教育群众，又能感染气氛，因此收到了良好的宣传效果，在抗日宣传队的演出与宣传下，《保家乡》《大刀进行曲》等爱国歌曲成为西宁及周边地区颇为流行的歌曲，百姓在传唱过程中浸润于抗日救国的爱国主义情绪之中，极易形成与中原地区均质化的国家情感。

在由本地力量组织的抗日宣传队伍中，最为著名的当属音乐家王洛宾于1938年组织西宁中学学生成立的"青海抗战剧团"。这支以学生为主力组成的剧团曾公演《打回老家去》《放下你的鞭子》

---

① 周宜逵：《抗战时期文艺界著名人士来青活动的片断》，载《青海文史资料选辑（内部资料）》第7辑，1980，第97页。

《突击》等抗日剧，并为抗日前线将士举行了募捐活动，在当地产生了较大影响。流传于青海河湟地区的"花儿"是一种具有悠久文艺传统的民歌艺术，很早就引起了顾颉刚等民俗学家的关注。抗战期间，青海河湟地区还出现了抗日花儿，其中有一首，"八月里阿哥下江南，调兵者过了个潼关。给尕妹打了一封电，头一回，把鬼子杀给了九千。""花儿"传唱于青海河湟汉、回、土等民族地区，以传达儿女情长为主体内容，彼时出现"抗日花儿"，说明以"保家卫国"为核心内容的近代民族主义思潮已渗透到河湟普通民众之中，也说明这一地区的国家认同意识不再是精英群体的"专利"，而是一般老百姓也认同的"中国"，他们也自认为是"中国"的一员。

西宁师范和湟川中学也曾组织学生在建校纪念日或欢送毕业生时演出话剧。抗日战争时期，两校组织演出一些抗日剧目，如《东北一角》《台儿庄大捷》等，"走向街头，在山陕会馆（西宁一中西侧）公开售票作抗日募捐，连续多日，对社会影响颇大"①。两校学生还成立业余话剧团，偶有演出，人们奔走相告，争相观看，民众俱乐部、青年剧社等社会性文艺团体，也有省内巡回演出抗日剧目，为动员青海人民参加和支持抗日做出了积极的贡献。

如果说省外文艺人士或团体在青海河湟地区的爱国主义宣传是属于外源性的民族主义观念培植的话，那么，由青海河湟地区本地力量组织的抗日救亡宣传则是该地区自主自为的一种民族国家建构过程，这种内源式的民族主义观念及传播，可视为近代民族主义思潮在青海河湟地区的本地化表达，也是这一思潮对青海河湟民族边疆地区产生影响的具体表现。在近代民族主义思潮的引领和刺激下，

---

① 孙家骥：《解放前湟川、国师两校的话剧演出活动》，载《青海文史资料选辑（内部资料）》第12辑，1984，第140页。

青海河湟百姓也融入建构民族国家和抗日救亡的时代热潮中，从而使这一思潮成为青海河湟地区近代化的一大动因。

第三节　移民、商贸活动对青海河湟地区的影响

自两汉以来，正是不断涌入青海河湟的移民，在漫长的历史过程中导致这一地区人文生态的变迁，并为中原文化在此地的传播与影响奠定了相关的社会文化基础。[①] 商贸活动对青海河湟地区的社会文化变迁产生了至关重要的影响，由商贸活动引发的人员、货物流动，以及因商贸往来而产生的地域之间社会文化的交流等，都是社会文化因素发展变迁的必要条件。换言之，移民与商贸活动也是青海河湟地区近代社会文化建构的动因之一。

一　移民与社会变迁

晚清以来，由于改朝换代引发的战乱、民国初年马仲英屠湟等事件的影响，青海河湟地区的人口一直没有大的增加。青海建省前后，西宁县"汉民多于回民，共约二万五千八百七十二户，十六万三千五百余人"[②]。湟源县"汉民四千零五十九户，回民三百十七户，蒙、藏户口不详"[③]。大通县"境内汉民约三万八千多人，回民约二万三千多人，土民约五千人，藏民不过四千"[④]。此外，乐都、贵德等地人口也与之前数量基本持平。抗日战争前夕，尽管已有新的移

---

① 李健胜：《汉族移民与河湟地区的人文生态变迁》，《西北人口》2011 年第 4 期，第 67 ~ 72 页。
② 王昱、李庆涛编《青海风土概况调查集》，青海人民出版社，1985，第 9 页。
③ 王昱、李庆涛编《青海风土概况调查集》，青海人民出版社，1985，第 10 页。
④ 王昱、李庆涛编《青海风土概况调查集》，青海人民出版社，1985，第 10 页。

民进入青海河湟，但人口数量的增加仍较缓慢。以当时的西宁县为例，"全县人民约十七万余人，计汉族占百分之六十四，回民占百分之二十，土藏二族，各占百分之八"①。另据当时的人口调查数据，西宁县民族构成较为复杂，"汉族共一万八千零一十户，共人口一十万八千二百三十一人；回族七千零一十一户，共人口四万九千三百八十五人；番族共八百五十一户，共人口七千零一人"②。

民国时期，青海为人口小省，1936年，全省人口仅1196054人③。由于青海牧区海拔高、气候恶劣，高山地区不适合人类生存，因此也不能承接外来移民，只有青海河湟地区特别是以西宁为代表的城镇，在这一时期接纳了为数不少的外来移民，进而使这一地区的人口数量有显著增加。比如，抗战前夕，西宁城内人口"约七千余户，三万余人。其中回教徒约三千余户，一万余人，几占全数之半。惟土著尚不足十分之二，余均由甘肃临夏（河州）移来，大半居东关一带，及东南北三梢门外，而城内极少"④。至1947年，西宁市区人口增至约5万人，⑤新增的人口大多为抗日战争时期移入青海河湟的内地居民。

移民对近代青海河湟地区社会变迁的影响，首先表现在移民带来了内地的生活习惯与礼俗风尚，这意味着青海河湟地区在政治、经济及文化上与中原地区完全同属于一个整体的政治、经济及文化体系，内地移民来到青海河湟的原因也不同于以往，移民不再是应

---

① 陈赓雅：《西北视察记》，甄暾点校，甘肃人民出版社，2002，第139页。
② 王昱、李庆涛编《青海风土概况调查集》，青海人民出版社，1985，第41页。
③ 国民政府内务部统计处：《战时内务行政应用统计专刊·青海省户口统计表》，1938；载崔永红、张得祖、杜常顺主编《青海通史》，青海人民出版社，1999，第747页。
④ 马鹤天：《甘青藏边区考察记》，商务印书馆，1947，第205页。
⑤ 黄云生：《近代西宁人口变迁初论》，《青海师范大学民族师范学院学报》2008年第2期，第44~47页。

募或弛刑徒为主，而是自愿移民者居多。从移民的文化素养方面看，这些移民也不再是单纯地从事农业或经商活动，而是更多地移居于城镇，从事行政、教育及文艺工作，因为这些移民中的部分居民属社会精英，他们的生活习惯、礼俗风尚往往成为当地居民竞相模仿的对象，因受到移民的影响而改变原有生活习性者颇多。

新移民的到来意味着当地必须建立符合这些移民需要的生活、教育和文化等设施，而这些设施和依附于这些设施而形成的观念、意识等也对当地社会文化的变迁产生影响。比如，在民国时期，西宁街头出现了由外地人经营的饭店，当时最著名的当属"杨胖子饭馆"，这家饭馆又叫"同春饭馆"，于 1931 年正式开业，"由张季尧（陕西大荔人）、王福忠（甘肃兰州人）、杨子安（陕西华阴人）以山陕风味共同经营 25 年之久。因杨子安特胖，时人称杨胖子，其饭馆因得此浑名"[1]。一些南方风味的饮食也出现在西宁街头，如"大新街住一位姓陇的四川人，人们都叫他陇大爷，他爱人是红四方面军流落女红军"[2]，这位陇大爷做的熏肉，多售于居住在西宁的内地人士。北方人爱吃的馄饨也有售卖。"西宁最早卖馄饨的人，是一位北京人，男人姓名不详，女人叫张媛芳。夫妇二人在中山市场口经营馄饨摊。据说：他们于 1931 年来宁就做此生意，家住前营街。每天下午 6 点左右，两人把担子抬来，担子一头是火炉，锅内煮上牛肉和鸡，另一只锅烧开水煮馄饨。另一头挑着一个玻璃框，玻璃上写着'鸡丝馄饨'四个字，内放调料、碗筷、肉馅、馄饨皮。顾客光临时，他俩一边包，一边下锅，摆碗兑汤。碗内放上胡椒粉、榨

---

① 何鸿仪、邸兆贵：《西宁的风味小吃》，载《青海文史资料集萃·社会卷（内部资料）》，2001，第 267 页。

② 何鸿仪、邸兆贵：《西宁的风味小吃》，载《青海文史资料集萃·社会卷（内部资料）》，2001，第 273 页。

菜丁、紫菜、虾皮、葱、姜末、香油、酱油、少许醋、辣椒油，兑上半碗肉汤，舀上馄饨，撒上芫荽（俗称"香菜"），放一个瓷勺一搅，确实美味。"① 上述颇具内地风味的饮食品种在西宁的出现，足以说明当时西宁有为数不少的外来移民，一些人开摊设店既迎合了外来移民的口味，也在潜移默化中改变着当地人的饮食习惯。

在教育方面，外来移民中的很多人本身就是教育从业者，他们的到来不仅改善了青海河湟地区的师资条件，同时，他们作为近代先进文化的一个窗口，在当地也具有示范作用。比如，抗日战争时期建于西宁的湟川中学，其首任校长王文俊就曾在兰州为湟川中学选聘教师。王先生回忆："当时抗战军兴，由华北、北平一带撤退到西北者，不乏其人，但亦皆限于西安和兰州，更往西去，则为数更少。笔者在兰州极力罗致，因本人在国内系北大毕业，故聘有北大毕业者四五人，北师大毕业者三四人，清华毕业者二三人，均可称一时之选，教师阵容极为坚强……我们所聘请的教师，多半为青年才俊，已婚者不多，故大部分居住校内，而且多数好学，也爱好运动，这对学生的影响是很大的，由于师生之间接触频繁，形成了水乳交融的状态，身教言传，感情并重，爱的教育，可于该校见之。"② 正是引进了大批毕业于知名院校的青年教师，不仅为湟川中学的发展奠定了良好的师资基础，也使这所学校成为移民文化汇聚之地。1941 年年底至 1942 年初，"青海全省高初中学生参加会考，湟川中学成绩优异，震动了教育界。此后西宁的士绅和官僚阶层竞相送子女入湟川中学学习，湟川中学的声誉遂即传播开来。第一届（1941）

---

① 何鸿仪、邸兆贵：《西宁的风味小吃》，载《青海文史资料集萃·社会卷（内部资料）》，2001，第 273 页。
② 王文俊：《创办西宁湟川中学的经过》，载《青海文史资料选辑（内部资料）》第 14 辑，1985，第 56 页。

10 名高中毕业生，除一人因家庭条件所限，自谋就业外，其余九人都考取了大专院校。第二届 24 名高中毕业生，大都以考取全国名牌大学为光荣，不愿屈从学校的保送升学"①。正是在以新移民为主体的教师的引领下，湟川中学的学生们取得了优异成绩，而他们的示范作用又带动了当地兴师重教氛围的形成。

总之，移民对河湟地区社会变迁的影响是生动的，具体的，恰恰是大量移民的到来，使既有的政治变革、民族观念和经济发展成果落到了实处，从而加快了青海河湟地区的内地化、近代化进程。

当然，移民的到来并没有完全改变青海河湟地区的人口结构。根据 1937 年 2 月 7 日的一份文档②，到抗日战争时期，各民族在青海河湟地区的人口比重与这些居民原有的居住属地直接相关，同时也能看出汉族和回族人口较之前有了显著增加，在所增加的部分中有一部分即是外来移民，但他们的到来并没有完全改变这些地区的人口构成（见表 2 - 1）。

表 2 - 1　抗日战争时期青海河湟地区各民族人口构成

单位：%

县名	汉族	回族	蒙古族	藏族	土家族	摆*
乐都	95	1.5	—	2	1.5	—
民和	30	50	—	10	10	—
互助*	60	40	—	—	36	—

---

① 罗麟：《湟川中学的创建人——王文俊先生》，载《青海文史资料选辑（内部资料）》第 15 辑，1987，第 139 ~ 140 页。关于湟川中学学生不愿屈从保送的情况，罗麟先生在其他追忆文章中亦有述及，罗麟：《早年的湟川中学》，载《西宁文史资料（内部资料）》第 4 辑，1986，第 4 页。

② 马鹤天：《甘青藏边区考察记》，商务印书馆，1947，第 167、168 页。

续表

县名	汉族	回族	蒙古族	藏族	土家族	摆*
大通	65	31	—	4	—	—
湟源	84	6.5	3	6.5	—	—
循化	14	16	—	17	—	53
贵德	20	15	5	60	—	—
化隆	20	50	—	20	—	10
共和	25	—	5	70	—	—

注：* 原始文献为"摆"，有误，当为"撒"或"撒拉"族。

** 互助地区的民族比例总和超过 100%，原始材料即如此。

资料来源：马鹤天《甘青藏边区考察记》，商务印书馆，1947，第 168 页。

从上述资料还可看出，构成青海河湟地区新的社会文化属性的基础是这一地区的多民族杂居之地，有些地区，如民和、共和、化隆等地，少数民族人口远多于汉族人口。在多民族杂居之地，民族之间因生活习惯、宗教信仰等不同，彼此之间有一定隔阂。"回教徒见面，无论识与不识，每称'老表'，称汉人为'汉儿人'，闻系金元旧习，有轻侮意。"① "回教阿訇一向反对回民受教育，尤其反对入汉人学校，读汉文书籍。"在城镇里，不同民族的人着装也有很大的差异。在西宁"街头常见蒙、番衣服装束，均与汉人异，语言亦殊"②。服饰上的差异也恰恰印证着青海河湟地区不同于汉族人口占绝大多数的内地，它是一个民族的、文化的边疆地区。当然在民族关系方面，早在民国初年丹噶尔就已有汉藏、汉蒙通婚现象，"尝见蒙古男子供差公门，衣冠楚楚，其妻室则番装也。其娶汉女为妇，再生子女，皆汉族矣，此变俗之渐也。亦有汉人赘于番族，衣冠言

---

① 马鹤天：《甘青藏边区考察记》，商务印书馆，1947，第 221 和 159 页。

② 林鹏侠：《西北行》，王福成点校，甘肃人民出版社，2002，第 88 ~ 89 页。

貌甘于异类者。"① "回汉情感，过去易起裂痕"，"近以政军当轴，不分畛域，和衷共济，故人民亦渐趋于融洽。土藏各族，智识简陋，亦早为汉族同化矣"②。在民族文化大融合的时代背景下，青海河湟地区社会文化属性中异于内地的成分让位于均质化的内地文化因素，这恐怕是青海河湟地区社会文化进步与发展的一个历史必然。

二　商贸活动对河湟地区的影响

在青海河湟近代社会文化属性的形成过程中，商贸活动也是不可忽视的重要成因。具体而言，商贸活动不仅促进了当地经济发展，活跃了当地市场，促使当地人、财、物的流动，也促进了该地区与中原的联系。在长期的经贸往来中，青海河湟地区与中原地区逐步形成了紧密的经济联系，成为国家经济的组成部分，同时因青海特殊的自然地理条件及独具特色的物产，使青海河湟地区的商贸活动具有典型的边缘性、民族性特征。

（一）河湟地区商贸活动基本状况

明清时期，河湟地区的市镇贸易就甚为繁荣，史称"卫之辐辏殷繁，不但河西莫及，虽秦塞犹多让焉。自汉人、土人而外，有黑番、有回回、有西夷、有黄衣僧，而番回特众，岂非互市之故哉！城之中牝骊黄伏枥，常以万计。四方之至四境之牧不与焉，羽毛、齿草、珠玉、布帛、茗烟、麦豆之属，负提辇载，交错於道路。出其东门有不举袂成云挥汗成雨乎"③。在多巴集市上"驮载往来，则

① （清）杨志平注《丹噶尔厅志》卷六《人类》（青海地方旧志五种），青海人民出版社，1989，第316页。
② 陈赓雅：《西北视察记》，甄暵点校，甘肃人民出版社，2002，第139页。
③ （清）梁汾：《秦边纪略》卷一，青海人民出版社，1987，第63~64页。

极西之回与夷也"①。近代以来，青海河湟地区的商贸活动还引起外国考察者的关注。"从中国中原输往西宁的产品有大量的茶叶，各种绸缎和织锦，'外来手帕'（它是以一块中原产的白色或闪光的布制成的，人们作为'哈达'而使用的，在西藏各种情况下都有要奉献的披布的，每个若想在该地区生活并遵守当地风俗的人都必须携带大批这类'哈达'）、丝绸、皮货、瓷器、玻璃器皿、鼻烟壶、刀具和刀具装饰、烟、银币（他们将世人称为马蹄银或银锭的白银为银币）。在西宁，中原人采购黄金（西藏产品）、珍珠、珊瑚、法螺号、来自孟加拉的毛织品和其他某些进口纺织品、被子、真正的藏羊毛制品。"② 由此可见，青海河湟地区的集贸市镇不仅是内地与牧区商品交换的集散地，也是西域商人的重要经商地区。

笔者拟以丹噶尔地区商贸为例，来说明当时的经济活动对社会文化变迁产生的作用。丹噶尔在"西宁府城正西九十里"③，"路通西藏，逼近青海，为汉、土、回、番暨蒙古准噶尔往来交易之所"，道光九年"陕甘总督杨遇春题准改设同知"。④丹噶尔靠近青海牧区，便于各族商人往来，故"番夷贸易、山陕商人往来络绎俱集于此"⑤。青海牧区及西藏地区百姓以牧业为生，畜产品产量颇为可观，青海湖西南一带的盐池，"盐系天成，取之无尽"⑥。此外，青海牧区

---

① （清）梁汾：《秦边纪略》卷一，青海人民出版社，1987，第78页。
② 〔英〕克雪芒·R. 马罕：《波格尔出使记和马格拉萨札记》，载〔法〕布尔努瓦《西藏的黄金和银币：历史、传说与演变》，耿昇译，中国藏学出版社，1999，第183页。
③ （清）杨志平：《丹噶尔厅志》卷三《地理》（青海地方旧志五种），青海人民出版社，1989，第223页。
④ （清）邓承伟：《西宁府续志》卷一《地理志》，青海人民出版社，1985。
⑤ 青海办事大臣马尔泰等：《奏覆遵旨严慎稽查栋科尔城往来贸易番人等折》，载《雍正朝汉文硃批奏折汇编》（第25册），江苏古籍出版社，1991，第855页。
⑥ （清）杨志平：《丹噶尔厅志》卷四《矿物》（青海地方旧志五种），青海人民出版社，1989，第268页。

及西藏所产麝香、鹿茸、湟鱼、红铜、硫黄、火硝、硼砂、铅、氆氇、藏香等，皆由蒙、藏商人贩运至丹噶尔交易。

据《丹噶尔厅志·商务出产类》记载，蒙、藏商人所供之货，大致可分为动物类、动物出产类、植物类、矿物类四大类，其中以动物类、动物出产类及矿物类货物居多。每年，动物类、动物出产类及矿物类三大类货物由"蒙、番自口外来售"，再由内地商人"贩至甘凉、兰州、西安一带"及"丹邑本境及宁属一带"销售，或"由驻丹商人收买，以骆驼运赴天津，售于英、俄、德各国"，[①] 此为当地民族贸易的主要内容（见表 2 - 2）。

表 2 - 2　蒙、藏商人出售货品情况

种类	品种	数量	单价（银）	总价（银）	总计（银）
动物类	番马	每年四五百匹	每匹约十两	约五千两	约四十一万六千两（其中，大羊皮折为九百两）
	牛	每年五六百头	每头七、八两至十余两	约五千两	
	羊	每年两万余只	每只估价一两五钱	共三万两	
动物出产类	羊毛	以三十二两为一斤，每年多时百数十万斤，少时亦六七十万斤	每斤时价二钱	共二十万两	
	羔羊皮	销售最多十五六万张，少亦十余万张	每张八钱	共八万两	
	大羊皮	每年约一万数千张，蒙、番来售者十之有三，本境屠剥者十之有七	每张约三钱	共三千两	

---

① （清）杨志平：《丹噶尔厅志》卷五《商务出产类》（青海地方旧志五种），青海人民出版社，1989，第274页。

续表

种类	品种	数量	单价（银）	总价（银）	总计（银）
动物出产类	马皮	每年约五千张	每张七八钱至一两数钱不等	共约五千两	
	野马皮	每岁五千余张	每张一两数钱至二两不等	共八千两	
	牛皮	每年约一万张	每张一两五钱	共一万五千两	
	野牲口皮	每年四五千张	每张五、六钱至七、八两不等	共约五千两	
	骆驼毛	每年二万余斤	每斤二钱	共四千两	
	鹿茸	每年大小四百余架	每架二三十两至百余两不等	以五十两估价，共二万两	
	鹿退干角	岁出二万余斤	每斤约一钱五分	共三千两	
	麝香	每年二百余元（"元"为麝香的计量单位）	净仁每元销售二十两	共约四千两	
	鱼	夏季干鱼，冬季冰鱼两季合计共约二十万条	每条以四分计	共八千两	
	毛毡	合计万余条	每条一两	共万两	
	酥油	二十四两为一斤，每年万余斤	每斤二钱	共二千两	
矿物类	青盐	每年约三百万石	每斤二钱六分	共八千两	
	硼砂	每年约二万斤	每斤二钱	共四千两	
	火硝、硫黄	每年可销千余斤至两三千斤	每斤二钱	共二百两	
	铅		每斤二钱	共四百两	
	皂矾	每年万余斤	每斤五分	共五百两	

　　除上述交易品种外，西藏商上堪布①每年从拉萨等地贩运藏货至丹噶尔交易。"其中氆氇居十之五；藏香居其二；藏经居其一，以金写者，值最昂，每卷经有售银五六百金至千余金者；其余如枣、杏、花茜、红花及各等药材居其二。其中惟藏香最著名，每一束有售银数两者；而氆氇之最佳者，每匹亦售银四五十两。约估其值，每包价以五十两计，共银五万两。销售于丹地者，不及十之一。即由藏香自行驮运，近赴宁郡、塔尔寺，远或经赴北京、大库伦各处销售。"②玉树土司也将牛皮、羔皮、野牦皮、毛褐、蕨麻、茜草等运至丹噶尔销售。"道光之时，售银六七万两，近年二三万两而已。"③《西宁府续志·志余》载："毛褐、蕨麻、茜草、冬虫草等类，由玉树土司地方运来销售。每年一次、两次不等。数亦难稽。"此外，牛尾、马尾等"亦由蒙、番来售"④，但其数量、价值几何，不见记载。据此，蒙、藏商人贩至丹噶尔的植物类货物，如藏红花、蕨麻、茜草等；一些动物出产类商品以及西藏特产氆氇、藏香等，或夹杂于"藏货""玉树番货"运至丹噶尔一并销售，或不在丹噶尔销售，故无法进行确切统计。不过，表 2-2 统计所得数据与光绪年间丹噶尔进口之货的报价基本相符。⑤

　　除向丹噶尔供应货物外，产于丹噶尔或从其他地区进口至丹噶

① 西藏地方管理财政商务机关。
② （清）杨志平：《丹噶尔厅志》卷五《商务出产类》（青海地方旧志五种），青海人民出版社，1989，第 279~280 页。
③ （清）杨志平：《丹噶尔厅志》卷五《商务出产类》（青海地方旧志五种），青海人民出版社，1989，第 280 页。
④ （清）杨志平：《丹噶尔厅志》卷四《动物》（青海地方旧志五种），青海人民出版社，1989，第 252 页。
⑤ （清）杨志平：《丹噶尔厅志》卷五《商务出产类》（青海地方旧志五种，青海人民出版社，1989）载，光绪年间，丹噶尔"每年进口之货，推其报数约四十万"。

尔的粮食、布匹、鞋帽、铁器、银货等商品，也大多"售于蒙、番"①，蒙、藏商人不仅从丹噶尔采购各类物产，还将一些牧区居民日常所需产品贩运至青海牧区及西藏等地销售。

根据《丹噶尔厅志·商务出产类》的相关记载，笔者对蒙、藏商人从丹噶尔采购货物品种、数量及价格等做了统计（见表2-3）。

表2-3　蒙、藏商人采购货品情况

种类	品种	数量	单价（银）	总价（银）	总计（银）
食物、茶饮类	杂色粮	每年万余石，多半售于蒙、番	每石五、六两至十五、六两不等	按每石七两计，共七万两	约十六万七千两（其中，大半售于蒙、藏者，折为百分之六十；间售于蒙、藏者，折为百分之三十）
	挂面	合计五十万斤。本境食用者五分之一，余皆售于蒙、番	每斤二分	共八千两	
	麦面	每年五千余石。一半本境食用，一半售于蒙、番	每斤八分	共四万两	
	青稞	每年约二千石，全数售于蒙、番	每升以六分计	共一万二千两	
	青油	每年十万余斤，售于蒙、番者十之三四	每斤一钱	共一万两	
	茯茶	每年万余封，大半售于蒙、番	每封二两	共二万两	
	大米	每年百余石，间售于蒙、番	每升三钱	共三千两	
	酒	每年二百余担，大半售于蒙、番	每担二十两	共四千两	

---

① （清）杨志平：《丹噶尔厅志》卷五《商务出产类》（青海地方旧志五种），青海人民出版社，1989，第278页。

续表

种类	品种	数量	单价（银）	总价（银）	总计（银）
布匹 鞋帽类	皮靴	每年万余双，售于蒙、番、玉树等地	每双六、七钱至一两余不等	共八千两	
	洋布	自内地运来每年约五千匹，大半售于蒙、番	每匹以六两计	共三万两	
	大布	自内地运来，每年一千卷，十之七、八售于本境，售于蒙、番者不甚多也	每卷二十五两	共二万五千两	
	羽绫	自内地运来，每年约一百匹，全数售于蒙、番	每匹六两	共六百两	
	洋缎	自内地运来，每年约四百匹，售于蒙、番者半，本境销用者半	每匹八两	共三千二百两	
	白帕	蒙古谓之哈达，每年万余条	每条三分	共三百两	
手工 制品类	小刀	本境制成，每年约三千把，专售蒙、番	每把以二钱	共六百两	
	铁锅叉、马镫、马绊等	皆售于蒙、番，每年约三千斤	每斤三钱	共九百两	
	佛金	每年约一百万张，售于蒙、番、玉树各寺院	每张二厘	共二千两	
	铁锅	每年一千余口，大半售于蒙、番	每口一两五钱	共一千两	
	细泥瓷器	每年百余石，十之七、八售于蒙、番及藏番玉树	每石以六两估价	共六千两	
	小木筲	每年三千余件，均售于蒙、番	每件一钱	共三百两	
	木箱子	每年三千余件，均售于蒙、番，专盛挂面	每件三钱	共九百两	
其他	水烟	每年十余万斤，皆售于蒙、番	每斤一钱	共一万两	

　　光绪年间，"丹地出入货值，各至数十万之多"①，其中所出之货值与笔者的统计相差较大。究其缘由，主要是一些货品并未列有详细的数量和货值，故上述统计多有遗漏。比如丹噶尔银工"十之八九皆制蒙、番妇女辫套银饰。盖番妇每饰一具，需银十余两至二三十两，杂以珊瑚宝石，一妇之饰，恒至百余金。近年皮毛各货，价极腾跃。番、蒙皆蓄积丰饶，故丹地银工获资厚而炉锤亦日增"②。丹噶尔出产的醋"以麦麸子做成。寻常售用者，曰火醋。其经年曝晒久而浓稠者，曰陈醋。味极佳，藏、番多购之者，亦为出产之一宗"③。因上述销往牧区的银货、陈醋未列详细情形，故无法纳入统计，其中银货又价值高昂，蒙、藏商人购买时，当花费大量银两，故丹噶尔所出货值达银数十万两之多的记载，基本可信。不过，从"近年皮毛各货，价极腾跃。番、蒙皆蓄积丰饶"等的描述来看，蒙、藏商人在当时民族贸易供求关系中居于入超地位，这与丹噶尔本地商人因"外制于居奇之蒙、番，内制于多财之善贾"，而"铺户亏空闲歇者，踵相接背相望也"④ 的情形，形成鲜明对比。

　　清朝时期丹噶尔一地的民族贸易大致历经四个时期。⑤ 雍正、乾隆时，为初步发展时期；嘉庆、道光和咸丰三朝，为鼎盛时期，"每年进口货价至百二十万两之多"；咸丰末年至同治年间，丹噶尔"久

①　（清）杨志平：《丹噶尔厅志》卷五《商务出产类》（青海地方旧志五种），青海人民出版社，1989，第 285 页。

②　（清）杨志平：《丹噶尔厅志》卷四《矿物》（青海地方旧志五种），青海人民出版社，1989，第 269 页。

③　（清）杨志平：《丹噶尔厅志》卷四《植物》（青海地方旧志五种），青海人民出版社，1989，第 266 页。

④　（清）杨志平：《丹噶尔厅志》卷五《商务出产类》（青海地方旧志五种），青海人民出版社，1989，第 285 页。

⑤　杜常顺：《清代丹噶尔民族贸易的兴起和发展》，《民族研究》1995 年第 1 期。

经戎马，番货委积，顾问无人"，民族贸易急剧萎缩。① 光绪年间，丹噶尔民族贸易又有所起色，"嗣因收买羊毛之商来者日多，各项皮货贩者亦众，故货价皆蒸蒸日上，视曩昔似大有进步矣。然每年进口之货，推其报数约四十余万，较之曩昔，仅三分之一耳"②。民族贸易的兴衰变化，多与当时的政治局势有关，而支撑和促进青海民族贸易发展的主要力量，则是持续向内地输送牧区特产的同时又从内地采购各类货物的蒙、藏商人。自乾隆中叶始，青海蒙、藏商人交易的地点即在丹噶尔、西宁等地，直至清末，他们仍是青海民族贸易的主角，不仅向丹噶尔输出大量藏区特产，还从丹噶尔购买藏区居民所需各类货物，并贩运至牧区销售、使用，以"少货售多金"③，蓄积丰饶。

（二）蒙、藏商人对青海民族贸易的贡献

蒙、藏商人对晚清及民国初年青海民族贸易的贡献可从以下三个方面加以总结。

1. 蒙、藏商人开发了青海牧区及西藏等地的各类资源，促进了当地经济发展，他们与内地互通有无，提高了蒙、藏牧民的生活质量

自古以来，青海牧区是我国重要的畜牧业产地，史称"青海周围，牧场弥望，遍于山谷原野，无虑数千百万。皮毛之利，甲于内地"④。由西藏商上堪布及玉树土司运至丹噶尔等地的"藏货"和

---

① （清）杨志平编纂《丹噶尔厅志》卷五《商务出产类》（青海地方旧志五种），青海人民出版社，1989，第284页。

② （清）杨志平：《丹噶尔厅志》卷五《商务出产类》（青海地方旧志五种），青海人民出版社，1989，第284页。

③ （清）杨志平：《丹噶尔厅志》卷五《商务出产类》（青海地方旧志五种），青海人民出版社，1989，第285页。

④ （清）邓承伟等：《西宁府续志》卷十《志余》，青海人民出版社，1985，第556页。

"玉树番货",多为当地畜牧产品。由于当时交通条件甚为简陋,有些货物由"蒙、番自青海南北各路十余站至二三十站"① 才能运至丹噶尔,路途中往往耗费颇巨。即便如此,蒙、藏商人每年都用牛、骆驼等贩运货物,"车亦罕有用者"②。尽管条件艰苦,他们还是将青海牧区及西藏等地的各类畜牧产品源源不断地贩运至内地销售,使牧区资源得以开发。

表2-2和表2-3中所列的大多数畜牧产品由蒙、藏商人共同供货,他们对青藏地区牧业经济的发展做出了很大贡献。值得一提的是,清代青海牧区运往内地的食盐、湟鱼及大部分矿物类商品,皆由蒙古商人贩运、销售。《西宁府新志》记载,清代西宁府"民间所食青盐,出于青海地方,距宁五百余里,内地民人不能前往。惟蒙古驮载至县属之丹噶尔地方,与汉、番民人易换布匹、炒面等物"③。《丹噶尔厅志》卷四《矿物》载,青盐"出青海西南,去厅城西南四百余里蒙古地界。盐池南北狭长,周围二百余里。盐系天成,取之无尽。蒙古人用铁勺捞取贩至丹城贸易"。上述材料说明,产于今青海湖西南一带盐池之盐,皆由蒙古商人贩运至丹噶尔销售。清代前中期,环湖地区是蒙古王公辖地,雍正初年,平定蒙古各部后,川陕总督年羹尧曾建议清政府驻军盐池,但朝廷因"恐生事端",加之"口外各处番戎,凡驮皮张、硇砂等物至丹噶尔地方交易,向俱无税,今独于食盐征税,则盐价益贵,于民未便",故"仍

① (清)杨志平:《丹噶尔厅志》卷五《商务出产类》(青海地方旧志五种),青海人民出版社,1989,第274页。
② (清)杨志平:《丹噶尔厅志》卷五《商务出产类》(青海地方旧志五种),青海人民出版社,1989,第280页。
③ (清)杨应琚:《西宁府新志》卷一七《田赋·盐法》,青海人民出版社,1988,第436~437页。

照前例，任蒙古人等入口贩卖"①。直到光绪三十三年（1907 年），
"改为官盐，立局承办"②。清代西宁府居民所食之鱼大多产自青海
湖，也由蒙古商人贩至丹噶尔销售。《西宁府续志》卷十《志余》
记载："黄（湟）鱼，产于青海，无鳞而背有斑点，故又名无鳞鱼。
每年冬至前后，由蒙古人捞取到丹城出售，销路最广。"《丹噶尔厅
志》卷四《动物》记载，当地所售鱼类以"产于青海者最佳。附海
巴冷泊及入海布喀河中皆有之。长尺许及二尺，无鳞而背有纹班
（应为'斑'），色分黄、黑二种。由蒙古捞取运售。番人不食鱼亦
不捕鱼"。此外，"隆冲河之银在青海南，木勒哈拉之红铜在青海北，
柴达木之硫黄、火硝、硼砂及铅皆在青海以西，皆由蒙古运至丹邑
销售"③。由此可见，蒙古商人曾对清代青海盐业、渔业、矿产品贸
易做出过重要贡献，他们贩运至丹噶尔的上述货物由当地汉、回等
族商人分销，故不能将清代丹噶尔等地的民族贸易笼统地纳入回藏
贸易体系。

从蒙、番商人在丹噶尔所购货品来看，其中的食品、茶饮、布
匹、鞋帽、木箱、铁器等货品多为藏区必需之物。蒙、藏牧民"均
食炒面"，④"茶叶一项与口粮并重，向为番族所必需"⑤。当地所产
青稞不能满足需要，而茶叶全赖中原茶叶产地，故都需从内地大量
输入。马易茶的茶马贸易由来已久。自古以来，"羌戎俱嗜乳酪，不
得茶则困以病。故唐、宋以来，以茶博马法制御羌戎"，而"汉茶味

---

① （清）杨应琚：《西宁府新志》卷一七《田赋·盐法》，青海人民出版社，1988，第 436 页。
② （清）杨志平：《丹噶尔厅志》卷四《矿物》（青海地方旧志五种），青海人民出版社，1989，第 268 页。
③ （清）杨志平：《丹噶尔厅志》卷四《矿物》（青海地方旧志五种），青海人民出版社，1989，第 269 页。
④ （清）那彦成：《那彦成青海奏议》，青海人民出版社，1997，第 240 页。
⑤ （清）那彦成：《那彦成青海奏议》，青海人民出版社，1997，第 240 页。

甘而薄，湖茶味苦，于酥酪为宜，亦利番也"①。元明以来，西宁地区的茶马交易被纳入中央王朝的行政体系，且得到长足发展。清初，设陕西茶马御史一员，辖西宁、洮岷、河州、庄浪、甘州五处茶马司。康熙七年（1668年），裁陕西茶马御史，由甘肃巡抚兼理茶政。西宁茶马司的地位颇为重要。"西宁地方为通番大路，原额茶引，不敷民番食用。今加增茶引二千道。每引照例征茶五篦，折银四钱，共征银四千两。"②茶马司除进行具体的茶马交易及管理外，还负责盘查私带茶叶入藏。"带私茶者，查拿照私盐律治罪。如查验官故纵失察者，照依失察私盐处分。"③清中后期，茶马司的职能逐步为"歇家"所取代，④以马易茶的传统交易方式也逐步废止，而私带茶叶现象则日益突出，虽"例禁亟严，而番僧、蒙、番私相交易于境内者亦不少"⑤。然而，无论是清朝前期茶马司管辖下的茶马交易，还是清朝中后期以"歇家"为中介进行的茶叶交易，其最终结果皆为蒙、藏商人以较高昂的代价，将茯茶贩运至青海牧区及西藏等地，解决了当地百姓的日用之需，进而提高了当地居民的生活质量，贡献之巨，自不待言。

2. 蒙、藏商人的商贸活动繁荣了丹噶尔等地的市场，促进了当地商业、手工业的发展，为当地吸引了诸多外来客商，也促进了一些行业的发展

在丹噶尔，"蒙、番所售之货，丹人资以谋生者约居其半"⑥。

---

① （清）杨应琚：《西宁府新志》卷一七《田赋·茶马》，青海人民出版社，1988，第428页。
② （清）杨应琚：《西宁府新志》卷一七《田赋·茶马》，青海人民出版社，1988，第432~433页。
③ （清）杨应琚：《西宁府新志》卷一七《田赋·茶马》，青海人民出版社，1988，第434页。
④ 胡铁球：《"歇家牙行"经营模式的形成与演变》，《历史研究》2007年第3期，第88页。
⑤ （清）杨志平：《丹噶尔厅志》卷五《商务出产类》（青海地方旧志五种），青海人民出版社，1989，第281页。
⑥ （清）杨志平：《丹噶尔厅志》卷五《商务出产类》（青海地方旧志五种），青海人民出版社，1989，第277页。

丹噶尔商人"以收买羊毛、驼绒之各国洋商为大宗，其次皮商入货，以茶、布为大宗，而杂货亦与之相埒"①。按经营规模，商户的身份可分为"开铺从贾者""出口贸易者""开歇店以招住蒙、番者""提篮行贾者"四大类。② 上述不同类型的商人要么以采购蒙、藏商人贩至丹噶尔的各类货物以转手贸易为主，要么以向蒙、藏商人提供货物为主要经营业务。而外地商人的涌入极大地繁荣了丹噶尔的民族贸易。在丹噶尔与蒙、藏商人交易的外地商人大多来自山西、陕西、四川等地，他们"因工商业到丹，立室家，传子孙"③，成为新的汉族土著。"歇家"是因民族贸易的特殊性而兴起的一个行业。当时，"蒙、番进口，人生地疏，言语不通，其住宿买卖全惟歇家是赖"④。"歇家"往往由"领官凭者"充任，⑤ 他们除开店"招住蒙、番者"⑥ 之外，还须向青海办事大臣及各县衙门呈报蒙、藏商人采买口粮等事宜，以杜绝"私贩"。⑦ 当时，"蒙、番货物皆归歇店买卖"⑧，内地商人所购蒙、藏货物，亦"咸向歇家购买"⑨，加之歇家又有"官凭"，往往"挟制商户，刻待遐氓，无所忌惮"⑩。长此以

---

① （清）杨志平：《丹噶尔厅志》卷五《实业》（青海地方旧志五种），青海人民出版社，1989，第287页。
② （清）杨志平：《丹噶尔厅志》卷五《实业》（青海地方旧志五种），青海人民出版社，1989，第287页。
③ （清）杨志平：《丹噶尔厅志》卷六《人类》（青海地方旧志五种），青海人民出版社，1989，316页。
④ （清）那彦成：《那彦成青海奏议》，青海人民出版社，1997，第255页。
⑤ （清）杨志平：《丹噶尔厅志》卷五《实业》（青海地方旧志五种），青海人民出版社，1989，第287页。
⑥ （清）杨志平：《丹噶尔厅志》卷五《实业》（青海地方旧志五种），青海人民出版社，1989，第287页。
⑦ （清）那彦成：《那彦成青海奏议》，青海人民出版社，1997，第255页。
⑧ （清）杨志平：《丹噶尔厅志》卷五《实业》（青海地方旧志五种），青海人民出版社，1989，第287页。
⑨ （清）邓承伟等：《西宁府续志》卷十《志余》，青海人民出版社，1985，第556页。
⑩ （清）徐珂：《清稗类钞》第5册，中华书局，1984，第312页。

往，形成垄断，一些人成为"拥赀巨万，交通官府，与搢绅齿矣"①
的富商巨贾。清末民初，仅丹噶尔一地"营商业者约有千人，资以
食者千余人"②。当地商贸的兴盛，显然得益于蒙、藏商人在此地的
经贸活动。

丹噶尔手工业者的生计也多仰赖于蒙、藏商人。当地手工业
"以木、银、皮、铁四项为大宗，四者之艺，皆有资于蒙、番。"此
外，还有染工、画工、石工、窑工、毡工、缝工、口袋工、油漆工
等，"多则七、八家，少或一、二家"，大多也以制作蒙、藏商人所
需手工业产品为生。③ 各类手工业产品中，挂面"为出货之大宗"；④
木箱"以柳为之，售于蒙、番者极多，专盛挂面。本境工匠大半业
此"⑤，木碗、盒"以桦、柳等木制成，涂以彩色，售于蒙、番"⑥，
小刀"自三寸、七寸以至满尺等名目，皆蒙、番所用。随身佩之，
以宰割牛羊及寻常需用"⑦，马镫"以熟铁为之，售于蒙、番者极
多"⑧，皮靴"硝熟牛皮，使柔制成，染皂色，售于蒙、番"。⑨清末

---

① 周希武：《玉树调查记》，青海人民出版社，1986，第 143 页。
② （清）杨志平：《丹噶尔厅志》卷五《实业》（青海地方旧志五种），青海人民出版社，
　　1989，第 287 页。
③ （清）杨志平：《丹噶尔厅志》卷五《实业》（青海地方旧志五种），青海人民出版社，
　　1989，第 286 页。
④ （清）杨志平：《丹噶尔厅志》卷五《实业》（青海地方旧志五种），青海人民出版社，
　　1989，第 286 页。
⑤ （清）杨志平：《丹噶尔厅志》卷四《植物》（青海地方旧志五种），青海人民出版社，
　　1989，第 267 页。
⑥ （清）杨志平：《丹噶尔厅志》卷四《植物》（青海地方旧志五种），青海人民出版社，
　　1989，第 267 页。
⑦ （清）杨志平：《丹噶尔厅志》卷四《矿物》（青海地方旧志五种），青海人民出版社，
　　1989，第 270 页。
⑧ （清）杨志平：《丹噶尔厅志》卷四《矿物》（青海地方旧志五种），青海人民出版社，
　　1989，第 270 页。
⑨ （清）杨志平：《丹噶尔厅志》卷四《动物》（青海地方旧志五种），青海人民出版社，
　　1989，第 254 页。

民初，丹噶尔"计各项大小工艺，约四五百人。有资本者，养十人而有余，无资本者，养三人不足。故资工业以食者，约二千余人"①。可见，蒙、藏商人贩运牧区百姓所需各类货物的经贸活动，直接带动了丹噶尔手工业的兴起和发展。

此外，清代西宁府西宁县所辖多巴、鲁沙尔等地的民族贸易也多仰赖蒙、藏商人。多巴为清初"互市"之地，蒙、藏商人云集，史称："自汉人、土人而外，有黑番、有回回、有西夷、有黄衣僧，而番回特众，岂非互市之故哉？"鲁沙尔因塔尔寺闻名于世，"每岁六月，不分番夷，尽集于寺礼拜，寺无隙地，霍英所谓以拜佛为名者也"②围绕朝拜活动，鲁沙尔成为畜产品和民族宗教用品集散地，一些专为蒙、藏商人供货的行业也应运而生。直到民国时期，鲁沙尔镇的藏靴制作和销售仍是当地一大特色产业，"产品不仅供应来塔尔寺的蒙藏牧民，而且远销西藏、玉树、果洛、甘南等地"③。

3. 蒙、藏商人的经贸活动增进了内地与牧区之间的交流，进而推动了青海乃至西藏等地的社会发展

清代，蒙、藏商人是青海牧区及西藏等地居民了解内地乃至海外世界的重要中介。他们把产于内地的各种产品输往牧区，不仅提升了当地百姓的生活质量，与经贸息息相关的文化交流，也对牧区社会的进步与发展具有一定的促进作用。当时，蒙、藏商贸活动一般由藏传佛教寺院上层僧侣、王公贵族及土司头人控制④，在前近代社会，这些商人在民族地方社会既具有官商身份，也是当地宗教、

---

① （清）杨志平：《丹噶尔厅志》卷五《实业》（青海地方旧志五种），青海人民出版社，1989，第 286 页。

② （清）梁份：《秦边纪略》卷一《西宁卫》，青海人民出版社，1987，第 63 页。

③ 张生佑、赵永年：《建国前鲁沙尔镇的工商业概况》，载《湟中文史资料选（内部资料）》第 1 辑，1989，第 58 ~ 59 页。

④ 芈一之：《青海蒙古族历史简编》，青海人民出版社，1993，第 243 ~ 244 页。

社会上层人物，他们购买、消费内地商品的行为往往具有一定的示范效用。清末民初，大宗国外商品涌入丹噶尔，"彼欧西各邦，若英、若俄、若德，皆遣其华伙，梯航远来，麇集丹地，岁输白金数十万，盛矣"①。洋商不仅从丹噶尔购买各类皮货，还向蒙、藏牧区推销洋布、"雨盖洋伞、洋巾、花边、脂粉、洋胰、洋药水、雕刻木器、洋磁漆盘之类"，"花样新出，夺目炫睛"②。通过购买和消费这些洋货，蒙、藏地区的社会上层人士也开始逐步接受欧风美雨的洗礼，这也在一定程度上加强了牧区与外部世界的联系，为牧区社会的近代化转型奠定了一定的基础。

蒙、藏商人不仅定期到丹噶尔贸易，还或至郡城西宁公干，或到塔尔寺等地朝拜，有些人还由此远涉中原，在往来牧区与内地之间的过程中，他们把一些牧区的饮食品种及饮食习惯传播至丹噶尔等地。赵荣光先生认为，17～18世纪，我国已形成12个饮食文化圈，其中包括西北饮食文化圈和青藏高原饮食文化圈。③ 受青海牧区饮食文化影响，丹噶尔及青海东部农业区也有一些肉类、奶酪类饮食，其中最为知名的当为"手抓羊肉"。"手抓羊肉"是青海牧区最为常见的肉类食品，蒙古、藏族群众将新鲜羊肉置入锅中煮熟或半熟，捞出后佐盐即食，丹噶尔等地的百姓也依循牧区做法，长此以往，成为当地一道特色美食。丹噶尔人"皆喜食羊肉。依蒙、番俗，六、七人共煮一大块，重十余斤，手裂而啖，同席皆然，不以为嫌。家常所食，亦用以请客，惟需盐、醋、蒜三种，以助滋味。八、九

---

① （清）杨志平：《丹噶尔厅志》卷四《地理》（青海地方旧志五种），青海人民出版社，1989，第234页。

② （清）杨志平：《丹噶尔厅志》卷四《商务出产类》（青海地方旧志五种），青海人民出版社，1989，第284页。

③ 赵荣光：《中国饮食文化史》，上海人民出版社，2006，第33～35页。

月番羊多时，几于比户皆然，谓之'手抓羊肉'云"①。此外，来自牧区的酥油也为丹噶尔人所接受。酥油"以牛羊乳制成之，用以和茶及拌炒面之需"②。丹噶尔"土人亦嗜食焉，宁郡、兰省皆有食之者"③。青海河湟为多元民族杂居之地，大多有饮用"熬茶"的习惯。"熬茶"就是用茯茶加盐熬成的茶类饮品，是青海牧区最为常见的茶饮，后为东部农业区百姓所接受。清末民初，丹噶尔"有藏番所饮之茶，尝以茶叶熬成，灌入长木桶，和酥油以木杵舂之，经三、五次而后成，名曰打茶。邑人多喜饮之，每人至三四十碗，有终日彻宵不休者"④。丹噶尔地处"内地"与"边外"交界地带，两种饮食习惯在此地交汇是民族文化相互交融的结果，而在这一漫长的交融过程中，频繁往来于"内地"与"边外"之间的蒙、藏商人显然起到了穿针引线的作用。

蒙、藏商人的经贸活动增进了各民族文化的交流。青海及西藏地区各民族之间自古以来在经济上互通有无，在文化上相互影响，交往关系较为紧密。靠近牧区的汉、回、土等族"多通晓蒙、番文字、语言，常与蒙、番互市，以博微利"⑤。当时，各民族之间往往以茯茶、糖包作为馈赠礼品，蒙古、藏族把赠送哈达视为贵重礼节，礼品的多寡、轻薄也往往视具体情况而定，"无论汉、回、土人，互相交际，均以茶封、糖包为常仪，番民亦以茶封、糖包为常仪，惟

---

① （清）杨志平：《丹噶尔厅志》卷五《风俗》（青海地方旧志五种），青海人民出版社，1989，第293页。
② （清）邓承伟等：《西宁府续志》卷十《志余》，青海人民出版社，1985，第557页。
③ （清）杨志平：《丹噶尔厅志》卷五《商务出产类》（青海地方旧志五种），青海人民出版社，1989，第279页。
④ （清）杨志平：《丹噶尔厅志》卷五《风俗》（青海地方旧志五种），青海人民出版社，1989，第293页。
⑤ 王昱、李庆涛编《青海风土概况调查集》，青海人民出版社，1985，第63页。

上蒙丝巾一块，番语名曰'哈达'，上有绣佛像者最精，多系丝麻织成者。彼此交换哈达，乃番民最重之礼节，再重则氆氇、藏香等物，各随感情作用，以定厚薄"①。在交往过程中，各民族之间还形成了一定的礼仪，"汉、回、土人或相揖，或相互鞠躬，惟番民则合十礼佛，伏首至膝，甚为恭敬"②。从上述材料可以看到，各族群众之间的交往内容往往是具体的贸易活动，而在交往过程中，相互学习语言、文字，尊重彼此习俗礼仪的现象，无疑促进了各民族文化之间的交融。

4. 从清末以来丹噶尔民族贸易衰败的各类因素中，亦可探知蒙、藏商人对青海民族贸易的重要影响

晚清以来，丹噶尔贸易呈萧条之势，藏货价钱飞涨，当地商户利润大不如前。当时，清政府国运衰败，无力维护边贸互市之旧规，加之环青藏地区民族贸易的兴起及英国殖民者对西藏等的觊觎、渗透，蒙、藏商人不再仅限于丹噶尔一地与内地商人交易。史称："昔年蒙古、西番、藏番、玉树各商之货，皆聚于丹邑，毫无他泄。近来藏、番之货，西泄于英吉利、印度之商；玉树远番之货，南泄于打箭炉、松、茂之川商；蒙古近番之货，北则甘、凉、瓜、沙，南则洮、岷、河州，无所不之。"③在这种情形下，"蒙、番贸易之途，分歧多方，事不归一，即以鹿茸一物而论，昔年至千七百余架之多，今则三四百架而已，其他皮毛各货之衰减数亦类是，以价之过昂也"④。针对这一情况，时人提出"藏番进口贸易，宜以定口为售货

---

① 王昱、李庆涛编《青海风土概况调查集》，青海人民出版社，1985，第62页。
② 王昱、李庆涛编《青海风土概况调查集》，青海人民出版社，1985，第62~63页。
③ （清）杨志平：《丹噶尔厅志》卷五《商务出产类》（青海地方旧志五种），青海人民出版社，1989，第284~285页。
④ （清）杨志平标注《丹噶尔厅志》卷五《商务出产类》（青海地方旧志五种），青海人民出版社，1989，第285页。

之所，而不可任其自由贸易"①。然而，世易时移，这一局面并非能
轻易扭转。加之丹噶尔手工产品制作"陋劣"，蒙、藏商人转而与其
他地方交易，这也导致当地"旷工甚多"。② 上述情形说明，丹噶尔
民族贸易的兴衰在很大程度上取决于蒙、藏商人在此地经贸活动的
具体状况，这也能够证明蒙、藏商人对晚清及民国初年的青海民族
贸易的发展曾起到过重要作用。

　　如果说清末民初以丹噶尔为中心的河湟经贸活动为河湟社会文
化近代化转型奠定了基础的话，那么北洋政府至国民政府时期，河
湟地区与内地之间进行的一些商贸活动则更能典型地体现出商贸活
动对河湟社会文化近代转型的重要作用，笔者拟以近代青海的羊毛
贸易来说明这一点。

　　青海牧区向来是我国西北地区羊毛主产地，特别是藏系绵羊毛
颇受市场推崇，人称"西宁毛"。清末，青海羊毛大规模输往国
外，成为河湟地区向外输出的代表性大宗商品，至民国初，青海
地区出产的羊毛至少占全国出口量的40%。近代以来，青海羊毛
出口经历了大规模扩张、平稳发展、繁盛、急剧衰退、恢复性繁
盛、持续萎靡六个阶段，输出量在250万～2000万斤之间波动。③
仅从1913～1922年的相关数据就可看出当时羊毛贸易呈现出中原
内地与河湟地区的紧密联系，以及这一商品贸易的国际化（见表
2-4）。

---

① （清）杨志平：《丹噶尔厅志》卷五《商务出产类》（青海地方旧志五种），青海人民出版
社，1989，第280页。

② （清）杨志平：《丹噶尔厅志》卷五《商务出产类》（青海地方旧志五种），青海人民出版
社，1989，第287页。

③ 胡铁球：《近代青海羊毛对外输出量考述》，《青海社会科学》2007年第2期，第172页。

表 2-4　1913~1922 年青海羊毛输出情况

单位：担，%

年份 地区	1913	1918	1919	1920	1921	1922	总量	所占比重
天津	221513	276911	279374	81801	403643	433863	1697105	83.36
大连	104	12526	26075	9975	5285	23263	77228	3.79
胶州	3099	4782	1730	3452	2991	2894	18948	0.93
重庆	31985	14970	21526	12875	4335	24874	110565	5.43
汉口	755	10365	2791	1508	980	1176	17575	0.86
上海	10570	9863	4198	3783	30974	24361	83749	4.12
其他	3029	7728	9358	2016	1400	7225	30756	1.51
总计	271055	337145	345052	115410	449608	517656	2035926	100

资料来源：胡铁球《近代青海羊毛对外输出量考述》，《青海社会科学》2007 年第
2 期，第 173 页。

从表 2-4 可以看出，羊毛贸易将河湟地区与天津、大连、胶
州、重庆、汉口、上海等地联系起来，使该地区被纳入当时的国内
国际贸易体系之中。北洋政府及国民政府初期，河湟地区羊毛贸易
主要由山西、陕西客商经营，清光绪十四年（1888 年）在西宁设立
的山陕会馆一直是这一商贸团体汇聚的根据地和历史见证，他们或
以歇家身份参与羊毛交易，或设立商号直接经营羊毛出口，以客商
身份、以商贸活动把河湟地区与内地中原连接起来。[①] 青海建省后，
马步芳政府以官营形式逐步将羊毛贸易垄断起来，山陕商人的羊毛
经营业务受到冲击，但商业主体的变化并没有阻断河湟地区与内地
中原及国外的联系，加之国民政府在包括青海牧区在内的西北地区

---

① 任斌：《略论青海"山陕会馆"和山陕商帮的性质及历史作用》，《青海师范大学学报》
（哲学社会科学版）1984 年第 3 期，第 100~104 页。

推行畜种改良和牧草推广，并初步建立畜疫防治体系，[1] 使青海牧区接触到了近代科技。上述因素都加快了河湟地区内地化的步伐。

（三）商贸活动对近代河湟地区社会文化属性的影响

通过以上的分析，我们可以看出商贸活动的兴盛在很大程度上影响近代河湟地区的社会文化属性。

首先，自古以来，青海牧区与中原地区的经济往来使青海河湟地区成为贸易活动的中心，也使这一地区原有的独立经济体系较早地瓦解。青海河湟地区地处青海牧区与中原地区之间，是进行商贸活动的一个中介地区，因此这一地区成为中原地区茶叶、米面、丝绸等物品输往牧区的一个过渡地区，也是牧区特产销往中原的一个中转站。在这样的商贸关系中，青海河湟地区的经济体系具有从属于中原地区且服务于青海牧区的特征。

其次，游牧业的经济特性更倚重商业贸易，以换取必需的生产、生活资料，[2] 这使青海牧区与中原地区的经济体系之间产生依赖和从属的关系。尽管从文中可以看出，蒙、藏商人对青海河湟地区商贸的兴盛也做出过贡献，但从近代以来中原与青海牧区的商贸活动呈现出内地化的趋势，从羊毛贸易看也有国际化的因素。

最后，尽管这一地区的商贸活动整体上呈现出内地化的趋势，但无论从商贸主体看，还是从商贸品类看，青海河湟地区的商贸活动也有它的特殊性。比如，在商贸主体中蒙、藏商人及回族商人、西域商人的参与，使这一地区的商贸活动具有典型的民族性、地域性特征；从商贸品类看，以羊毛、皮货、虫草等为交易内容的商贸

---

① 黄正林：《民国时期甘宁青畜牧业的近代化问题》，《青海民族研究》2013 年第 4 期，第 139~145 页。

② 崔永红：《青海经济史（古代卷）》，青海人民出版社，1998，第 32~33 页

活动，也迥异于内地。商贸活动在促进内地化的同时，又以其经济活动的特殊性维持了与之相关的一些群体在经济领域的独特地位，而这种特殊商贸活动的持续也在一定程度上弱化了内地化在青海牧区的影响力，这一点应当引起关注。

综上所述，近代以来，政治文化的变革、民族主义思潮的传播、内地中原人口的迁入，以及商贸活动的内地化等，都是促使河湟地区社会文化近代化的因素，这些因素从不同方面改变着河湟地区原有的社会结构，催生新的社会文化因子，使内生的地方性社会文化逐步让位于近代文化。同时，受内生社会秩序的影响，河湟地区社会文化向近代文化变迁的过程，既非完全与中原地区均质化，也非完全朝着近代文化发展，这些现象集中体现了民族边疆地区的特殊性。

|第三章|

民族边疆：青海河湟地区社会文化的近代转型

通过前两章的研究，笔者把传统时代青海河湟地区的社会文化属性归纳为"华夏边缘"。历史上曾活动于这一区域的诸少数民族本身就是"华夏边缘"，他们基于地缘、历史记忆与社会生活形成的边缘地带，成为华夏民族审视自身存在状态的一面镜子，而他们基于地缘关系、内生的地方秩序等因素形成的文化传统则是这一地区社会文化的基本属性。

地缘上的特殊性是"华夏边缘"得以存续的一个前提，这种特殊性不仅是指华夏边缘处于中原华夏的边缘地区，而且要么与其他政权接壤，要么与某些地方势力毗邻，这种地缘上的特殊性决定了这一地区不是中原政权的统治核心区域，当地的民族人口结构、社会文化表现皆与内地不一致。在传统时代，无论是以民族还是以地方政权和地方势力为单元的地方政治秩序，"华夏边缘"都具有不同于中原地方政治势力的特质，即在地方政治事务中的自治权力。"华夏边缘"社会文化不同于中原的一个重要标志就是它的地方秩序中具有异于中原的政治因素，这使得华夏边缘地区始终与中原政治、经济及文化有关联，但是，在上述各项因素中，它始终处于不同于中原的边缘地位。

近代以来的边疆行政改革、民族主义思潮的传播及移民商贸活动的深化，使"华夏边缘"存续的地缘条件逐步丧失，特别是地方秩序自治权力的丧失，使这一地区的统治模式、政治表现完全与中原一致，地方秩序发挥作用的政治空间基本萎缩，在这样的政治形势下，尽管这一地区的地理位置没有发生变动，其民族结构也基本与之前保持一致，但是其政治地位变动引发的社会文化及表现形式的变迁已不可避免，青海河湟地区作为"华夏边缘"的政治条件基本瓦解，这就意味着对这一地区的政治、经济、文化地位及居民身份等须重新进行定义。① 而晚清以来的行政改革、民族主义思潮的传播、内地移民的到来，以及河湟地区商贸活动的进一步内地化，都是促使这一地区社会文化近代化的因素。

笔者认为近代青海河湟社会文化属性可以用"民族边疆"来归纳。所谓"民族边疆"，首先是指它在政治体制上具有与中原内地同样的行政建置，国家行政权力可以直接管辖该地区的政治、经济及文化事务。具体来说，民族边疆地区在政治、经济及文化上的地位与属性首先要服从于"均质化"的统治模式，只有这样，"民族边疆"的社会文化属性及其特殊性才能成立。在这一大前提下，青海河湟地区之所以称为"民族边疆"，而不把它看作与中原地区毫无二致的一个区域，还在于它的社会文化属性具有一定的特殊性。这一特殊性既与其"华夏边缘"的古代社会文化属性有关，也与特殊的地缘条件及民族构成有关。

---

① 王东杰：《华夏边缘与"近代性"：一九二九年的西番调查》，《读书》2005 年第 6 期，第 62～71 页。

在本章中，笔者拟从国民身份、教育、社会生活等方面进一步论证青海河湟地区社会文化属性过渡与变化的具体表现及其影响，在此基础上，讨论民国时期青海河湟地区在内地化、近代化、西方化的过程中，与具有地方性、民族性特征的社会文化现象相交织的情形，进而分析和反思青海河湟作为民族边疆地区在社会文化属性上的一般性与特殊性。

第一节　从土民到国民的身份转变

先秦至清代前中期，青海河湟地区居民的社会身份具有一定的特殊性，一方面随着中央王朝在此地统治力量的强化，一些当地居民被编户齐民，从而拥有了与中原居民同样的社会身份；另一方面在内生的地方秩序中，由当地土司、千百户等统治的土民则具有与中原居民完全不同的社会身份，而土民群体的存在反映出青海河湟地区社会文化属性的地域特色，是华夏边缘社会文化属性得以存续的社会基础。民国时期，在青海建省及县制改革等的影响下，实现居民身份从土民到国民的转换，十分鲜明地体现了青海河湟地区社会文化属性从华夏边缘到民族边疆的过渡与转型。

一　居民身份的历史变迁

居民身份的转型，既是一个政治问题，也是一个深具文化内涵的问题。从政治史角度看，居民身份的转换实际上是由统治方式来决定的。在青海河湟地区，编户齐民的百姓与受内生地方秩序辖制的百姓，其身份之不同正是因对应的统治方式不同所导致的。从文化史角度看，居民身份的不同说明其文化归属的不同，而其身份的转换则说明与之相关的社会文化也在发生着变迁。

（一）先秦至明清时期居民身份的变化

先秦时期，青海河湟地区居民身份及其变化的动因皆与当地的社会文化直接相关，尽管与中原地区有互动关系，但其居民身份属性及其认定方式皆不受中原社会文化及政治势力的控制或影响。具体而言，在未进入文明阶段的时代，当地羌戎民族是土著居民，即使是来自仰韶文化的粟作农业部落，经过长时期的发展，也已完全土著化。① 这些土著居民为原始人群，其文化属性也属于土著的原始文化，加之当时没有进入国家阶段，居民身份往往与其所属的部落相关，一般居民也受到部落首领的控制，因此这一时期青海河湟地区是一个文化上相对独立的区域。距今 4000 年左右，中原地区进入文明阶段，青海河湟地区尽管有一些文明的发展要素，但仍未进入文明阶段，当地羌戎民族仍处于部落阶段，当地居民的社会身份即为土著的部落居民。从相关史料看，青海河湟居民相对独立的社会身份一直持续到西汉中期。

汉王朝政治、军事势力进入青海河湟地区后，当地族群结构及居民身份随之发生了大的变化。随汉军进入青海河湟的军人家属、驰刑徒及应募之人皆为中原汉人，他们的到来首先改变了当地原有的族群结构，同时使当地拥有了为数不少的服从中原政治秩序的居民。在汉王朝军事镇压及政治威逼之下，一些当地羌人被迫臣服于汉王朝的统治，被纳入汉王朝屯田体系及受到护羌校尉辖制的所谓

---

① 侯光良等：《晚冰期以来青藏高原东北缘人类的迁移与扩散》，《干旱区研究》2013 年第 1 期，第 149～155 页。

"归义羌"的社会身份，也从原来的土著居民变成汉王朝的臣民。①
与此同时，大量未纳入汉王朝统治体系的羌人、小月氏等仍为土著
居民。在这一时期，青海河湟地区已成为典型的华夏边缘，这一社
会文化属性的典型标志之一即是当地居民在社会身份上的多重性与
模糊性。所谓多重性，是指当地外来人口与土著居民因分属于不同
的政治势力，从而构成了身份上的多重性；而所谓模糊性，则指一
些土著居民虽已纳入中央政权的军事、行政体系之中，但因他们叛
服无常，有时受汉王朝管辖，有时又属于羌人部落居民，身份上具
有模糊性。居民身份上的模糊性反过来印证了当地社会文化的多元
性和文化边界的模糊性，进而说明当地的确属于华夏边缘地区。

　　魏晋南北朝时期，青海河湟地区成为各民族文化融会之地，中
央王朝及汉族地方政治势力在当地的影响力随其军事、政治力量而
消长，当地土著居民羌人在各方面的影响力在逐步消退，而外来的
鲜卑、吐谷浑等民族的势力在逐步增长。在复杂多变的民族关系中，
当地居民的社会身份也变得十分复杂。这一时期，青海河湟地区既
有臣服于中央王朝及汉族地方政治势力的臣民，也有仅受本部落管
辖的土民，还有服从本民族政权的人群。这些居民复杂、多变的社
会身份进一步说明当地作为华夏边缘的社会文化属性的进一步深化，
也说明当地文化边界的日趋模糊化。文化边界的模糊化是指由于各
民族文化的融会，使得当时建政于此或政治势力延及此地的"五凉"
政权，既具有民居身份上的边界及本国文化的特殊性，同时又受到
中原文化的影响，同时并存的地方政权之间也相互影响，这使中原
华夏与少数民族边地之间在文化上的界限变得更加模糊。

---

① 周宏伟：《两汉时期河湟地理环境探索——兼论汉羌争战的主要原因》，《青海社会科学》
1988 年第 2 期，第 84～89 页。

隋朝至唐代中期，中央王朝重新控制青海河湟地区，在州、县体制下被编户齐民的人口重新成为中央政权的臣民，而那些属于少数民族头领管辖，为中央王朝羁縻统治的人口则仍为土民。随着吐谷浑的强大和吐蕃势力的北上、东进，青海河湟地区作为华夏边缘的政治、军事意义逐步上升，当地居民在中央王朝统治体系中扮演的政治角色也在强化。安史之乱后，吐蕃对青海河湟地区各民族实行强制同化政策，当地的族群结构和居民身份因此发生了大的改变，① 原有的华夏边缘的社会文化属性也随之发生了大的改变，而这些变化的结果是当地成为典型的藏人地带。

两宋时期，青海河湟地区重又成为地方割据政权把持之地，加之宋王朝在当地统治力量薄弱，使当地的居民身份因时因地发生着变化：在整体上，当地居民属于青唐政权等地方势力的子民，宋王朝势力延及此地后，随之而来的汉族移民和被宋王朝征服的当地居民则又成为中央王朝的臣民，加之一些藏族部落划地分治，属于部落统辖的人口也为数不少。和唐朝中后期的情形相比，这一时期的文化边界变得较为模糊，居民身份的构成也较为多元。

元代时，青海河湟地区成为色目人聚居之地，当地的汉人则多数被迫迁至中原，当地藏族中家族性政治势力开始膨胀，加之当时中央王朝政治势力及其文化属性本身具有浓郁的少数民族特色，因此作为华夏边缘的青海河湟地区的社会文化也呈现出前所未有的特点。当地藏族居民基本属于色目人种，政治上受到优待，而蒙古人优容藏传佛教，使当地的宗教文化及与藏传佛教有亲缘关系的一些藏族部落首领拥有尊贵的社会身份。

---

① 杨铭：《试论吐蕃统治下的汉人地位》，《民族研究》1988 年第 4 期，第 93～97 页。

明清时期，青海河湟地区居民的社会身份随时代演进而发生大的变化。例如，笔者在第二章中分析的，汉族移民的到来及汉人土著居民的增多，不仅改变了原有的族群结构，也使当地居民的社会身份构成发生了大的变化。总体上，这一地区仍为藏人地带，藏族人口仍占较大比例，但汉族在政治、经济、文化上发挥的作用比前代要大，加之回族、土族等少数民族人口的增多，使当地居民的结构及其文化属性的多元性也在改变。从政治史角度看，由于中央王朝在此地统治势力的增强，华夏边缘的社会文化属性及其政治内涵逐渐淡薄；从文化史角度看，由于民族成分的增加，藏传佛教、伊斯兰教等少数民族宗教文化的影响也在逐步深化，使华夏边缘社会文化属性中的宗教文化因素在进一步增强，而中原地区的儒学、道教、汉传佛教文化也对当地一些少数民族产生前所未有的影响，进而使得与之相关的文化边界日趋模糊。

（二）晚清及民国时期居民身份的变化

1. 居民身份变化的时代背景

晚清及民国时期，在近代化的时代大背景下，青海河湟地区居民的社会身份也随之发生了大的变化，而导致这种变化的因素如下。

（1）从族群构成上看，汉族人口在显著增加，回族、土族等少数民族人口也在增长，原属典型的藏人地带的青海河湟地区成为多民族聚居之地，当地社会文化呈现出多元并存的态势。①

（2）随着清朝统治在此地的强化，以及民国时期建省及县制改革等的推进，当地的行政设置完全内地化，这使得作为华夏边缘的各种政治条件得以瓦解，而作为民族边疆的政治、经济及文化属性

---

① 杜常顺：《论河湟地区多民族文化互动关系》，《青海社会科学》2004 年第 4 期，第 120 ~ 124 页。

得以确立，这些变化意味着需要重新确定当地居民的社会身份。

（3）民国时期青海河湟地区的一些宗教势力、边缘地区的土司等仍拥有部分特权，他们所统治的土民社会身份的转化，历经了一个较长的时期。这种特殊的地方政治及文化状况，也是导致当地居民身份变化的一个因素。

2. 居民身份变化的结果

在上述因素的影响下，当地居民社会身份变化的结果也可以归纳为以下几个方面。

（1）晚清时期仍为大清臣民的居民，在民国时期具有了近代国民身份。晚清及民国时期，青海河湟地区的县制改革在逐步深化，特别是青海建省后，县制改革的范围已超越青海河湟地区，深入青海牧区，这就意味着原来属于大清帝国的臣民们，因政治变革拥有了新的身份，即国民身份。

（2）国民身份结构的多元化。从族群结构的角度看，拥有国民身份的居民，其民族结构也是多元的，原来属于清朝臣民且被编户齐民的汉族、回族、土族、藏族等民族，在新的行政体系中一并被赋予新的身份，从而使国民身份结构具有了多元性，而这一点十分具体地反映出当地作为民族边疆地区的社会文化属性。

（3）部分土民的存在说明国民身份的构建具有浓厚的地方特色。晚清时期，蒙、藏王公、千百户及土族、回族等土司仍拥有部分特权，他们控制和管理的人口皆可称为土民，这些人口没有被编户齐民，因此不受地方政府的管辖，而听命于王公、千百户及土司。民国以来，上述王公、千百户及土司的特权逐步被取消，多数土民的社会身份也变为国民。但是，当时仍存在着一些具有特权的宗教及地方势力，受他们管辖的居民社会身份的近代转型也因特殊的政治环境而形成特殊的社会现象，这进一步说明了民族边疆地区在社会文化方面的确具有特殊性。[1]

二 从户口统计看居民身份的近代转型

居民身份的近代转型还可以通过当时的户口统计得以证实，从中既可看出纳入国民体系的人口数量，也可看出逐步被国民化的土民数量。

青海建省前后，中央政府在青海的县制改革主要限定在青海河湟地区，除共和县是青海建省当年新设立的县外，其他皆是建省前所设立的。从地域范围上看，黄河流域的同德、兴海仍未设县，而属贵德县辖区的尖扎、同仁等地也未析置，而湟水流域基本已设县。在人口数量上，共和、贵德等县的人口数并非当地真实的人口数量，而仅指被纳入当时地方政府税收、司法体系中的人口数（见表3-1）。在青海建省前后，青海河湟地区还有为数不少土民的生存境遇、社会环境处于前近代状态，他们的社会身份本身也昭示着华夏边缘的社会文化属性的痕迹。

表3-1 青海建省时人口统计

县别	面积（平方里）	人口数	每10平方里人口数
乐都	13500	68495	50.7
民和	12000	52005	43.3
互助	13000	94601	72.8
大通	23200	79008	34.1

---

[1] 崔永红：《论青海土官、土司制度的历史变迁》，《青海民族学院学报》2004年第4期，第102~109页。

续表

县别	面积（平方里）	人口数	每 10 平方里人口数
湟源	11000	23700	21.5
共和	24000	20240	8.4
贵德	37800	18042	4.8
循化	16800	25635	15.3
化隆	12600	23485	18.6

注：平方里为王昱、李庆涛编《青海风土概况调查集》（青海人民出版社，1985，第29页）中所采用的单位。由于中国历代"里"的长度并不统一，故无法换算成现代标准。这里仍采用原书单位不影响对河湟地区的人口分析。

青海建省后，特别是抗日战争前后，青海省政府加大了裁抑王公贵族、千百户及土司统治权的力度，受他们管控的人口逐步减少，这种现象也反映在当时的人口统计数据中。同仁县本为藏族聚居区，但在人口统计中不见藏族人口数（见表3-2），说明当地藏族人口未纳入国家统一的户口管理。

表 3 - 2　1936 年青海省各县民族户口

单位：户，人

县别	汉族		回族		藏族		蒙古族		土族	
	户数	人口	户数	人口	户数	人口	户数	人口	户数	人口
西宁	18010	109231	7001	49385	851	7001				
贵德	4422	10002	2334	4321	5164	22006	2339	5231		
都兰					2600	10400				
循化	604	3390	2708	15916	1200	6422				
门源	1000	5030	506	2101	508	2200				
互助	6000	51197	230	1800	300	1900			1200	29804
湟源	4059	12611	317	11104						
民和	2500	12500	500	2500	500	2500			2000	10000

续表

县别	汉族		回族		藏族		蒙古族		土族	
	户数	人口	户数	人口	户数	人口	户数	人口	户数	人口
大通	5604	38800	4723	23000	800	4700			1593	5000
化隆	1080	7142	2113	7000	1364	3005			130	500
乐都	8627	49506	229	1042	521	9540			312	6330
共和	290	1370	56	145	3000	12000	800	3010	24	89
同仁	120	500	130	508						
合计	52316	301279	20847	118822	16808	81674	3139	8241	5259	51723

资料来源：《青海省户口档案（1936 年）》，青海地方志办公室内部档案资料，档案编号：人口类，62：5。

从 1943 年的青海省人口统计来看，同仁、同德等少数民族地区人口已纳入统计，但兴海未纳入统计（见表 3 – 3）。

表 3 – 3　1943 年青海省部分地区人口统计

单位：户，人

辖区	户数	人口数	每户平均人口	男子数	女子数	性别比	壮丁数	备注
总计	264755	1533853	5.79	774890	758963	102.10	76551	
西宁	41170	272796	6.63	142318	130478	109.07	13029	包括省会户口在内
互助	16786	123389	7.35	63372	60017	105.59	14239	
大通	14330	99635	6.95	51887	47748	108.67	13178	
亹源	3559	25870	7.27	13119	12751	102.89	4436	
乐都	14791	98463	6.66	51725	46738	110.67	11118	
民和	13448	106086	7.89	57830	48256	119.84	11141	
循化	5895	30680	5.20	14461	16219	89.16	1303	

续表

辖区	户数	人口数	每户平均人口	男子数	女子数	性别比	壮丁数	备注
共和	3726	17029	4.57	8107	8922	90.87	—	
同仁	308	2365	7.68	1212	1153	105.12	92	
贵德	6906	36791	5.33	17129	19662	87.12	2417	
化隆	9830	56075	5.70	26933	29142	92.42	2814	
湟源	8009	48436	6.05	25342	23094	109.73	2784	
玉树	9942	57910	5.82	19359	38551	50.22	—	
都兰	26910	133585	4.96	46672	66913	99.64	—	
囊谦	2190	13200	6.03	4413	8787	50.22	—	
同德	84200	398700	4.73	204374	194326	105.17		
海晏	1202	5642	4.69	2815	2827	99.58	—	
祁连设治局	1550	7201	4.65	3822	3379	113.11		

1944 年 12 月青海省人口统计结果显示，兴海及塔尔寺属地的人口已纳入统计，与之相关的数据是根据估算数据来测算的（见表 3-4）。

表 3-4　1944 年青海省人口统计

单位：户，人

辖区	户数	人口数	每户平均人数	男子数	女子数
总计	206384	1360358	6.60	699630	661719
西宁	44546	277140	6.22	141508	135623
互助	16807	123305	7.34	63040	60265
大通	14298	99623	6.97	51721	47902
亹源	3672	26465	7.21	13604	12861
乐都	14791	98463	6.66	51725	46738

续表

辖区	户数	人口数	每户平均人数	男子数	女子数
民和	13448	105086	7.89	57830	48256
循化	5831	32664	5.60	16019	16645
共和	3726	17029	4.57	8107	8922
同仁	295	2229	7.56	1159	1070
贵德	6908	36909	5.34	17138	19771
化隆	9967	57290	5.75	27531	29759
湟源	4667	28040	6.01	14697	13343
玉树	9000	67000	7.44	34434	32566
称多	4000	29000	7.25	14904	14096
都兰	6000	40000	6.67	20557	19443
囊谦	4000	30000	7.50	15418	14582
同德	5000	35000	7.00	17987	17013
海晏	1196	5642	4.72	2815	2827
兴海	6000	40000	6.67	20557	19443
祁连设治局	1550	7201	4.65	3822	3379
通新设治局	5000	35000	7.00	17987	17013
西乐设治局	6000	40000	6.67	20557	19443
和兴设治局	6000	40000	6.67	20557	19443
和顺设治局	6000	40000	6.67	20557	19443
香德设治局	7000	45000	6.47	23127	21873
直属塔尔寺	682	2272	3.33	2272	—

注：1. 青海省未编保甲各县局户口的有玉树、称多、都兰、囊谦、同德和兴海 6 县及通新、西乐、和兴、和顺和香德 5 个设治局。

2. 同仁县除已编保甲外，有约 23600 人未列入该县。

资料来源：根据青海省地方志办公室《青海省政府报部之青海已编保甲各县户口统计表》和《青海省未编保甲各县局户口概数估计表》编制。

从以上统计数据来看，当时青海省统计人口的依据之一为当地百姓是否被纳入保甲体系。由此可见，至 1944 年，属于青海河湟地区的同德、兴海两地的居民实际上仍为土民，而同仁县未编入保甲体系的人口大约有 23600 人。根据 1944 年青海省已编保甲县的人口数据估计未编入保甲的人数近 93 万人。

表 3 – 5　1944 年青海省未编保甲各县局人口概数

单位：人

辖区	人口数	男数	女数
总计	928658	477388	452180
玉树	67000	34434	32566
都兰	40000	20557	19443
囊谦	30000	15418	14582
称多	29000	14904	14906
同德	35000	17987	17013
兴海	40000	20557	19443
西乐设治局	40000	20557	19443
和顺设治局	40000	20557	19443
和兴设治局	40000	20557	19443
香德设治局	40000	20557	19443
通新设治局	35000	17987	17013

资料来源：《青海省各县乡镇保甲户口统计表（1944 年）》，青海地方志办公室内部档案资料，档案编号：人口类，62：3。

1945 年 5 月，青海省对辖区人口又做过统计，所得数据与 1944 年略有差别，而相同之处仍在于同德、兴海等地人口为估算（见表 3 – 6 和表 3 – 7），原因也是未纳入县制，当地居民仍受千百户管辖。

表 3 - 6　1945 年青海省人口统计

单位：户，人

辖区	户数	人口数	男子数	女子数
总计	142170	920048	472684	447364
省会	13128	56655	28914	27741
直属塔尔寺	665	2181	2181	—
西宁	31261	220118	112283	107835
乐都	14791	98463	51725	46738
大通	14298	99623	51721	47902
互助	16788	123374	63091	60283
民和	13448	106086	57830	48256
贵德	6908	36909	17138	19771
湟源	4667	28040	15697	13343
门源	3672	26465	13604	12861
循化	5831	32664	16019	16645
化隆	9967	57290	27531	29759
共和	3705	17093	8153	8940
同仁	295	2244	1160	1084
海晏	1196	5642	2815	2827
祁连	1550	7201	3822	3379

注：同德、都兰、玉树、囊谦、称多和兴海 6 县及通新、西乐、和兴、和顺、香德和星川 6 个设治局（包括同仁县未编保甲地域）均未编组保甲户口，估计约 7 万户，46.46 万人。

资料来源：《青海省户口统计（1945）》，青海地方志办公室内部档案资料，档案编号：人口类，62∶10。

表 3 – 7 　 1945 年青海省未编保甲各县局户口概数

单位：户，人

辖区	户数	人口数
玉树	9000	67000
都兰	6000	40000
囊谦	4000	30000
称多	4000	29000
同德	5000	35000
兴海	6000	40000
西乐设治局	6000	40000
和顺设治局	6000	40000
和兴设治局	6000	40000
香德设治局	7000	45000
通新设治局	5000	35000
共计	64000	441000

注：1. 本表各县局为蒙藏游牧区尚未编组保甲户口数，系估计概数。

2. 本表各县局户数包括土房及账房。

3. 同仁县除已编保甲之外，未编约 2.36 万人。

4. 本表人口连同同仁未编保甲人口共计约 46.46 万人。

从上述有关青海河湟地区的人口统计数据来看，导致当地居民社会身份转型的重要政治因素无疑是青海建省。青海建省前，国家在当地的县制改革主要集中在青海河湟核心地区，即湟水中下游和龙羊峡以下黄河流域部分地区。青海建省后，在东部地区原属当地土司控制的土地和人口被划入统一的县制之中，同时还设立同仁县，兴海、同德设置局等，来管理当地行政事务。在这一行政改革与新一轮县制改革中，越来越多的人口被纳入近代国家管理体系之中，而他们的身份从土民到近代国民的转变过程，也集中反映了青海河湟地区的近代化过程。

　　从上述统计数据中也可看出，青海河湟地区居民社会身份整体进行近代化转型过程中，仍有一部分居民从属于内生的地方秩序，如黄河流域的同德、兴海地区居民，以及未纳入保甲体系的同仁县部分居民等。这些土民群体的存在，一方面说明当时县制改革未涉及整个青海河湟地区，即使设县的区域其行政力量也并未完全超越当地既有的地方秩序，尽管国民政府试图以保甲制度加强对地方社会的控制，或以抗日之名清查少数民族地区实有人口①，但直到1949 年，包括青海河湟地区在内的一些民族边疆地区仍有未纳入近代国家统治体系的居民。另一方面这些土民的存在说明自两汉以来，在与中原华夏相对应的政治与文化环境中，作为华夏边缘地区的部分少数民族仍然具有前近代的社会身份。这说明无论是在政治地位上，还是其社会生活与宗教信仰方面，尽管该地区整体上已纳入近代民族国家的行政体系之中，民族边疆的社会文化属性也早已确立，但华夏边缘的遗存仍然存在，即青海河湟社会文化在整体上发生大变化的同时，也有不变的成分与内容。此外，土民的存在也从另一个侧面说明青海河湟地区民族边疆的社会文化属性既具有政治内涵，也具有文化意义。从政治内涵角度看，土民的政治地位不同于编入保甲体系的一般居民，他们不直接向地方政府纳税或承担其他赋税义务，也不通过地方司法体系来解决司法纠纷，在他们的政治生活中，当地的土司、千百户仍是决定其命运的重要政治力量，而这一点显然迥异于中原地区。从文化意义上看，因这些土民没有纳入地方行政体系之中，因此其礼仪、服饰、信仰、教育等文化内容皆保留了原有的传统，也不同于中原居民的社会生活。这些无论是在政

---

① 《蒙藏委员会提议增加蒙藏青康人口以资充实国防案》，青海地方志办公室内部档案资料，档案编号：人口类，62：14。

治内涵上，还是在文化意义上不同于中原的现象，都说明当时的青海河湟地区是典型的民族边疆地区。

需要指出的是，保甲制度在河湟地区的推行虽是内地化的一种表现，但它并非近代化产物，而是逆近代化的一种现象，在河湟地区推行的保甲制度成为地方军阀割据势力扩充实力的一个口实。① 因此它的推行虽然加速了河湟地区居民身份的转型，但本身并不代表近代化的先进方向，这也说明近代民族边疆地区的内地化并非全然等同于近代化。

总之，居民社会身份的变化昭示着该地区总体上近代化的历史进程，而不变的部分既说明华夏边缘的社会文化属性仍未全部退出历史舞台，也说明这一地区的确具有民族边疆的社会文化属性。

三 从医疗史角度看国民身份的形塑

近年来，从医疗史角度探索历史问题成为史学界的一门显学，学者们除研究中国民间传统医术、吉祥姥姥（接生）、阴阳先生（送死）等外，也关注近代以来西方医学在中国的传播，传教士医院的建立与影响，民国时期的防疫全民动员、爱国卫生运动等，杨念群、杜正胜等学者的相关研究引起学界的普遍关注。不过，到目前为止，从空间范围看，学者们关注的医疗史话题绝大多数是中原地区的医疗史问题，甚少注意到民族边疆地区的相关问题。近代以来，包括青海河湟地区在内的很多边疆地区也有医疗近代化的问题，笔者拟在此处从医疗史角度来分析青海河湟地区近代国民身份的形塑。

---

① 《马主席对西宁县区乡镇长保甲讲习会全体人员训话》，青海地方志办公室内部档案资料，档案编号：政事类第 2 卷，68：40。

（一）传统医学及居民的卫生状况

在古代社会，青海河湟地区居民对医疗知识的认知历经了一个漫长的过程，羌人曾以得病为耻，史称"羌胡俗耻病死，每病临困，辄以刃自刺"①。后来，随着中医的传入，移民河湟或纳入中央政府行政体系的当地居民一般会请中医来维护健康，地方政府也会设立专门的医疗机构。到清朝时，西宁府、西宁县皆"在府城内"② 设有"医学"。此外，还设立养济院以承担为贫民施以医药之责。青海河湟地区盛产中药材，如《丹噶尔厅志》卷四《植物》详细记载了当地出产的甘草、大黄、红花、鹅郎草、枸杞、益母、黄芪、荆芥、薄荷、艾叶、茉苣、蒲公英、莱菔子、麻黄、苍术、菖蒲、柏子、黄柏、茵陈、罂粟等中药材，③《大通县志》卷五《物产志》记载有党参、沙参、苦参、黄耆、甘草、贯众、升麻、此胡、前胡、防风、羌活、茅香、青木香、秦艽、薄荷、益母草、茵陈、麻黄、大黄、龙胆草、黄芩、甘松香、百合、羊尿胞草、鸡翎草、鼻拉他草等药草共计 68 种。④ 上述方志所载一般是中医通用的，也有一些是地方特产，它们都是当地百姓用以祛病、保健的药材。

具有地方特色的民族医学也是青海河湟地区居民赖以维持身体健康的重要医学手段，其中最具特色的莫过于藏医学。藏医学是藏民族传统文化的一大结晶，主要通过寺院所设曼巴扎仓（意为医学院）来培养人才、治病救人，正如有学者指出的那样，"甘青藏区的

---

① 《后汉书》卷一六《邓训传》，中华书局，1965，第610页。
② （清）杨应琚：《西宁府新志》卷十《建置·公署》，青海人民出版社，1988，第254页。
③ （清）杨志平：《丹噶尔厅志》卷四《植物》（青海地方旧志五种），青海人民出版社，1989，第 259~261 页。
④ 刘运新等：《大通县志》卷五《物产志》（青海地方旧志五种），青海人民出版社，1989，第 587~594 页。

普通民众中没有学医行医者，藏族中的医药人才全赖寺院培养"①。明清时期，青海河湟地区最著名的曼巴扎仓是塔尔寺和大广惠寺所设立的，广惠寺的曼巴扎仓"培养的蒙藏医主要面向青海省牧区，乃至内蒙古、新疆等地"②；塔尔寺的曼巴扎仓规模也很大。近代以来，依托藏传佛教寺院而建的医学机构开始萎缩，到1941年时，广惠寺"仅有老藏医7人，年轻藏医20余人"③。不过，藏医学在土民群体的影响力很大，其药效也曾得到中原人士的肯定。马鹤天在《甘青藏边区考察记》中载有时任国民党西陲宣化使署秘书长刘家驹之言，"西藏医生亦有佳者，前有一人治病甚验，渠得偏风症，该医令用羊额下毛和自己小便擦之即愈。陈科长文鉴牙痛，与药少许，立止。在察、绥时，德王之母病，用飞机请其往治，卒愈。彼诊病亦验小便，颇合科学"。④

近代以来，随着西方医学的传入，人们对健康认知与要求的提高，传统医学及其有效性普遍受到质疑，一些土法治病的行为也经受着来自各方的质疑与挑战，在精英主导的医疗近代化过程中，一般民众的卫生健康常识、行为等也受到批评甚至是贬斥。在民国时期有关青海各县的调查报告，记载了青海各县医疗卫生及居民卫生状况。青海建省前后，人口死亡率较高，主要原因是当地居民"不讲卫生、易于致病；缺少医药、设备，时有束手待毙之状；迷信太深，不信医治；传染病多，不知预防和隔离"。各县流行的病症有

① 白文固、杜常顺等：《明清民国时期甘青藏传佛教寺院与地方社会》，青海人民出版社，2009，第238页。
② 尹海杰：《广惠寺曼巴扎仓（医学经学院）梗概》，载《大通文史资料（内部资料）》第4辑，1993，第112页。
③ 尹海杰：《广惠寺曼巴扎仓（医学经学院）梗概》，载《大通文史资料（内部资料）》第4辑，1993，第114页。
④ 马鹤天：《甘青藏边区考察记》，商务印书馆，1947，第431~432页。

"成年人多花柳、伤寒、霍乱、痢疾、白喉、杂疮、胃病，肺病亦不少，小儿天花、白喉、痢疾为最多"①。建省前，隶属甘肃省的大通县"并未设有专司医院，只有本地医士数人，如民间染疾，均皆自赴就医"②。"回人对于卫生方面有点讲究，因他们受宗教的影响，日日沐浴，朝朝念经，不吸烟，不喝酒，所以他们的身体很是强壮。最不讲究卫生者是家西番和土人，他们穿的衣服多是油晶晶的，直到穿破，不洗一水；屋里边的什物放的乱七八糟，不善整理，还有许多人现在还留着发辫。"在同一份调查报告中，还记载有："大通因气候寒冷，人民对于卫生方面太不讲究，如像乡间，一般老百姓整年的不洗面孔，脸上多是黑油油者。所穿的衣服无长衫，短褂直到穿破，不加一水。屋子里边也是乱七八糟，甚至和牛马同居，这不卫生极了。可是一般流疫病魔也很安顺的，没有出现什么手段，这也是病魔很怕太阳热光的缘故吧。"③ 民和县的卫生，"于市面之间尚属清洁，唯乡间农民多不讲究"④。巴燕县"境内民族，知识谫陋，风气锢塞，注意公益卫生者，实所罕见"⑤。循化县"因番、撒人民多不讲究，城内汉民百余家，因地旷人稀，仅设便溺处数处；未有医院、检疫等处所，凡遇传染等病，延医调治，或照依地方习惯，迁移病人，避居远方"⑥。

---

① 王昱、李庆涛编《青海风土概况调查集》，青海人民出版社，1985，第30页。
② 《甘肃大通县风土调查录》，载王昱、李庆涛编《青海风土概况调查集》，青海人民出版社，1985，第66页。
③ 聂守仁：《青海省大通县风土调查概况》，载王昱、李庆涛编《青海风土概况调查集》，青海人民出版社，1985，第84页。
④ 《民和县风土调查记》，载王昱、李庆涛编《青海风土概况调查集》，青海人民出版社，1985，第104页。
⑤ 《青海省巴燕县风土调查概况》，载王昱、李庆涛编《青海风土概况调查集》，青海人民出版社，1985，第109页。
⑥ 《循化县风土概况调查大纲》，载王昱、李庆涛编《青海风土概况调查集》，青海人民出版社，1985，第116页。

上述各县居民已纳入近代国家行政体系，其卫生状况尚且如此之差，土民群体的情况更是令人担忧，当时的一些土民"不知医药，疾病召巫觋视之，焚柴声谓之逐鬼"①。百姓"疾病则问卜制祟驱魔。甚则巫觋师祝之辈，或妄传神言以示祸福，或传方示药以疗病灾"②。

在这样的医疗卫生条件下，青海河湟地区居民的身体健康无法得以保障，近代民族国家的政治理想和社会愿景也无法依赖这样的居民达成。因此，如何建构近代医疗体系，促进居民健康则成为既关系国民身份建构，又关乎国家前途的大事。

（二）医疗卫生事业的近代化

和我国中原地区大致相同，青海河湟地区近代医疗事业的起步也与基督教在当地传播关系密切。英国人戴德生夫妇于同治年间在兰州行医，并建成河北医院，"后来在西宁行医、传教。是在西宁创建西医最早的人。其后由胡立礼夫妇接替医生工作，当时设有药房，对群众就诊不收药费，得到广大群众的信任和赞赏"③。1925 年，"外国人回国，药房及设备移交给裴伎、星天光、孙运清等人，组建成福音诊所。"④1931 年，"西宁天主教堂在县门街（今人民街）主办公教医院，设有内外科、妇科，规模较省立医院好些。基督教会在西宁福音堂内设有医疗所一处，由传教士及教徒任医师及药剂生，

① 刘运新：《大通县志》卷六《艺文志》（青海地方旧志五种），青海人民出版社，1989，第 637 页。
② 杨志平：《丹噶尔厅志》卷五《风俗》（青海地方旧志五种），青海人民出版社，1989，第 290 页。
③ 星天光：《回忆西宁西医的创始及发展》，载《西宁城中文史资料（内部资料）》第 2 辑，1985，第 101 页。
④ 星天光：《回忆西宁西医的创始及发展》，载《西宁城中文史资料（内部资料）》第 2 辑，1985，第 101 页。

一面传教，一面行医。湟源福音堂也附设医疗所"①。公教医院"有四十余张病床，有内科和外科，也可开刀做手术。规模虽不大，但设备尚好。一般疾病，可在门诊就医，重病可以住院治疗。每天门诊病人有四十至五十人左右。收费较低，无力治病的亦可免费治疗。"天主教堂还在大通、乐都各设诊所一处。② 传教士在青海河湟地区设立医院、治病救人的历史事实，表明当时在这一地区的近代化过程中伴随着西方文化因素，说明民族边疆地区在近代化过程及近代国民塑造中也有外来文化参与的成分。

1927 年，西宁县政府在隍庙街（今解放路）药王宫内设立专门从事中医医疗的平民医院，但规模甚小。③ 国民革命军进入青海河湟地区曾引发这一地区前所未有的近代化历程，其中也包括医疗卫生的近代化。1928 年，"冯玉祥部将孙连仲率部进驻西宁。因西宁缺乏医疗机构，孙抽调他的军医处成员毛铮充实西宁隍庙街药王庙的平民医院。全院共五人，毛铮任院长兼内科主治医生，唐焕亭任外科医生，星天光任眼科医生，另外有司药和挂号兼收发各一个。虽然规模很小，设备简陋，却成为青海省卫生事业的开端，是值得提及的"④。

1929 年，国民党青海省党务特派员办事处在西宁设立博济医院，1931 年停办。1933 年，全国卫生实验处任命王禹昌为青海卫生

---

① 田生兰：《解放前帝国主义通过宗教、间谍在青海的活动》，载《青海文史资料选辑（内部资料）》第 9 辑，1982，第 145 页。
② 王册：《天主教在青海的传播与发展》，载《青海文史资料选辑（内部资料）》第 10 辑，1982，第 181 页。
③ 刘子芳：《解放前青海卫生事业概况》，载《青海文史资料选辑（内部资料）》第 7 辑，1980，第 106 页。
④ 张琪：《解放前青海省卫生事业概况》，载《青海文史资料选辑（内部资料）》第 6 辑，1980，第 120 页。

实验处处长，王禹昌率领医生 1 名、护士 3 人，携带医药物资来西宁，"以北大街的三神庙为处址，修建了门诊部及病房等。一九三五年春正式成立办公。共有医护和助产士五人，秘书、会计各一人，文书三人和几名工友，另外招收四名学生。同年四月成立一个巡回医疗队，携带药品等赴乐都、民和、互助、大通、贵德、湟源等县，进行巡回医疗，每县为期约一个月"①。"医院门诊部施诊类别为，门诊二三五次，出诊二八六次，特诊三〇九次。就诊新旧病男女共约二万人。"② 1936 年秋，全国卫生实验处停发了青海卫生实验处经费，职工领不到工资，院长王禹昌赴内地交涉无果，只能把卫生实验处移交给青海省政府，因当时既无经费又无编制，省政府只得把医务人员调到省立中山医院，其他人员全部遣散。1940 年，青年服务社西宁分社曾在莫家街成立青年诊疗所，但仅开诊半年时间，即告停办。③

1930 年夏，原甘肃省中山医院院长谢刚杰到西宁给马麒治病，后被马麟、马步芳委任筹办青海省中山医院。"院址设在西宁北大街关帝庙内，由谢刚杰任院长。因经费有限，以致设备简陋，医务人员缺乏，只设简易的内、外、五官、妇产四科和一总务科管理后勤等。有简易病床二十张，住院病人极少，实际以门诊、出诊为主。也设有护理制度，住院病人由患者家属照料，自备卧具和饮食。"④当

---

① 张琪：《解放前青海省卫生事业概况》，载《青海文史资料选辑（内部资料）》第 6 辑，1980，第 121 页。
② 马鹤天：《甘青藏边区考察记》，商务印书馆，1947，第 171 页。
③ 刘子芳：《解放前青海卫生事业概况》，载《青海文史资料选辑（内部资料）》第 7 辑，1980，第 106 页。
④ 张琪：《解放前青海省卫生事业概况》，载《青海文史资料选辑（内部资料）》第 6 辑，1980，第 121 页。

时，这家医院也可作血、尿、痰、便等常规检查。① 1945 年，联合国卫生组护士盈路得"来青海参观塔尔寺。见到青海卫生事业的落后，把这些情况向联合国救济总署反映，并提出建议。联合国救济署采纳了她的意见，拨给一定款项和一百张病床及整套物资，派盈路得带领护士四人，到省中山医院工作，协助修建病房、手术室，充实医护人员，建立护理制度等。直至一九四八年年底，中山医院才建成一个比较正规的有一百张病床的综合性医院。设有内、外、妇产、儿、五官、检验放射等科。另外设一总务科管理后勤行政。全院职工达八十一人。"②马步芳还以个人名义，在西宁东关北小街设立芳惠医院。"该医院增设了助产婆训练班，受训的接生婆有二十余人。一九四八年十月，昆仑中学医务组被扩充为芳惠医院昆中分院。一九四五年二月，芳惠医院及分院，又改组为第一二九军的军医处及所属各师野战医院。"③

　　除由外来传教士和民国时期各届政府及地方政府设立的医院外，在民众中推行防疫也是医疗近代化的重要内容。早在清同治末年，青海东部地区天花流行，西宁府曾设立种痘局，聘医生何殿甲主持局务，这是青海河湟地区近代防疫的一个标志。1925 年，种痘局改为西宁县牛痘局，曹昌绣任局长。④ 此外，西宁县平民医院"每年春秋二季配制药剂施放，预防疠疫、霍乱等症，散后呈报县政府备案，

① 崔永红、张得祖、杜常顺主编《青海通史》，青海人民出版社，1999，第 814 页。
② 张琪：《解放前青海省卫生事业概况》，载《青海文史资料选辑（内部资料）》第 6 辑，1980，第 121 页。
③ 刘子芳：《解放前青海卫生事业概况》，载《青海文史资料选辑（内部资料）》第 7 辑，1980，第 107 页。
④ 刘子芳：《解放前青海卫生事业概况》，载《青海文史资料选辑（内部资料）》第 7 辑，1980，第 108 页。

因利局商会负责办理。牛痘局委有局长，种痘不令收资"①。门源县于1932年设"牛痘局一所，医生数名，并无医院。至于公共卫生，如清洁街道、疏通沟渠，由公安局注意办理。"② 当时，贵德县"卫生事业，仅牛痘局一处，公安局兼卫生一切事宜，其余医生，自行医病。本地气候适中，传染等病多不流行"③。

青海省政府还在"新生活运动"过程中刻意宣传，以改变当地百姓不良的卫生习惯。比如在地方政府的督导下，湟源县居民的卫生状况较之前有所改善，"湟民与番民杂居，多不讲究。近数年，经县府督饬公安局，随时指导讲求清洁公共与个人卫生，并设有牛痘局，以资保赤；又有内地客商不时往来，人民相习成风，渐知讲究矣"④。较为偏僻的同仁县，"县治区中山街、德化街一律修成鱼脊，两边掘渠，使水流通，随时打扫洁净，不许堆积脏物，以重卫生"⑤。除积极推行"新生活运动"外，西宁地区也通过修整街道等手段，来改善居民生活条件，以促进市容市貌。1941年，"西北公路二务局拨款、并调派工程技术人员协助，省上动员兵工、民伕连同学生，将甘青公路穿越西宁市区部分，按商店铺面分段，包干备料，全面施工。老式街道弯曲狭窄，起伏不平以及雨雪后泥泞情况非常严重，经修整后，不仅提高了标准，还改善了市容"⑥。

---

① 王昱、李庆涛编《青海风土概况调查集》，青海人民出版社，1985，第53页。
② 《门源县风土调查记》，载王昱、李庆涛编《青海风土概况调查集》，青海人民出版社，1985，第172页。
③ 《青海省贵德县风土调查大纲》，载王昱、李庆涛编《青海风土概况调查集》，青海人民出版社，1985，第203页。
④ 王昱、李庆涛编《青海风土概况调查集》，青海人民出版社，1985，第164页。
⑤ 《同仁县风土概况调查大纲》，载王昱、李庆涛编《青海风土概况调查集》，青海人民出版社，1985，第177页。
⑥ 刘秉德：《民国时期的西宁交通概况》，载《西宁文史资料（内部资料）》第4辑，1986，第81～82页。

（三）近代医疗与民族边疆地区国民身份的形塑及其有限性

从上述有关医院、防疫及居民卫生状况的近代化过程中，可以看出在以国家力量为主导，以外来宗教势力、民间组织等为辅助的医疗卫生事业的近代化过程中，国家行政力量在利用近代医疗卫生设施，在对居民施以健康救治、保障居民身体健康的同时，制定了卫生标准。换言之，国家利用医疗卫生手段得到了当地居民的信赖。

1. 利用医疗手段保障和增强国民身体是国家权力的体现形式之一

在民族边疆地区，国民身份的复杂性倒逼国家行政力量手段。身份的多元化形态表明，青海河湟地区百姓既有一开始就隶属于近代国家的公民，也有从土民转化而成的国民，还有一部分是尚待转化的土民，面对身份如此复杂的居民，单靠行政手段管理是不可能的，因此须借助多种手段来达成国家管理与社会控制，这是民族边疆地区行政力量必须思考和实践的问题。由于青海河湟地区医疗条件落后，居民的卫生状况也普遍差，因此利用国家力量动员相关的医疗卫生资源，帮助当地百姓提高卫生健康水平，进而在增强当地百姓身体，改善卫生状况的过程中表达国家权力、贯彻国家意志成为一个有效的手段。

2. 利用医疗手段塑造国民身份符合民族国家的利益

近代民族国家需要的是身体健康、卫生良好且有理性精神的国民，与这一标准相比，青海河湟地区的绝大多数居民并不达标。因此，通过建立医院、全民种痘、推行"新生活运动"等形式，来增强国民的身体，使之成为健康卫生的国民，就成为近代民族国家的重要任务，有了这样的国民，近代民族国家的构建才有了方向，才有可能真正建构起来。

近代以来，利用医疗卫生手段塑造近代国民的目标在青海河湟地区是基本达到的。不过，作为民族边疆地区，这一手段的推行无疑会遇到内生地方秩序、少数民族宗教力量、旧有积习等的阻碍。那些长期服膺于本民族医疗传统及卫生习惯的土民仍在延用旧习，不可能在很短的时间内用医疗手段把他们改造成合格的近代国民。此外，当地汉族因"神多医生少，所以生病后首先想的就是求神问卜，捉妖弄鬼符水治病，从而贻误病情，害人致死的事，不胜枚举。以至妇女不生孩子，先到庙里去缚一个泥塑的，待生下孩子后，送去还愿解脱；孩子出了天花，先去求拜'痘疹娘娘'；如得了神经病，则无疑是'猫鬼神''狗头神''柳树精'等在作祟，得请阴阳法师或'神汉''神婆'驱邪"①。在一些"回民中有吃'笃瓦'治病之习惯（由'阿訇'画一道符在碗中，冲水而服以治病）。藏民中则求神拜佛以期消灾治病者亦不乏人"②。由此可见，使当地人真正成为合格的、标准的、理性的近代国民尚有诸多困难，这也从另一个侧面印证了青海河湟地区是民族边疆的历史事实。

第二节　近代教育的兴起

青海河湟地区社会文化的近代转型也突出反映在教育领域，近代教育的兴起既意味着华夏边缘社会文化因素的消退，青海河湟地区社会文化与中原均质化因素的增多，同时也集中反映了这一地区近代化的基本特点。由于受制于民族边疆的社会文化属性，这一地

---

① 刘秉德：《青海建省前后西宁城乡生活风貌杂记》，载：《西宁文史资料（内部资料）》第5辑，1988，第78~79页。

② 许学培：《回顾青海解放前的卫生医疗工作》，载：《青海文史资料选辑（内部资料）》第17辑，1988，第151页。

区的近代教育也存在诸多问题。

一 传统教育的近代转型

青海河湟地区的传统教育因教育对象不同而分为不同的类型。具体而言，汉族、当地少数民族贵族子弟，以及编户齐民的少数民族一般须接受儒学教育，部分藏族、蒙古族及部分土族子弟皈依佛门而接受佛教教育，信仰伊斯兰教的部分回族、撒拉族等民族子弟可接受伊斯兰教教育。

（一）儒学教育承接近代教育

清末，政府推行新政，儒学教育全面衰落，特别是废除科举制以后，传统的儒学教育面临着全面转型。在青海河湟地区，推行光绪新政的主要形式就是举办新式教育，而新式教育的举办场所则往往是旧有的府、县儒学机构及书院。光绪三十一年（1905 年），西宁府"改五峰书院为西宁府中学堂，民国四年，改名为海东师范学校，旋改为甘肃省立第四师范学校。同年，湟中书院改为高等小学校"。光绪三十二年（1906 年），"丹噶尔同知邓尔康改书院为小学堂"。①大通县于光绪三十一年（1905 年），设高等学校一处，另改泰兴书院为高等小学校，还在城乡各处设初等小学校四处。② 乐都、民和一带的儒学教育机构也纷纷转变为推行近代教育的场所，如乐都凤山书院于光绪三十一年（1905 年）改为乐都县高等小学堂。《贵德县志稿》卷二《地理志·学校》记载："光绪三十三年改为学堂。民国八年改为县立初级小学。十五年一月改为高级小学校。"

---

① 邓承伟等：《西宁府续志》卷十《志余》，青海人民出版社，1985，第 504 页。
② 刘运新等：《大通县志》卷二《建置志》（青海地方旧志五种），青海人民出版社，1989，第 482 页。

传统儒学的受教对象主要是汉族子弟，同时也承纳了编户齐民的少数民族子弟。晚清时期，随着儒学教育的进一步普及，接受儒学教育的少数民族人数不断增加，如同治和光绪年间，大通县在所属城乡共建了 13 所义学，"设在回、土、藏、蒙古少数民族地区的就有三分之一左右，其余则为或回、汉，或土、汉，或回、土、汉，或回、藏、汉等混合学校"①。今乐都、民和及贵德一带的城乡也普遍设有义学，受教对象中也有土、藏、回等民族的子弟。清末新政以后，少数民族子弟也开始接受新式教育，如光绪二十一年（1895年），大通县曾在良教乡上治泉村成立了一所回族小学。湟源县"南乡一带克素尔、兔尔干各庄，有西番住屋耕田者，名曰东科尔佃户，与汉民杂居，间有读书者，土人称为'家西番'，即熟番也。又西北乡胡丹度、马燕附近札藏寺各庄，间杂蒙古种类，家冠与汉民略等，土人呼曰'王子百姓'"②。这些接受新式教育的少数民族子弟体现了青海河湟教育事业的近代转型。

（二）少数民族教育形式及其近代化

两汉至晚清时期，在内生地方秩序的影响和控制下，青海河湟地区孕育出具有地方特色的教育形式，到明清时期已发展出独特的教育机构，即藏传佛教寺院所设的教育机构和伊斯兰教清真寺所属的经堂教育。从形式上看，这些教育形式一般依托于宗教机构而非政府部门；从受教对象看，这些教育场所主要承纳宗教徒而非世俗百姓，其教育目的主要是为佛教寺院、清真寺培养宗教人才；从教

① 任国安：《清末及民国时期大通少数民族教育梗概》，载《大通文史资料（内部资料）》第 2 辑，1987，第 47 页。
② （清）杨志平：《丹噶尔厅志》卷六《人类》（青海地方旧志五种），青海人民出版社，1989，第 316～317 页。

育内容看，主要传播的是宗教教育，与世俗社会的文化教育有一定差距。

在青海河湟地区的少数民族群体中，藏族传统教育一般是由藏传佛教寺院所承纳的，在当时的藏区"寺院外无学校，宗教外无教育，僧侣外无教师"①。具体而言，藏族上层贵族子弟一般会接受本民族语言文字、历史、文学及礼仪方面的教育，也有为这一群体设置的类以于私塾的教育机构，但对于广大普通藏族百姓而言，最主要、最普及的教育形式就是寺院教育。② 青海河湟地区是藏传佛教后弘期佛学文化灯续之地，具有发达而完善的寺院教育体系，塔尔寺、佑宁寺、广惠寺都设有显宗、密宗、时轮、医明、法舞等学院。除医明学院具有一定的社会公众性外，③ 其他教育机构所传授的内容皆为佛教思想与佛学文化，受教对象也多为喇嘛，学业有成者绝大多数也直接服务于宗教机构，这与儒学教育面向世俗大众、教育对象直接服务于世俗社会的教育理念与价值追求多有不同。

青海河湟地区规模较大的清真寺一般有古兰经教育的功能，俗称经堂教育。一般而言，"经堂教育分小学和大学两部制，小学学习阿拉伯文和有关宗教的基本知识，教育目的是培养伊斯兰宗教信仰者。大学学习内容比较深奥，有语言和宗教专业，教育的目的是培养伊斯兰宗教职业者"④。青海河湟地区的回族、撒拉族等民族全民信仰伊斯兰教，这些民族子弟除接受政府设置的儒学教育外，一部分人会进入清真寺专修伊斯兰经典，培养出来的学生

---

① 耿金声、王锡宏主编《西藏教育研究》，中央民族出版社，1985，第350页。
② 白文固、杜常顺等：《明清民国时期甘青藏传佛教寺院与地方社会》，青海人民出版社，2009，第220页。
③ 白文固、杜常顺等：《明清民国时期甘青藏传佛教寺院与地方社会》，青海人民出版社，2009，第228~239页。
④ 崔永红、张得祖、杜常顺主编《青海通史》，青海人民出版社，1999，第800页。

主要以弘扬和传播伊斯兰教为一生宗旨。从经堂教育的机构来看，今青海省西宁市东关清真大寺是我国伊斯兰经堂教育的最高学府之一。

近代以来，青海河湟地区的少数民族教育也面临近代化的问题，除政府设立的近代教育机构外，原来超然于世俗社会之外的宗教机构也开始接纳新式教育。1932年，青海大通县广惠寺七世敏珠尔活佛呼图克图（蒙古族）筹资修建礼堂5间，校舍40余间，正式成立了广惠寺蒙藏小学。有学者研究，这所学堂实际上是青海省教育厅与广惠寺合办的，是当时政府利用宗教机构推行国民教育的一个典范。[①] 这所"学校开设了汉语、藏文、算术、常识、习字、唱歌、体操等课程，但大部分课程没有课本，只好由老师口授。由于课程设置合理、实用，学生在学校不仅能够学习藏文，而且还能够学习汉文以及其他文化知识，故当地各族人民都乐意送子弟入学，后期学生达到137人之多"[②]。当时，蒙藏教育促进委员会试图利用广惠寺的影响在其他寺院设立小学堂，但因受到宗教势力的阻止而推行缓慢，且基本没有效果；1937年，该委员会曾在湟源东科寺设立一所小学[③]，使颇有影响的东科寺也成为近代教育的实施场所。此外，在藏传佛教僧人群体中讲习汉语并设立国文讲习所，也是少数民族群体接受近代教育的一种形式。1930年，青海省制定了《喇嘛教义国文讲习所组织大纲》，规定讲习所的主要任务为："宣传三民主义及中央德义，讲授佛教之义及补习国文，灌输边胞近代知识，介绍西

---

① 赵春娥：《青海大通县广惠寺蒙藏小学校创办考论》，《民族研究》2012年第4期，第87～88页。

② 白文固、杜常顺等：《明清民国时期甘青藏传佛教寺院与地方社会》，青海人民出版社，2009，第255页。

③ 贺勋：《湟源东科寺今昔》，载《湟源文史资料（内部资料）》第2辑，1987，第40页。

藏文化并编译西藏经典，训练边胞生产知能。"① 该讲习所设于青海
循化古雷寺，招收成年及童僧各 1 个班，学业年限定为 3 年一期，
学生一切费用由讲习所补助。从呈送国民政府教育部的文件看，该
所除上述任务外，还有借民族宗教教育，宣传抗日、凝聚民心的责
任，讲习所设立者认为："日本利用边疆蒙藏同胞尤其西藏同胞崇奉
佛教的心理，遂大事标榜信仰佛教爱护人民之国家，诽谤我国为破
坏佛教虐待人民之国家，直接或间接或利用他人以继续欺骗阴谋。
此为日本图谋离间分化团结之一贯伎俩，自抗战以还尤为积极，此
应迅速设法消灭者也。为对治日本之上述宣传，故应即时于边疆普
遍设立与边胞信仰相关学校作为灌输内地文化宣传三民主义之中心
机关，课以其本具之以及三民主义等善良之制，使其心悦诚服。"②
这一讲习所所长为喜饶嘉措，他兼任讲演讲师、戒律讲师及中观讲
师等，该所还设有教导主任一名、会计、书记及庶务人员。该所虽
设在佛教寺院，但体制上已具有近代学校的基本特征。③

回族、撒拉等民族子弟一般在政府及民间组织设立的近代学堂
就学，部分子弟仍然接受经堂教育。为适应近代社会需要，以回教
教育促进会为主导的教育机构对当时回族等信仰伊斯兰教民族的基
础教育事业曾做出过突出贡献，而接受了近代教育的穆斯林群众子
弟也是青海河湟地区近代化在教育领域内的代言者。

---

① 《青海喇嘛教义国文讲习所组织大纲（民国三十年）》，青海地方志办公室内部档案资料，
　 档案编号：宗教类，64：8。
② 《青海喇嘛教义国文讲习所情况（民国三十一年）》，青海地方志办公室内部档案资料，
　 档案编号：宗教类，64：9。
③ 《青海喇嘛教义国文讲习所情况（民国三十一年）》，青海地方志办公室内部档案资料，
　 档案编号：宗教类，64：9。

二 近代教育的发展

1911～1949 年，青海河湟地区的教育事业经历了一个较快发展的历史过程，在工商业尚不能成为近代化事业标志的年代，这一地区教育事业的近代化及其发展成为引领当地近代化的一个典范。从近代教育的发展过程来看，北洋政府时期，青海河湟地区隶属于甘肃省，这一地区的近代教育以推行小学堂教育为主要内容，一些地方经历了近代教育从无到有的转变历程。青海建省至抗战前期，青海河湟地区教育事业的重点是发展中学教育，以西宁为中心的中学教育机构的设立及中学教育的推行是这一时期的主要内容，与此同时，社会教育与民族教育事业较之前也有一定进步。抗日战争至1949 年，是青海河湟近代教育的黄金时期，这一时期中学教育得到了较快的发展。

（一）北洋政府时期初级小学校的建设和普及

近代以来，教育的普及主要仰赖政府的大力推行，同时也要仰仗百姓的支持和民智的开化。自古以来，青海河湟地区为寒苦之地，民风粗犷，百姓读书、习文的风气不甚浓厚。经过数百年儒学的传播与影响，中原地区的尊师重教之风也逐步影响河湟，这为近代教育的推行和普及创造了良好的环境。正如时人所言："湟邑地处边陲，风气晚开，往时迷信特盛，遇有建庙、立祠之举，无不踊跃输将。又因接壤青海，而信佛尤虔，故于喇嘛布施，不惜多金。近年教育发达，民智渐开，而此风亦稍替矣。"湟源等地"人民渐知，趋向教育，讲礼节，重读书矣"。① 正是在"风气渐开"的时代背景

---

① 夏腾骧：《湟源县风土调查录》，载王昱、李庆涛编《青海风土概况调查集》，青海人民出版社，1985，第 128～129 页。

下，青海河湟地区进入推行小学教育的一个高潮期。

北洋政府时期，青海河湟掀起一股改晚清新式学堂为初级、高级小学堂的热潮。西宁县于"民国三年在下东关新昭忠祠，以旧义学款项，设立高级小学校。……四年，西川新增堡学董张玮等募款创建高级小学校；是年，各处旧义学生息，并为九处初等小学校经费，五年，政府经历废署建设女子两级学校，聘湖北女中校毕业生黄淑兰为校长，并筹款添设中学班。六年，西川镇海堡学董王佐邦等募款购千总废署，创办两级小学校"①。大通县拔贡刘秉文于"民国七年募款创建新城第二高小学校。八年，甘边宁海镇守使马麟，在前营三圣庙创建蒙番学校，后改为青海筹边学校。是年，鲁沙尔学董咸复新等创设两级小学校。九年，镇守使马麟、道尹黎丹，捐廉在昭忠祠设立职业学校，委上海工艺学校毕业生李成蔚、吕兆麟办理。旋因经费不敷，呈请停办。十四年，筹边学校校长朱绣呈准甘肃教育厅附设职业科，专办毛编物。十三年，在后统领街旧义学地点，创设威锐学校。十四年，西宁道尹黎丹捐廉，在报恩生祠内设立无我学校。"② 到 1926 年，大通县"只有高、初两级小学校，并无中等及中等以上之各学校。高级小学校共二处，初级小学校共四十处，女子小学校一处，蒙番小学校一处，平民学校二处"③。《贵德县志稿》载，1919 年，贵德县由河阴书院改设的学堂改为高级小学校，原有的义学早在 1913 年就设为国民小学堂。1913 年，碾伯县高等小学堂改为第一高等小学校，并在高庙镇设立第二高级小学校，在李家乡大洼村设第三高级小学校，在县城关东成立了

① （清）邓承伟等：《西宁府续志》卷十《志余》，青海人民出版社，1985，第 504～505 页。
② （清）邓承伟等：《西宁府续志》卷十《志余》，青海人民出版社，1985，第 505～506 页。
③ 《甘肃大通县风土调查录》，载王昱、李庆涛编《青海风土概况调查集》，青海人民出版社，1985，第 72 页。

县立第一女子高等小学校，在高庙镇成立县立第二女子初等小学校。①

1914 年的统计数据显示，甘肃省西宁道下辖各县中，西宁县有教职员工 39 人，大通县有 64 人，碾伯县有 28 人，贵德县有 15 人，巴戎县有 3 人，湟源县有 45 人，循化县有 16 人。② 比较而言，地处湟水流域的西宁县、湟源县和大通县教职员工数量较多，地处青海黄河南北两岸的贵德县、巴戎县等教职员工人数较少。这一时期，青海河湟地区的基础教育也在政府的重视下有所发展，当时青海地区的初等小学校基本集中在青海河湟地区，③ 其中西宁县、湟源县及大通县等人口密度高且教育基础好的地区，初等小学校的数量较多，规模也相对较大（见表 3 - 8）。

表 3 - 8　西宁道各县学校、学生数量

单位：所，人

县别	初等小学校数量	学生数
西宁	22	298
湟源	19	864
大通	21	343
贵德	9	159
碾伯	12	203
循化	6	133
化隆	1	20

① 张得祖、丁柏峰：《乐都史话》，青海人民出版社，2012，第 277～278 页。
② 《民国三年甘肃各县教员职员比较表》，青海地方志办公室内部档案资料，档案编号：教育类，49：22。
③ 《西宁道各县学校学生比较表（民国三年）》，青海地方志办公室内部档案资料，档案编号：教育类，49：21。

除初等小学校外，青海地区的高等小学教育和中学教育尚处在
起步阶段（见表 3-9）。

表 3-9　西宁道各县高等小学、中学统计

单位：所，人

县别	高等小学数	学生数	中学数	学生数	学生总计
西宁	1	52	1	15	67
湟源	1	26	—	—	26
大通	1	20	—	—	20
贵德	1	8	—	—	8
碾伯	1	29	—	—	29
循化	1	34	—	—	34
巴戎	1	10	—	—	10

从以上有关河湟地区教职员工数量、初等小学校和学生数量以
及高等小学校和中学数量及学生人数的统计看，民国初期，河湟近
代教育尚处于起步阶段，依托初级小学校发展基础教育是当时河湟
地区教育近代化的主要方面。

至北洋政府统治末期，甘肃省西宁行政区所属 7 县共有初、高
级小学校 278 所，比北洋政府初期增长了约 9 倍。[①] 这说明北洋政府
时期青海河湟地区的基础教育的确有了较快发展。

（二）从统计数据看青海建省以来教育事业的较快发展

青海建省后，作为一个独立的政治单元，其教育事业发展有了
基于省情的规划和安排，而作为当时青海省社会文化相对发达的地

---

① 崔永红、张得祖、杜常顺主编《青海通史》，青海人民出版社，1999，第 786 页。

区，青海河湟地区的教育事业成为重点发展的对象，特别是中学教育有了一定的进步。

当时，推行青海河湟地区中学教育的主要是政府办学，当时的政府将发展教育列为建省后的重大任务之一，在全省推行小学教育，为中高等教育做好了预备工作，为不再求学者提供基础知识，使之成为"良善国民"[1] 的同时，举全省之力推进中学教育。以蒙藏委员会、回教教育促进会为代表的社会机构也成为推进这一时期中学教育事业发展的重要力量，由这些机构举办的学校或受其资助的学校皆对当时的学校教育、社会教育及少数民族教育事业做出了突出贡献。

从青海建省到抗日战争前夕的这一段时间内，青海河湟地区中学教育的变化可依据当时的调查数据加以展现。青海建省时，当时青海河湟地区的教育状况是，"西宁有省立青海图书馆一所，省立民众书报社五处，讲演所二处，体育场一处，游艺所二处。其他各县，也多有设图书馆或民众书报处的。民众学校，西宁有十三所，学生四百四十人；大通三所，学生一百二十人；乐都十一所，学生三百二十人；互助二所，学生四十五人；贵德一所，学生二十五人"[2]。从以上粗略的数据中可以看到，青海河湟地区的教育事业在整体上十分滞后，就中学教育而言，表 3 - 10 则能反映出具体的状况。[3]

---

[1] 青一：《改进青海教育刍议》，《新青海》第 1 卷第 2 期，1932，第 18 页。

[2] 《青海省的政治组织、政治机构、财政、教育——青海省介绍之三》，载王昱、李庆涛编《青海风土概况调查集》，青海人民出版社，1985，第 26 页。

[3] 《青海省的政治组织、政治机构、财政、教育——青海省介绍之三》，载王昱、李庆涛编《青海风土概况调查集》，青海人民出版社，1985，第 24 ~ 25 页。

表 3 - 10　青海建省时期中学设置情况

单位：人，元

校名	学生数	经费	备考
第一中学	208	11129	省立，为前筹边学校改组
第一师范	220	23529	省立，为前第四师范学校改组
第一女子师范	25	13700	省立，为前西宁女子小学改组
第一职业学校	30	13209	省立，为前筹边学校职业科改组
第二职业学校	40	9843	省立，原为省立第一师范两级小学，1932 年改为农业学校，1933 年 6 月改为现名
乐都中学	79	6800	县立
回民中学	70	15336	青海回教促进会所设
蒙藏学校	38	4800	1933 年成立
合计	683	98346	

　　从表 3 - 10 中可以看出，当时青海河湟地区的中学及具有中学教育资质的师范类学校共有 8 所，学生总人数仅为 683 人，无论是学校数量，还是在校生人数皆维持在一个较低的水平。

　　到 1932 年时，在社会各界的努力下，青海河湟地区的教育事业较之前有了一定的发展（见表 3 - 11）。

表 3 - 11　青海建省时期各县学校设置情况

县别	学校数量及概况
西宁县	1932 年高级男校 9 处、女校 1 处，每年毕业一次，设施完善；初级小学增至 140 余处
大通县	1932 年有高级小学 2 处，初级小学 42 处，新设女校 1 处、促进小学 1 处、中山小学 1 处，乡间添设初级小学 4 处
民和县	教育落后，不堪言状

续表

县别	学校数量及概况
巴燕县	1920 年有高级小学校 1 处，学生 90 余名；有初级小学校 11 处，学生多者 40～50 名，少者有 20～30 名，此外，教育局附近设民众夜班学校 1 处，县政府附设民众学校 1 处
循化县	共设有高级小学 3 处，初级小学 10 处，女子初级小学 1 处
湟源县	1926 年城内有高级小学 1 处，女子小学 1 处，城关及各乡有初级小学 10 余处，另有 20 所私塾
门源县	1932 年县城设高级小学 1 处，各乡共有初级小学 10 处，在县城新设立女初级小学 1 处
同仁县	有第一初级小学校 1 处，学生 70 余名
共和县	1919 年曾设立蒙番初小 1 处，后改为县立第二高级小学校。在县曲沟大庄筹设县立第一高级小学，内亦设初级小校 1 所。县西之沙珠玉亦新设初小一处。1929 年后相继举办高级小学校 2 处，初级小学校 4 处
贵德县	1932 年置县督学 1 处，民众学校 1 处，高级小学 1 处，初级 14 处，女子初级 1 处。此外，有同仁学校、蒙番学校、县署中山学校各 1 处

资料来源：王昱、李庆涛编《青海风土概况调查集》，青海人民出版社，1985。

至 1933 年，青海省中等教育已有一定发展，特别是在教育经费方面（见表 3 - 12）。

表 3 - 12　1933 年青海省中等教育经费情况

单位：元

学校名	省立第一中学校	省立第一师范学校	省立第一女子师范学校	第一职业学校	省立第一农业学校	省立乐都中学	青海省回教促进会附设中学校
常年费	15609	23529	13700	13209	9843	5600	11160

资料来源：《青海教育最近之调查》，《新青海》第 1 卷第 3 期，1933，第 73～75 页。

到 1934 年时，青海河湟地区的学校教育较 1932 年有了一定发展，从相关档案材料（表 3 – 13）看，无论是初等教育、民族教育还是中学教育都有所进步。[1]

表 3 – 13　1934 年青海教育情况

学校数（所）			学生数（人）	教员数（人）	常年经费（元）	备注
小学	初小	562	20350	742	83577	
	高小	50	5414	229	55091	
中学	省立第一中学		208	38		原为蒙藏半日学校
	省立乐都中学		79	12		1930 年分立中学、师范两班
	回教附设中学		70	20		1932 年 1 月成立
师范	省立蒙藏师范		38	11		1933 年 2 月成立
	省立第一师范		220	34		原名为海东师范
	省立第一女子师范		25	32		原为西宁县第一女小，于 1929 年改组成立
职校	省立第一职业学校		30	31		原为筹边学校，于 1929 年改为今名
	省立第二职业学校		40	10		
中等教育总计			710	188		

1935 年，《新青海》杂志社刊登了当时对西宁 6 所中等学校的调查情况（见表 3 – 14）。[2] 1935 年中学及具有中学资质的学校共有 7 所，在校学生总数从 1934 年的 710 人增加至 1935 年的 911 人，发

---

[1] 《青海省教育概况表（民国二十三年）》，青海地方志办公室内部档案资料，档案编号：教育类，49：19。

[2] 《青海中等学校调查》，《新青海》第 3 卷第 11 期，1935，第 59 页。

展速度较快。与青海建省时的相关数据相比较，尽管因学校合并等原因，中学数量有所减少，但 1935 年的在校生人数增加了 228 人。这一数据对于人口众多的中原地区而言可能微不足道，但对于教育事业相对落后且人口稀少的青海河湟地区而言，无疑具有重大意义，它说明数年来青海河湟地区的教育事业，特别是中学教育有一定的发展。

表 3 – 14　1935 年西宁中等学校调查情况

单位：人

校名	校址	学级数	学生数	教职员数
省立西宁高级中学	城内西街	高中一级、简师四级	211	38
省立西宁初级中学	城内先觉街	共三级	182	37
省立回教促进会西宁初级中学	城南关外	共三级	182	20
省立西宁工业学校	城内职业街	工科三级、农科二级	183	56
省立蒙藏师范学校	城西门外	二级	60	18
省立西宁女子简易师范学校	城内公安街	四级	64	22

这一时期，除中学教育有一定发展外，回族教育事业因受到马氏军阀的特别关注也有了较快发展，"回教促进会所办的回民教育，极有生气，因军政的特殊势力，极易推进。计初小数占全省校数四分之一，高小六分之一，学生数五分之一，而经费则占全省教育经费十分之九"。[①] 正是在政府的大力支持下，举全省教育经费的十分之九来发展回族教育事业，才使当时青海河湟地区的回族教育事业

---

① 《青海省的政治组织、政治机构、财政、教育——青海省介绍之三》，载王昱、李庆涛编《青海风土概况调查集》，青海人民出版社，1985，第 25 页。

有了快速发展（见表 3 – 15）。

表 3 – 15　1935 年青海河湟地区回族学校情况

单位：所，人

县别	校数		学生数	经费（元）
	高小	初小		
西宁	1	23	1976	34000
大通		14	631	11200
门源	1	9	482	8400
化隆	4	6	772	10400
民和	1	6	353	5200
循化	2	9	725	10650
互助		6	146	2400
贵德	1	2	24	4300
湟源		1	52	1700
乐都		1	60	1800
同仁		1	60	600
共和		1	50	600
合计	10	79	5331	91250

资料来源：《青海省的政治组织、政治机构、财政、教育——青海省介绍之三》，载王昱、李庆涛编《青海风土概况调查集》，青海人民出版社，1985，第 25 页。

当时的回族学校遍布整个河湟地区，即使地理位置相对偏远的共和、门源也有设立，可见当时青海省政府推行回族教育的力度是很大的。

这一时期青海河湟地区的社会教育也有一定发展。1926 年时，西宁县、大通县等尚有一定的社会教育，如大通县当时"有阅报所一处，讲演所两处，阅书室一处，并委讲演员二员，在城市各乡村分任讲演"①。其他地区的社会教育几乎是一片空白，到 1932 年，西宁县"设立阅报所数处，讲演社一处，并令各学校组织讲演团，每逢星期日及各纪念日在各街游行讲演"②。较为偏远的贵德县"社会教育有讲演所、书报社、天足会等"③。至 1934 年，青海省社会教育类学校总数达 42 所，学生人数为 1325 人，教员 79 人，常年经费为 6480 元。④

　　抗日战争时期，作为大后方的青海河湟地区引起国民政府的极大关注，加大了对青海地区的开发力度，加之有一定数量的内地民众避居西宁，使这一地区的社会经济事业较之前有了较大发展，特别是在教育领域内涌现出诸多颇具特色的中学，职业教育也有了较快发展。青海省政府根据国民教育实施计划，在各县扩大或新设中心学校、国民学校，依据实际需要扩建中心学校校舍，还通过增设短期师资训练班及举办假期训练等形式，促进、提高师资水平。至 1943年，青海共有中心学校 250 所，国民学校 765 所。青海河湟地区的昆仑中学、西宁第一中学、国民党中央政治学校西宁分校、湟川中学、乐都中学等都得到长足发展。从现存的文献中虽无法得到当时确切的学生人数，但从表 3－16 所列数据看，与 1935 年全省 911 名中学生的数量相比，这一时期青海河湟地区的中学教育的确有了很大的发展。

---

① 《甘肃大通县风土调查录》，载王昱、李庆涛编《青海风土概况调查集》，青海人民出版社，1985，第 72 页。

② 《西宁县风土调查记》，载王昱、李庆涛编《青海风土概况调查集》，青海人民出版社，1985，第 54~55 页。

③ 《青海省贵德县风土调查大纲》，载王昱、李庆涛编《青海风土概况调查集》，青海人民出版社，1985，第 204 页。

④ 《青海省教育概况表（民国二十三年）》，青海地方志办公室内部档案资料，档案编号：教育类，49：19。

表 3 – 16　抗战时期青海河湟地区学校状况调查

单位：人

名称	办学地点	举办时间	在校人数
昆仑中学	西宁	1936	7000
西宁第一中学	西宁	1920	300
国民党中央政治学校西宁分校	西宁	1935	不详
湟川中学	西宁	1938	456
乐都中学	乐都	1930	153
湟源中学	湟源	1944	不详

注：1. 昆仑中学在校人数包括小学、幼稚园及训练班学员。
2. 各校人数为办学最高峰时的人数。

抗战结束后，针对青海牧区学校教育发展滞后的问题，青海省政府通过继续举办蒙藏国民学校、开办蒙藏教育师资培训班、筹措资金并向民族教育倾斜等办法，加快民族地区基础教育的发展（见表 3 – 17）。从地域上讲，开办、发展蒙藏教育的共和、海晏、兴海等地属于河湟地区；从民族构成上讲，以"蒙藏教育"为名的基础教育，涉及回族、土族等少数民族教育问题；从具体实施角度看，蒙藏教育师资培训的地点一般设在西宁。因此，这一时期民族教育方面的举措也涉及河湟地区。

表 3 – 17　教育部补助青海省教育经费分配情况

单位：所，万元

分配机关	指定补助学校数	分配补助费数目
贵德	3	750
湟源	2	500
同仁	1	250
共和	2	500

续表

分配机关	指定补助学校数	分配补助费数目
海晏	2	250
祁连	1	250
蒙藏文化促进会		499.5
合计	11	2999.5

资料来源:《青海省三十六年度办理边疆教育工作报告》,青海地方志办公室内部档案资料,档案编号:教育类,49:39。

教育部补助青海教育的经费较多地投入民族教育中,这一方面反映出政府发展民族教育的决心,另一方面也反映出民族教育相对滞后,需要特殊关注的事实。

(三) 河湟教育近代化的其他表现

除从相关统计数据看出河湟教育的近代化进程外,根据相关档案材料,也可看出当时青海教育的内地化、近代化过程。

从 1940 年国立西宁师范学校的相关档案材料看,抗日战争期间,这所学校已初步具备近代化教育教学管理机制。比如,该学校有完备的学校组织大纲,详细制定了该校的组织机构、职能划分、学生管理等,其中,第十条为:"本校为适应师范生之实习及体验起见,得设附属小学及中心小学、实验小学。"第十二条为:"本校遵照部令及应事实之需要得呈准附设中学部、简师部或职业部。"[1] 可见,这所学校至少在体制上完全采取了内地近代师范学校的办学规制。这所师范学校制定了详细的《教职员服务守则》《教职员请假办法》《学教职员考成办法》《学校教导处办事细则》《学校事务处

---

[1] 《国立西宁师范学校组织大纲》,青海地方志办公室内部档案资料,档案编号:教育类,49:144。

办事细则》《学生惩罚条例》《成绩考察规则》《附属小学办事细则》
《图书阅览室阅览规则》《仪器标本室管理办法》等，充分说明该校
在办学方面已完全按照当时教育部相关要求办，是一所近代化特征
较为突出的师范学校。尽管在上述章程实施过程中存在一些问题，
如对教育的服务精神"尚欠热情"，学校亦"无康乐设施及福利事
业"，课程表也"尚未臻妥善"等①，但这些规章制度实施至少说明
河湟地区学校教育在体制上已与中原内地同质，表明了向教育近代
化迈进的事实。

　　抗战时期，为保证全面抗战后续兵源充足的需要，国民政府将
地方学校作为战时兵员的重要来源之一，在地方学校广泛开展预备
军士教育、备役候补军官佐教育和童子军军事训练；鼓励知识青年
服兵役；在国统区普遍施行了包括壮丁、青年、妇女在内的国民兵
教育，以提高全民的军事素养。国统区曾一度出现民众训练及青年
从军的热潮。② 为响应国民政府这一政策，国立西宁师范学校也制定
了《军事训练团规程》，首条为"本规程遵照教育法令高中以上学
校军事管理办法之规定订定之"，该规程详细规定了军事训练的总
则、组织、服装、操场规则、值日勤务等。③ 此外，针对普通民众的
社会教育也受到政府关注。青海省政府根据教育部通令，制定了
《失学民众补习教育六年计划大纲》及年度实施详细计划书，以教育

---

① 《国立西宁师范考察报告（民国三十五年）》，青海地方志办公室内部档案资料，档案编
　号：教育类，49：135。
② 季鹏：《论抗战时期国统区地方军事教育》，《社会科学研究》2004年第1期，第125～
　129页。
③ 《国立西宁师范学校军事训练团规程》，青海地方志办公室内部档案资料，档案编号：教
　育类，49：144。

百姓识字为宗旨，推行社会教育。①

上述情况说明，河湟地区的教育近代化从根本上是在国家权力指导下进行的，政府既是河湟地区近代教育的推广者，也是这一地区教育与内地同质化的主推力量。

（四）河湟教育近代化过程中的特殊现象

值得一提的是，基督教会、天主教会为方便信徒及其子女接受教育，以西宁为中心设立教会学校。后来，随着办学规模扩大，一些市民也将子女送到教会学校，一些学校办学的规模颇大，这是河湟地区教育近代化过程中的特殊现象。

起初，西宁教场街基督教福音堂牧师胡立礼在福音堂内招收两三名学生，教授英文、算术及医学知识，还出资保送个别学生到内地求学。1918年，福音堂小学正式开办，为基督教在河湟地区传播、扎根创造教育空间。② 1923年，美籍宣道会教士汪霄鹏等至同仁保安堡传教，借礼拜之时教授当地小学生英语，散发宣传画片等。③ 之后，外国宗教机构由传教士出资举办学校的现象多了起来，其中在基督教会举办的学校中，以西宁光华小学和培英小学规模较大，学生也较多，两所学校的经费完全由教会开支，教职员也都是教徒，教学内容以教授《圣经》为主，教学目的主要是培养神职人员，学校内建有教堂，每值礼拜日师生皆参与礼拜，学校行政领导权归教堂。其中，培英小学成立于1924年，设于西宁南大街天主教堂内，招收学生多为信徒的子女，规模最大时招收200多名小学生。

---

① 《青海省政府工作报告（民国二十五年）》，青海地方志办公室内部档案资料，档案编号：教育类，68：107。

② 刘继华：《英国籍"西宁人"与清末民初青海社会——胡立礼在青海的基督教活动及其影响》，《青海民族研究》2014年第2期，第162~166页。

③ 《同仁县志》，三秦出版社，2001，第955页。

此外，天主教会在西宁还设有黑嘴堡小学、西宁公教医院女子小学，在大通设立新添堡小学，在互助设立甘雷堡小学、许家寨小学，在乐都设立李家庄小学、丁家庄小学。1941 年，国民政府收回全国教育主权，上述教会学校被纳入国民教育体系。

国外宗教机构参与河湟教育近代化的进程与外国宗教文化在河湟地区传播过程是一种伴生关系，基督教在河湟地区的传播因区域不同、形态不同、居民不同形成较大的差异，基督教举办的近代教育的影响也呈现出较大差异。① 从区域上看，基督教举办的教育机构主要集中在西宁地区，对市民及周边汉族农民信徒产生过一定影响，而在半农半牧、牧区及穆斯林群众聚居区虽也举办过一些学校，但没有产生太大影响。

三 存在的问题

1911 年以来，青海河湟地区的近代教育经历了从无到有、从薄弱到兴盛的发展历程，在当时的地方政府、社会团体等的组织和努力下，中小学教育有了一定的发展和进步。但在教育近代化过程中也存在诸多问题，而这些问题皆与青海河湟地区民族边疆的社会文化属性关系密切。

（一）一些民众受制于原有地方秩序规范下的文化观念，对近代教育多有抵触心理

蒙古半日学堂成立后，蒙古族王公贵族生怕其子女入学后会被"洋化"，便雇人顶替或请求免予入学。赵春娥女士研究认为，青海省教育厅要求各藏传佛教寺院举办小学校的通令发出后，僧侣及藏

---

① 马明忠：《近代青海地区基督教传播的特点及社会影响》，《青海民族研究》2010 年第 2 期，第 154~158 页。

族上层抵制寺院办学，即便是已办学的广惠寺小学，其学生往往被"偷梁换柱"，即用汉族租户儿童顶替藏族学生。① 产生这种行为的背后，实际上是长期处于自治状态的政治与文化心理起着支配作用，王公贵族们担心其子女接受均质化的近代教育，会使其在政治与文化方面失去独立性，从而丧失维持其特权的文化基础。一些少数民族及宗教团体对近代教育的抵制，突出反映了民族边疆近代教育发展过程中所遇到的困难和存在的问题，同时也昭示了民族边疆社会文化的特殊性。

至于"蒙藏游牧区域，无所谓国民教育，惟宗教教育足以代之。他们的文化和思想，完全建筑在喇嘛之上，只看境内喇嘛和寺院之多，就可知他们是怎样被宗教所支配了"②。当时的调查报告显示，处于黄河上游的共和县，"全县人民因教育不发达，脑筋极为简单，唯思想单纯，信仰力最富"③。贵德县"番民习勤，畜牧、狩猎外，多事耕作，唯其性强悍……无革旧从新之毅力，今者开设蒙、番学校，提倡教导，虽如此行，总觉积重难返"④。近代教育遭遇保守落后的文化观念，以及内生地方秩序规范下的文化体系阻碍时，教育的发展基本无从谈起。

（二）青海河湟地区社会经济落后，地方政府的财力微薄，加之社会动荡等因素的干扰，使近代教育发展困难重重

青海河湟地区是经济欠发达地区，寒苦的自然条件，落后的人

---

① 赵春娥：《青海大通县广惠寺蒙藏小学校创办考论》，《民族研究》2012 年第 4 期，第 90 页。
② 《青海省的政治组织、政治机构、财政、教育——青海省介绍之三》，载王昱、李庆涛编《青海风土概况调查集》，青海人民出版社，1985，第 26 页。
③ 《共和县风土概况调查大纲》，载王昱、李庆涛编《青海风土概况调查集》，青海人民出版社，1985，第 189～190 页。
④ 《青海省贵德县风土调查大纲》，载王昱、李庆涛编《青海风土概况调查集》，青海人民出版社，1985，第 198 页。

文风貌及微薄的财政，都成为制约教育近代化的重要因素，即使是地处湟水下游的民和地区，也"教育落后，不堪言状"①。从相关统计看，直到1934年，青海的教育普及率十分低下，当时全省各县人口总和为1054714人，其中已受教育者仅为55447人。② 种种因素导致的是失学现象普遍存在，从表3-18中即可看出西宁县、大通县和湟源县的儿童失学情况。

表3-18　近代以来青海河湟地区儿童失学情况调查

县别	简况
西宁县	就学儿童数目约8/10，失学儿童约2/10。其救济办法，由县府及警察所、教育各机关创设平民学校，庶为收容
大通县	就学儿童共2120名，已达学龄之失学儿童3600有余。救济失学办法：一是推广平民学校；二是调查贫儿之不能购书者，由公家备置；三是施行强迫教育
湟源县	就学儿童，在城关及四乡改良各校合共有男女779名；已达学龄的失学儿童，城乡有2000余人。失学救济办法：在城乡开设平民学校20余处，计就学者已达600~700人

资料来源：王昱、李庆涛编《青海风土概况调查集》，青海人民出版社，1985。

　　教育经费的匮乏，既导致师资力量薄弱，也使教师们不能安心教学，人心不稳可能会造成严重的社会问题。西宁是当时教育最为发达的地区，但也存在师资严重不足的现象。当时"能教数学的教师，往往在各中学兼职，轮流授课。以致每星期忙忙碌碌，疲于奔命。……这种教师奇缺的局面从未改变，使青年学生受不到应有的

---

① 《民和县风土调查记》，载王昱、李庆涛编《青海风土概况调查集》，青海人民出版社，1985，第105页。

② 《青海教育概况（民国二十三年十月）》，青海地方志办公室内部档案资料，档案编号：教育类，49：24。

熏陶，整个教育事业，长期处于落后状态"①。民国时期的一份调查报告显示，当时省立西宁高级中学在理化实验设备方面，"因环境困难，应用的最低限度，都说不上"②。省会城市尚且如此，可以想见当时在各县举办的中小学师资和设备会是何种状况。至于职业教育，其师资缺乏的情况更为严重，青海省教育厅于 1943 年提交给国民政府教育部的工作报告指出，"本省农工科专门师资极感缺乏，故电请教（育）部遴派优秀农工师资来青任教，以期培养此项专门人才"。③

教师待遇低下制约了河湟地区的教育发展，小学教员们"尽瘁终日"，报酬"县立小学最多者不过二十元，至区立小学最多不过五六元"，在此情形下，"欲求一良好之师资，岂可得耶"④。青海省政府因财力不足，有时无法按时支付教工工资，马麟执政时期，西宁就发生过教师索薪事件。由于停发工资达 21 个月之久，教职员工无法维持正常生活，1933 年西宁地区的 300 多名教员组成"索薪团"，上街请愿，政府出兵武力镇压，引起激烈的社会动荡。⑤

师资缺乏、经费不足导致当时河湟地区教育发展不平衡。在西宁及周边地区，小学至中学及师范、职业教育体系相对完备，但边远地区，特别是半农半牧、牧业地区的教育体系根本没有建立起来。从教育的完整性看，即使是西宁地区，只有个别中学附设了幼儿园，整个河湟地区根本没有发展幼儿教育的社会基础。⑥

---

① 钟锡九：《解放前青海学校教育的二三事》，载《青海文史资料选辑（内部资料）》第 8 辑，1981，第 91 页。

② 暨南大学西北教育考察团：《西北教育考察报告》，1936，第 66 页。

③ 《青海省教育厅三十二年元月份工作报告》，青海地方志办公室内部档案资料，档案编号：教育类，49：145。

④ 青一：《改进青海教育刍议》，《新青海》第 1 卷第 2 期，1932，第 19 页。

⑤ 赵爱德、李华亭：《马麟时期西宁教职员工的一次索薪事件》，载《青海文史资料选辑（内部资料）》第 14 辑，1985，第 172～173 页。

⑥ 宋积琏：《青海幼稚教育实施研究（续）》，《新青海》第 2 卷第 6 期，1934，第 22～28 页。

动荡的社会局势也影响教育的正常发展，如马仲英屠湟事件对湟源的教育形成很大的冲击。"自民国十八年土匪陷落，发商生息之基金被抢，各商不能按时照付，以致教育经济支绌，进行困难，经县府督饬教育局设法维持，力加整顿，现有蒸蒸日上之泉。一俟地方金融活泼，自当极力扩充，以宏造就而育人材。"①

（三）教育界本身存在的问题也制约着青海河湟地区的教育发展

最为突出的问题莫过于"棍棒教育"和对学生的无端压制。"棍棒教育"即对学生施以体罚，这种现象在当时河湟地区教育界普遍存在，突出反映了传统教育形式对近代教育的负面影响。压制学生是当时青海河湟教育界普遍存在的问题，范长江先生曾记录过门源县教育界的怪现象。"最可怕的是记者在县府中所见的逮捕学生的纸条，那条子是一个学校当局送给县府的。上面说，学生某某等不守校规，'殴打同学'和'当众跳舞唱歌'，请予派警拘捕，以维风纪。县府在那纸条上批了一个'照办'。这不能不说是奇闻。我们要知道，这个县只有小学一所，对小学生采用这种办法，总算是教育法上新的贡献。"② 由此可见，教育界落后的教育理念也是当时这一地区教育领域存在的一大问题。

笔者认为，在华夏边缘社会文化属性衰退和民族边疆社会文化因素生成的过程中，近代教育既是促使完成这一过程的动力，也是相关文化因素的实验场。从青海河湟地区教育事业的进步与发展方面看，近代教育的推行促进了这一地区与中原的均质化，进而使华

---

① 《青海省湟源县风土概况调查大纲》，载王昱、李庆涛编《青海风土概况调查集》，青海人民出版社，1985，第165页。

② 《青海省的政治组织、政治机构、财政、教育——青海省介绍之三》，载王昱、李庆涛编《青海风土概况调查集》，青海人民出版社，1985，第22~23页。

夏边缘的文化属性进一步变淡；而从当时教育领域存在的诸多问题来看，作为民族边疆地区的青海河湟地区，仍在诸多方面具有地域和文化的独特性。

第三节　社会生活的近代化

青海河湟地区社会文化的近代转型还具体地体现在社会生活领域。所谓社会生活即指一般百姓的衣食住行、文体娱乐以及与日常生活有关的其他事项。近年来，随着新文化史研究理论与方法的不断普及，史学界越来越关注历史上边缘群体的社会生活史，笔者也拟利用青海河湟地区普通百姓社会生活方面的史料，来探究这一地区社会文化的近代转型。

一　衣食住行的近代化

服饰、饮食、建筑与交通关系着每个人的日常生活，也能十分具体地反映出特定人群的社会地位、经济收入及生活面貌。在多民族聚居地区，服饰、饮食和民居十分具体、鲜明地体现出民族之间在社会文化上的不同之处。在重大的社会变迁时期，衣食住行的变化也能反映时代的变迁及人们对社会变迁的理解和反应等。

（一）服饰与饮食的变迁

在我国古代，服饰不仅是人们遮羞、御寒、美化生活的一个工具，也是身份等级的象征，它还是政治归属的一个外化。因此，从服饰的变化上就能看出一个人群的民族属性、地域身份，也能看出他们的政治属性。①

在漫长的历史发展过程中，汉族曾经形成具有本民族特色的服饰文化，而改易服饰则往往被视为改朝换代的重大标志。清军入关后，把满人服饰强加于汉人，以此来证明其统治权。在普通民众的服饰中，最常见的是长袍马褂，女子服饰遵循明朝旧式，主要有小袖衣和长裙，旗袍、旗鞋等女性服饰也为汉族女性所接受。青海河湟地区汉族以及编户齐民的少数民族须遵循清朝服制，长袍马褂是当地男性主要服装样式。由于当地一些少数民族没有纳入王朝国家的行政体系之中，因此他们的服饰保留着本民族的特色。

近代以来，百姓服饰发生了大的变化，在总体西化的态势下，服装样式越来越简约化、方便化。在青海河湟地区，一般百姓的服饰也随着近代化的浪潮而发生了变化。民国初年，青海河湟百姓的服饰基本沿袭晚清的样式，普通男性一般仍身着长袍马褂，头戴瓜皮小帽。城镇居民也开始接受中山装、西式服装及学生装。女性一般着长衫、长袍，或上衣下裙。② 抗日战争时期，城镇男性曾流行穿人称"鸡大腿"的马裤，妇女则热衷穿旗袍。

民国时期，青海河湟地区少数民族服饰总体上变化不大，湟源县藏族男性"穿长领皮袄，以带围腰，领腰间衣悬如袋，取其多能携带物件也"，女性多穿长袍，"腰间亦系带，惟不令取悬垂也"③。大通县藏族及部分土族"穿皮衣、毡袄、皮靴、皮帽，身披红褐或氆氇袈裟，其男妇所穿大衣，甚为宽长，腰束一带"④。回族的服装

---

① 庄华峰等：《中国社会生活史》，合肥工业大学出版社，2003，第82~89页。
② 崔永红、张得祖、杜常顺主编《青海通史》，青海人民出版社，1999，第754页。
③ 王昱、李庆涛编《青海风土概况调查集》，青海人民出版社，1985，第128页。
④ 王昱、李庆涛编《青海风土概况调查集》，青海人民出版社，1985，第63页。

样式虽然基本与汉族趋同，"惟平常戴帽无顶。妇女无论冬夏，戴一古风帽式之暖帽，名曰'盖头'，又带一面罩，名曰'脸罩'，虽步行，亦如此"①。马鹤天曾云："按回教教规，凡信回教者，有一定服制。今虽比较自由，但普遍白布缠头或戴软白布帽，故俗有白帽回之称。"②由此可见，回族也有其独特的服饰传统。

近代以来，虽然青海河湟地区的服饰与中原内地的差别在缩小，但是作为民族边疆地区，其服饰文化仍有浓厚的地域特色，时人称："回族女人爱穿红、绿衣服；番子女人爱带银牌；土人女子爱穿大袖衣服，袖口上镶红、黄、蓝、白等杂色布条；汉人女子服装最近有点改良，多爱淡妆，不穿色布，不粘辫条，这也是人群化的现象。"③当时，外地人来到西宁即可看到，"在街上来往的人们，单从服饰上，很显然分出汉蒙回藏四族，初到此间的旅客，诚有五光十色，难于接应之势"④。由此可以看出，多元化的服饰即是民族边疆社会文化属性得以存续的一个基础，至今人们在西宁街头既能看到身着藏服的群众，也能目睹回族、撒拉族样式不同的白帽、盖头，说明民族边疆的文化属性在一定程度上具有跨时间性。

和服饰方面的变迁相比，青海河湟地区在饮食方面的变化并不十分明显，这一方面与饮食文化的固有属性有关，也与当时流动人口相对较少有一定关系。青海河湟地区地处青藏高原与黄土高原之间，在青藏高原饮食圈与甘肃、陕西一带的面食文化圈的共同作用下，⑤ 形成了兼融并包的饮食习惯。一方面河湟地区百姓也以面食为

① 王昱、李庆涛编《青海风土概况调查集》，青海人民出版社，1985，第43页。
② 马鹤天：《甘青藏边区考察记》，商务印书馆，1947，第220页。
③ 王昱、李庆涛编《青海风土概况调查集》，青海人民出版社，1985，第83页。
④ 范长江：《中国的西北角》，新华出版社，1980，第87页。
⑤ 赵荣光：《中国饮食文化史》，上海人民出版社，2006，第33~35页。

主，但同时羊肉和酥油也是青海河湟地区百姓所能接受的食品。当时，产自青海湖的湟鱼是可供青海河湟百姓食用的主要鱼类，在庙会上，"卖鱼者，将蒸好干板湟鱼的蒸笼挂在胸前，沿会场叫卖，卖出时给顾客一片大头菜叶子，用以盛鱼。" 此外，一些地方特色小吃也深受百姓喜爱，刘粽子、曹酿皮、殷凉粉等名小吃颇有市场。[1] 当时，来自中原内地的一些饮食品种也为当地人所接受，这集中反映了饮食文化的内地化。"有一位兰州人姓王名建三，他做的酥饼，香甜酥脆软，火候适度。老人们探望亲戚朋友，为馈赠必带的佳品。他做的酥饼拿到手上一抖，就像宽韭叶面条，可用筷子夹着吃。一天只做半天生意，想吃的去迟了还买不到。"[2] 还有卖龙熏肉的，"大新街住一位姓陇的四川人，人们都叫他陇大爷"[3]。

总之，西宁是青海河湟地区的政治、经济和文化中心，西宁的饮食状况也基本能代表当时这一地区的饮食文化特色，而从上述相关材料中，已能看出饮食文化的一些变迁，如由南方人经营的卤肉店等，这说明随着青海河湟地区与内地均质化进程的加速，作为民族边疆地区的青海河湟又在承纳新的饮食品种。

（二）建筑与交通的变迁

与居民日常生活相关的建筑可分为两大类，一类是公共建筑，另一类是民居。在青海河湟地区，民居类型有很大差异，城镇民居以四合院为典型。四合院是我国北方最常见的民居，河湟地区的四

---

① 巢生祥：《旧时西宁印象》，载《青海文史资料集萃·社会卷（内部资料）》，2001，第162页。
② 何鸿仪、邸兆贵：《西宁的风味小吃》，载《青海文史资料集萃·社会卷（内部资料）》，2001，第273页。
③ 何鸿仪、邸兆贵：《西宁的风味小吃》，载《青海文史资料集萃·社会卷（内部资料）》，2001，第273页。

合院是由北方民居发展而来的，不同的是，河湟地区的四合院不太讲究对称美学，其大门一般不开在院子中轴线上，却开在院子的某个角落。① 农村民居则以"庄窠"为典型，它是由四面土墙围起来的一个院子，其中房屋为土木结构的平房，分堂屋、卧室、厨房等。"庄窠"的大门与房屋的质量、用材也因居民的财力不同而有所区别，如大门有砖门和土门之分，青海河湟地区有谚语云：砖门的对砖门，土门的对土门，意为门当户对。少数民族的民居与汉族民居也有相近的，如回族农村也是以"庄窠"为主，从事农业的"家西番"及土族也通常住在"庄窠"里。从事游牧的藏族，一般住帐篷。大通北部的蒙古族往往居住在蒙古包里。

近代以来，青海河湟地区的社会结构在发生着变化，居民的社会生活也因近代化的浪潮而发生着前所未有的改变，不过从民居的角度看，当时无论是普通城镇居民还是农村、牧区居民，其居住方式没有发生太大的改变，特别是从事游牧业的少数民族，其居住方式仍然承袭旧有传统，这也突出反映青海河湟地区作为民族边疆的特殊性。

在城镇，一些公共建筑的近代化特征相对明显。例如，西宁的湟中大厦、湟光电影院等建筑一般采用了新式建筑材料和建筑工艺。"这类建筑较一般建筑高大，用近代的材料玻璃装备门窗，有较好的采光、通风，面积有所扩大，内部装修陈设趋于近代化。个别建筑利用厚砖墙、大木料，盖起了十几米跨度的小礼堂、舞厅及电影院。"②此外，个别富有的居民还住上了小洋楼，"一些豪富之家修建

---

① 邓靖声：《旧时的西宁民居》，载《西宁城中文史资料（内部资料）》第6辑，1993，第148~149页。

② 陈梅鹤：《青海房屋建筑概况》，载《青海文史资料选辑（内部资料）》第7辑，1980，第125页。

的高级住宅有中式平房、楼房，又有仿西式的‘洋楼’‘洋式房子’，附有花园、凉亭、长廊等，备极华丽。与此形成鲜明对照的是，城镇中大多数居民住的只是低矮破旧的小土屋。"① 外地人士来到西宁，发现"城内房屋，除福音堂、天主堂、第一女子师范、第一中学及回教促进会各建新式洋楼外，余多旧式"②。可见，尽管有一些近代建筑，但整体上西宁仍是一座古城，而省会城市尚且如此，小县城则更鲜有新式建筑。

与建筑相比，交通方面的变化更能直接反映当时的社会变迁。自古以来，青海河湟地区就是中亚通往内地的必经之地，也是丝绸之路河南道的中枢，因此地理位置十分重要。在长期的人员往来与贸易交往过程中，青海河湟地区形成了较为完备的交通网。不过，受当时社会经济发展水平的限制，驿道、大路及乡村小道皆为土泥砂石路，不仅行走不便，一旦遇到下雨更是泥泞不堪。北洋政府时期，青海河湟地区的交通条件并没有得到改善，人们仍"沿用古已有之的车骑驮道，零星修筑道路之举，是以能通行木车为标准。真正的公路建设始于青海建省之后"③。

青海建省后，"修筑道路"成为省政府八大施政纲领之一，自此青海河湟地区的交通近代化才真正提上日程。当时，这一地区的交通网是以省会城市西宁为中心，向东南北三个方向延伸，构成了串联河湟各地的一个交通网。

西宁向东的公路，主干线是甘青公路，即联通西宁和兰州的公路。民国初年，"从兰州来西宁有两条路：一条是大车路（也走骆

---

① 崔永红、张得祖、杜常顺：《青海通史》，青海人民出版社，1999，第757页。
② 林鹏侠：《西北行》，甘肃人民出版社，2002，第87页。
③ 崔永红、张得祖、杜常顺：《青海通史》，青海人民出版社，1999，第722页。

驼），从甘肃永登、八宝川到冰沟、老鸦城、乐都达西宁，里程比较远。另一条小路由兰州、安宁堡、黑咀子、老鸦城、乐都达西宁。这条路近，但很危险，如经过老鸦峡阎王匾、鹦哥咀等地段时，都不能骑牲口，只能牵住驮货的牲口，单人步行"①。甘青公路的"前身是清代兰州通西宁的官马大道，简称官道，又称兰湟大车道。因老鸦峡悬崖峭壁，不通大车。故旧路车辆绕道永登，经冰沟山进入青海。民国二十七年，在以组织保甲、训练壮丁、修筑公路、积极造林、厉行禁烟和推广识字为六大中心工作的口号声中，执行兵工政策，征用民工，雇用技工，协同修筑。首先打通老鸦峡路基工程。为避免湟水对道路的冲刷，又把原在湟水北面，白马寺处被毁坏的线路，改筑在湟水以南。并新建大峡湟水河后桥，亦名握桥。这样，甘青公路西宁至享堂段终于开通。以后又断断续续添建桥涵，铺筑路面，在逐步改善"②。1929～1948年，青海省政府先后四次修筑甘青公路西宁至享堂段，使之成为青海省境内等级最高的一条公路，③也成为当时最先进的一条公路。马鹤天先生在《甘青藏边区考察记》中说："余来西宁，已三次矣。十年前来时，乘架窝，一周始达；一年前虽乘汽车，因路工尚差，需四日；此次仅半日即达，可知西宁交通逐年进步。"④

西宁通往玉树的公路因具有很强的战略意义而受到政府的高度重视，这条公路先是由西宁向西至湟源，越过日月山后达共和县，再到兴海地区，越黄河向南至青海牧区腹地，因此是贯通河湟地区

① 廖霭庭：《解放前西宁一带商业和金融业概况》，载《青海文史资料选辑（内部资料）》第1辑，1963，第115～116页。

② 刘秉德：《民国时期的西宁交通概况》，载《西宁文史资料（内部资料）》第4辑，1986，第81页。

③ 崔永红、张得祖、杜常顺：《青海通史》，青海人民出版社，1999，第723～725页。

④ 马鹤天：《甘青藏边区考察记》，商务印书馆，1947，第141～142页。

的交通要道。青海建省后，"由省交通处主持修筑湟源县到日月山下的哈拉库图段，长三十五公里；一九三二年，青海南部边区警备司令部交通处主持补修西宁至大河坝土路三百一十六公里；一九三七年，原青海省政府强迫被俘红军一千多人参加修筑西宁至大河坝段；一九三八年，湟源至倒淌河、倒淌河至恰卜恰、恰卜恰至大河坝三段同时施工；这两年内展修了二百八十九公里便道；一九三九年，继续整修恰卜恰至大河坝的石方地段，并修建倒淌河、东巴、恰卜恰站房各一处，共计七十多间"①。至此，宁玉公路在河湟地区的路段基本修通。抗日战争胜利后，宁玉公路全线通行，并于 1947 年 9 月 15 日在西宁举行通车典礼。②

由西宁经大通向北进入海北地区，再翻越祁连山至甘肃河西地区的公路也是青海河湟地区向外联系的交通要道。青海建省前，由于"大通界近青海丛山之中，交通甚感阻滞，虽车马勉强可行，而冬季冱寒，道路难行。惟有骆驼、脚骡，尚可籍以运输，聊通商旅"③。建省后，"由省建设厅派员勘测，对西宁至大通的道路，由原通过村庄改在北川河西岸另辟公路，沿河北行。征调兵、民工拓宽路基达 12 米，路面宽 5.5 米，修建桥涵，铺筑砾石路面，是为宁大公路，全长 53 公里"。当时，青海省政府还整修了大通至门源的公路，与宁大公路相连，全长 138 公里，路面宽 7 米。后又陆续修建了互大公路、宝大支路等，从而使西宁拥有了北向河西的交通

---

① 《解放前青藏公路（宁玉段）修筑概况》，载《青海文史资料选辑（内部资料）》第 11 辑，1983，第 59 页。
② 刘秉德：《民国时期的西宁交通概况》，载《西宁文史资料（内部资料）》第 4 辑，1986，第 85~86 页。
③ 王昱、李庆涛编《青海风土概况调查集》，青海人民出版社，1985，第 80 页。

条件。①

公路的修通意味着近代化的交通工具可为人们的出行提供便利。当时，"甘青公路修通之后，跑长途拉运的是由三四匹马骡拉的胶轮大车，1940 年代西宁至兰州、西宁至大通之间修筑了简易砂石公路，当局为了保护公路，规定凡大车（木板车和铁大车）均不得走公路，只能走土路，人们为了适应这一规定，便在木轮车轴上钉一圈汽车外胎（胶皮），使公路部门无法禁止其上公路行驶，人们便叫这种车为'杠骚车'。西宁人将耍赖皮者叫杠骚，杠骚车者，赖着上公路的木车，这也是时代变迁中的一景。长途商旅行人，有钱的乘坐一种叫闪子的驮载工具，是在两根长杆上用苇席扎成拱形棚，由两匹骡马前后驮载，行走起来，一闪一闪的，可避免颠簸之苦，但一般人家很难享用"②。除了传统的胶轮大车、木轮大车外，青海河湟地区出现了利用公共汽车出行的客运系统，到抗战前后，西宁至兰州、鲁沙尔、大通桥头、湟源都有客运专线。③ 此外，一些政府部门及个别富户还拥有了小汽车，《青海公路交通史》的统计显示，1948 年全省汽车保有量达 216 辆，其中民用车 176 辆，军用车 15 辆，私车 25 辆。④

青海河湟地区交通近代化还体现在西宁机场的建设上。1931 年，青海省政府"在西宁东郊乐家湾整修长、宽各一千米，面积一百万平方米的空场地，称为乐家湾飞机场。两年后，民国政府

① 汤伯铭：《民国时期大通公路建设概况》，载《大通文史资料（内部资料）》第 3 辑，1990，第 134 页。

② 巢生祥：《民国时期的西宁面貌》，载《城西区文史资料（内部资料）》第 5 辑，2007，第 29 页。

③ 刘秉德：《民国时期的西宁交通概况》，载《西宁文史资料（内部资料）》第 4 辑，1986，第 87 页。

④ 欧国华：《青海公路交通史》，人民交通出版社，1989，第 307 页。

交通部计划将上海至迪化，即今新疆乌鲁木齐的航空班机，飞经西宁起落，要省政府修筑飞机场。西宁县政府受命后，即强征民伕、车马运输施工。在已建飞机场的基础上，重新扩建为长、宽各一千六百米，总面积二百五十六万平方米。较原来加大了一倍半的新飞机场竣工后，欧亚航空公司曾派飞机来试航，但民航班机并未飞经西宁，仅供高级军政人员的专机使用"[1]。尽管这一机场的民用性质大打折扣，但它的出现至少说明当时最先进的交通方式已出现在河湟。

由于地域条件限制，青海河湟地区交通近代化进展缓慢，如为了保护公路，当时的"公路上只准行汽车、胶轮车、自行车和行人；铁木轮车、驮畜和单骑等均不准上路，既限制运输事业的发展，又损伤人民修桥铺路的积极性。……增添了一条专与公路平行的车马大道，既占用了良田，又增加了群众负担"[2]。一些道路，"虽名为公路，若遇紧急情况，勉强亦可通行汽车，但标准不高，实为大车道而已。民国时期，全省共修建公路四千四百七十二公里，但正常可行驶汽车的仅四百八十一公里"[3]。这些情况集中反映出青海河湟地区是民族边疆地区的历史事实，也反映出该地不同于中原的社会文化属性。

二　文体娱乐及宗教生活的近代化

文艺、体育、娱乐方式及宗教生活的近代化是我国近代化的重

---

① 刘秉德：《民国时期的西宁交通概况》，载《西宁文史资料（内部资料）》第 4 辑，1986，第 91～93 页。
② 刘秉德：《民国时期的西宁交通概况》，载《西宁文史资料（内部资料）》第 4 辑，1986，第 87 页。
③ 刘秉德：《民国时期的西宁交通概况》，载《西宁文史资料（内部资料）》第 4 辑，1986，第 86 页。

要组成部分，因文体娱乐与百姓日常生活关系密切，因此能够直观地反映人们对社会大变迁的理解与适应。在青海河湟地区，传统的文体娱乐形式往往受当时内生的地方秩序影响，因此具有浓厚的地域特性。近代以来，当地的文体娱乐形式也开始向近代化迈进，同时也保留了原有的一些特色。另外宗教生活中的一些近代因素既能体现出河湟社会文化的近代化趋势，也能反映出河湟地区作为民族边疆地区的特殊性。

（一）文艺、体育的近代化

青海河湟地区百姓喜闻乐见的文艺形式是"花儿"，"'花儿'是流行于三陇及甘青宁的一种山歌。亦多有称之为'少年'者。'花儿'指所钟爱的女人，'少年'则是男人们自觉的一种口号。追求人生意义，唯有少年为黄金时代，而恋爱钟情诸般韵事，唯少年能尽所欢。是以歌者虽龙钟老人，其歌仍然以少年名之。楚辞中拿香草比美人，诗人也往往将花比玉，而以'花儿'名其所歌，可谓独擅一格。"[①] 从区域角度看，"花儿"分三个区域，"第一（区域）是河州和狄道一带，包括洮沙、官堡、渭源、和政、宁定、永靖、夏河、循化、碾伯等县。这一区域，花儿的作风和唱的调子都是相同的。第二区域是西宁、湟源、巴燕戎、贵德一带。这一区域的歌词形式，是和河州相同，而调子有异。第三区域是洮州、岷州一带。这一区域的花儿，作风和调子完全是独立的，和前两者完全不同"[②]。青海河湟"花儿"以其曲调优美、文辞通俗而深受当地百姓喜爱。

---

① 张亚雄：《西北山歌"花儿"集叙论》，载《青海民族民间文学资料》第20集，1961，第157页。

② 张亚雄：《西北山歌"花儿"集叙论》，载《青海民族民间文学资料》第20集，1961，第185页。

一般百姓在闲暇时不仅在田野里唱"花儿"，也会通过组织歌唱活动的形式来享受民间文艺带来的乐趣。

民国时期，青海河湟各地都有各种名目的"花儿会"，其中"西宁一带有两个很大的会场，会期时，各地会唱花儿的男女青年，不论远近，皆赶来比赛。其一为郭莽寺（第五十七首歌词有郭莽寺）。在青海大通县的东峡，就是'东峡令'的发祥地。开会日期为正月十四、十五和六月十四、十五。其二为西宁的老爷山，是六月初四至初六日举行三天"①。当时比较流行的曲调有以下两首。②

郭莽寺仔溜宝瓶，铁丝儿拉下子扯绳。

出来个大门难打听，你是脑阿哥仔扯心。

嘉庆爷折照草地里，尕马儿下兰州哩。

一处儿坐惯了你走哩，青刀儿挖脑仔肉哩。

"花儿"以抒发情感、歌颂爱情为主，同时也用来表达民情及百姓对历史人物、事件的看法等。近代以来，受到社会现实的刺激和影响，人们也借"花儿"表达对现实的关怀，如抗日战争时期，"曾出现过大量的'抗日花儿'，这些都具有强烈的爱国英雄主义精神"③。

来自省外的一些艺术团体也对丰富当地百姓的文艺生活做出过

① 张亚雄：《西北山歌"花儿"集叙论》，载《青海民族民间文学资料》第 20 集，1961，第 207 页。
② 张亚雄：《西北山歌"花儿"集叙论》，载《青海民族民间文学资料》第 20 集，1961，第 186 页。
③ 霞千：《青海各民族民间文学简介》，载《青海文史资料选辑（内部资料）》第 12 辑，1984，第 122 页。

贡献，如"陕西秦腔剧班'三胜班'和'丰胜班'来西宁，在饮马街汪家寺演出"。1935 年，"山西蒲剧团来西宁，在山陕会馆、石坡街剧院演出"。1946 年秋，"抗日战争胜利后，西北行辕所属天山剧团来西宁，在中山堂演出《钗头凤》《日出》《岳云》《碧血花》等剧目"①。因青海汉族大多为来自山陕一带的移民，因此秦腔艺术深受河湟百姓喜爱，一旦有外省剧团到来，都能得到当地百姓的追捧，而秦腔艺术在青海河湟传播也突出地反映了当地的内地化趋势。

一些文艺专家在青海河湟地区的活动也引发了当地文艺的近代化。1938 年 9 月，"作曲家王洛宾来西宁，搜集民歌，创作有《在那遥远的地方》《阿拉木汗》《半个月亮爬上来》等歌曲"②。王洛宾为当时有名的艺术家兼社会活动家，深得马氏政权的青睐，因此他在西宁等地的社会活动及授教活动，对促进当地文艺近代化起到了很大的作用。抗日战争期间，老舍先生也曾来到青海河湟，并在西宁一中"为教师和学生作了一次学术报告，题为《什么叫新文学?》，他知识渊博，讲话通俗易懂，幽默风趣，运用诙谐的语言，使听众的情绪始终活跃热烈"③。受他的影响，当时"学校里学生自办的文艺小报，接踵而出。唯一的地方报纸也开辟了文艺副刊，一时文艺写作蔚然成风"④。1942 年夏，"著名画家沈逸千来西宁塔尔寺作画，并在西宁举办画展"⑤。抗日战争期间，政府也借助文艺宣

---

① 西宁市志编纂委员会：《西宁市志·大事记》，陕西人民出版社，1998，第 64、71、80 页。
② 西宁市志编纂委员会：《西宁市志·大事记》，陕西人民出版社，1998，第 74 页。
③ 周宜逑：《抗战时期文艺界著名人士来青活动的片断》，载《青海文史资料选辑（内部资料）》第 7 辑，1980，第 94 页。
④ 周宜逑：《抗战时期文艺界著名人士来青活动的片断》，载《青海文史资料选辑（内部资料）》第 7 辑，1980，第 94 页。
⑤ 西宁市志编纂委员会：《西宁市志·大事记》，陕西人民出版社，1998，第 76 页。

传民族团结、一致抗日。1939 年，蒙、藏各族在青海湖"祭海"，政府以民众普遍能够接受的话语，如"如果五指捏成一个拳头，力量就很大了""后方民众定要服从政府命令增加生产"等，宣传团结起来、一致抗日的民族精神。①

在古代社会，青海河湟百姓通过日常劳作、射箭、赛马等形式达到健康的效果，但是没有自觉的体育运动，蒙、藏、土等民族喜爱的摔跤、射箭等活动与其说是体育运动项目，不如说它们更多的是某种仪式的象征。近代以来，西方体育运动项目传入中国，以体育活动达到康健百姓身体、传达国家意志的群体性活动也在中国展开。虽然河湟地区的相关活动比内地滞后，但是，无论是学校体育，还是社会体育活动，也在逐步开展。

青海河湟地区的近代体育是从学校体育发展起来的。1919 年，英国传教士胡立礼夫妇在西宁培英小学设立以篮球、足球为主的体育课程。② 1920 年，蒙番学校校庆十周年，举行跳高、铁饼、铅球等体育活动，且有哑铃、劈刺、毛瑟枪表演。这是青海河湟地区有关学校体育活动的较早记录。1927 年 10 月 3 日，"西宁各校举行联合运动会，公推参加大会的甘肃省教育厅长马鹤天为总裁。马在会上提出：'德、智、体、群、美，五育之关系。'……第一高中的成绩最优，学生张生珠分数第一"。是年，"北京女子师范大学体育专修科青海籍学生韩树兰学成回到青海。这是青海最早的体育专业人才"③。1931 年，青海选出 12 名学生参加全国运动大会，他们到南

① 《朱长官对蒙藏首领等恳切训话》，青海地方志办公室内部档案资料，档案编号：民俗、方志类，67：8。
② 姚晃、杨元春：《西宁体育史话》，载《西宁文史资料（内部资料）》第 6 辑，1989，第 57 页。
③ 方协邦：《青海体育史略》，甘肃民族出版社，1995，第 3 页。

京后，正值东北沦陷，全国各地罢课，学生上街示威，运动会不能按期举办，南京政府不负责食宿，学生们等候两月有余。次年，青海学生再赴南京参加运动大会，但因交通延误，未能参加。① 青海省政府针对省垣西宁学生较多，体育场地狭小、设备不全、经费困难等情况，拨专款修建学校体育设施，且责令学校承担人工，由各学校校长督导筹备及建设，使省垣各学校体育设施得以改善。② 经过数年的努力，青海河湟地区学校体育活动较之前更加规范，体育师资也有所改善，学生参与社会性体育活动的机会也较之前大为增加，特别是昆仑中学、湟川中学等的学校体育活动举办得有声有色。1940 年，昆仑中学体育场占地面积 30 亩，有田径场、足球场、网球场、篮球场、排球场及健身房等设施，全年经费为 700 元，临时经费 100 元。西宁第一中学体育场总面积 3. 47 亩，设有乒乓室、健身房、篮球场等，全年经费 120 元，临时经费 50 元。西宁女子师范学校操场占地面积为 15. 5 亩，设有足球场、篮球场、健身房等，常年经费为 540 元，临时经费 100 元。除此而外，青海省政府通过举办师资培训、建立学生体育成绩考核办法等举措，在各类学校推行近代体育教育。③

青海建省后，西宁第一中学建有较完备的体育场所，该校不仅严格执行当时教育部规定教授的体育课目，兼任该校校长的教育厅厅长杨希尧还十分重视篮球比赛，学生参与体育活动的热情也颇高。湟川中学的体育教育也较为严格，该校体育活动的特点是，每天早

---

① 《青海省体育概况（民国十九年至二十二年）》，青海地方志办公室内部档案资料，档案编号：体育类，57：1。

② 《马主席在省垣筹建公共体育场》，青海地方志办公室内部档案资料，档案编号：体育类，57：2。

③ 《青海省体育概况（民国二十九年）》，青海地方志办公室内部档案资料，档案编号：体育类，57：3～4。

操和课外活动期间，在体育场上经常有师生一起进行各项体育活动。湟川中学的课外体育活动，除球类、田径比赛外，其他活动项目更是丰富多彩，别开生面，如拔河、摔跤、滑冰、爬山、踢毽子、掰手腕、拔腰、武术、垫上运动、双杠、单杠、木马、夜行军、远足旅游、夏令营等等。昆仑中学的体育活动也甚为活跃，为培养军政骨干，全校师生的大部分时间花费在军事体育方面，这也是昆仑中学的最大特点。该校早操主要是跑操，军事教官对学生管理甚严，稍有不轨，便会施以重罚。昆仑中学还十分重视武术训练，学生在全省运动会和武术比赛大会上每每名列前茅。1938 年秋，国民党中央政治学校包头分校迁至西宁，"该校专职体育教师张立潮曾肄业于北京师范大学体育系，有较丰富的专业知识和教学经验。他的到来，使各项体育活动尤其是篮球走向正规，被誉为'西宁近代体育的传播者'"①。

在社会体育方面，青海于 1930 年成立青海国术研究馆，这一团体"聘请省党务筹委会常务委员、省政府秘书长黎丹，省民政厅厅长王玉堂，著名武术家、新九师司令部秘书长马凤图，省党部筹委会训练部长王守钧和张昌荣为委员。同年 8 月成立，王玉堂兼任馆长，后由马凤图、马玉龙等兼任馆长。馆址设在西宁民众娱乐场（小校场）北。聘请北平武术家刘陆隐来馆任教练，收徒传艺，并经常举行练武比赛"②。1935 年，第六届全国运动大会在上海举行，鉴于前三次全国运动大会时，青海尚未建省，而第四、五次大会因交通不便、经费缺乏，青海省也未参会，第六届全国运动大会召开时，

---

① 姚晃、杨元春：《西宁体育史话》，载《西宁文史资料（内部资料）》第 6 辑，1989，第 58 页。
② 方协邦：《青海体育史略》，甘肃民族出版社，1995，第 106 页。

张得善、邹国柱等人士认为，参加运动大会是破除青海留给外界的神秘之感，摘掉"落后"帽子，展现市民风采的绝好机会，故极力促成并组织运动队参加，组织选手训练，并最终成功参会。虽然运动员在这次大会上没有取得好的成绩，但毕竟是第一次参与全国性运动大会，这对青海河湟地区近代体育事业而言无疑具有里程碑意义。①

当时，青海省体育行政类公务由教育厅第三科办理，其主要职责是负责设计指导监督全省体育，各县体育行政事务由县教育科统筹办理。青海省体育行政管理部门制定了《青海省垣公工作体育场各项运动规则》及实施计划，通过利用旧有运动场地及新建体育场，来发展近代体育运动事业。② 首先，将原来的小校场开辟为体育运动场。小校场也称作娱民大会场，是青海省早期的运动场所。明万历二十三年（1595 年），西宁兵备按察使刘敏宽在西宁城内设置衙门，并在附近辟出广场，作为士兵训练之处，称小校场。青海建省前这里为西宁镇守使公署的附设场地，有军队在此驻扎训练。1929 年建省后，每逢纪念日，在这里举行集会。同年七月，省民政厅、建设厅联名报请省主席孙连仲拨款在场内北侧修建讲演台，并设置运动器材 10 余件，定名青海省娱民大会场，并派专人管理。它设有平梯、穿梯、滑台、浪桥、转球、平台、秋千、转台、浪船各 1 架，单杠、双杠、木马各 2 副，篮球场（带球架）、排球场、足球场各 1 个。1931 年增网球场 1 个。1939 年 5 月，在此建设省垣公共体育场。经半年修建，修成面积为 110 米 × 80 米的会场。场内布有篮球、

---

① 张科善、邹国柱：《青海代表队参加第六届全国运动大会经过》，《新青海》第 3 卷第 11 期，1935，第 31 ~ 57 页。

② 《青海省体育概况（民国二十九年）》，青海地方志办公室内部档案资料，档案编号：体育类，57：3.

网球、木马、国术、田赛、足球场及百米田径赛跑道等。① 其次，大校场也开辟为体育运动场地。大校场是青海早期运动场所，位于今西宁城东杨家庄以南直至山麓（今树林巷以东、德令哈路以西的广阔区域内）。这个练武场起源悠久，明洪武二十年（1387 年），在西宁东郊建演武场，明成化三年（1467 年）重修，东西宽约 500 米，南北长约 1000 米，占地面积 750 多亩。设置大校场初为"五大营"士兵集中会操训练用，明、清时期常用来驻兵。1911 年，马麒任西宁镇总兵官时又重修，驻扎所属第九师。1930 年，孙连仲所属国民军在此驻扎后，并在广场北新建演武厅，与大门相对的南墙中部修有高 5 米、宽 10 米的大照壁。广场内设篮球、网球场地数个，球场四周则有单杠、木马、天桥、浪船等多种体育设备，是西宁地区最早建成的最大的军事训练和体育活动的综合性场所。政府还兴修了西门体育运动场。这是一处大型综合性运动场所。1944～1945 年，西宁县县长赵永鉴主持修建麒麟公园时建有篮球场一个，因距河水太近，场地泛潮不能使用，遂将球场移至河东岸（今西门体育场北），并逐渐增设网球场、木马、单杠、双杠等体育设备，1947 年建成后由西宁县政府负责维修管理。1946 年夏，还在西门南侧，南川河东岸树丛中开辟青年运动场，至 1949 年完成。

建省前，青海河湟地区曾举办过县级运动会。1921 年 10 月，西宁县举办运动会，地点在小校场。各学校学生参加。项目有足球、篮球、网球比赛，有哑铃操、游戏操表演，还有 100 米、500 米赛跑，有高栏、低栏跑。县长周子扬主持开幕式，道尹黎丹讲了话。优胜者发椭圆形银质奖章，运动员 600 余人。1931 年 8 月，青海省

① 方协邦：《青海体育史略》，甘肃民族出版社，1995，第 139 页。

第一届体育运动会在西宁大校场举行。这届运动会由省政府责成特派员办事处承办。竞赛项目有田径（50 米、100 米、400 米、800 米、高栏、低栏、400 米接力、竞走、2 人 3 足竞走、标枪、铁饼、铅球、跳高、跳远、三级跳远、撑竿跳）、篮球、足球；表演项目有劈刀、拳术、哑铃操、手绢操、三角红旗操等。会期 3 天。乐都、民和、化隆等县及西宁地区的各团体、机关、学校、军队等 1000 多人参赛。少数学校和女子师范学校的女学生首次参加了比赛。省立一中的王廷璋、侯建邦分别获得男子 100 米、200 米及 400 米赛的冠军；西宁南川逯家寨人马驷获 800 米第一名。这届运动会是青海建省后的首届运动会，对近代体育在青海进一步传播和推动具有先导作用。1933 年 8 月，青海省第二届体育运动会也在"西宁大校场举行。大会设置了竞赛项目和表演项目。竞赛项目有田径（17 项）、篮球、足球，新增兜囊竞走、滚铁环跑等；表演项目有武术、马术、团体操、网球等。运动会由省教育厅、国民党青海省党部联合举办，会期 5 天。省属 7 县及省垣各界都派运动员参加，5000 余名运动员参加了比赛和表演。大会总指挥为赵永鉴。开幕式上军乐队为先导，手枪团表演了武术、兵式操，骑兵表演了骑马钻火圈、越障碍、打靶等。童子军表演了军棍操、哑铃操，各学校表演了柔软体操、手绢操。在比赛中，省立师范侯建邦、吴永泰分获 100 米、200 米赛第一名，张洪发获 400 米、800 米赛第一名，赵永棠、陈文郁分获女子 100 米、200 米赛第一名。[①]

除此之外，由机关单位、知名人士等发起的体育运动也在当时引起人们的普遍关注，例如，1934 年，国民党青海省部、省教育厅

---

① 方协邦：《青海体育史略》，甘肃民族出版社，1995，第 129 页。

举办"子香杯篮球赛"，有 19 个学校，22 个机关和军营队参加比赛，比赛共进行两个月。1938 年 1 月，率剧团来西宁演出的王洛宾，在湟中公园表演滑冰，自此西宁开始有近代冰上体育活动。1944 年夏，湟中公园简易游泳池建成，王洛宾、陈显达、马振兴表演池内游泳，这是西宁池内游泳的开始。为发展冬季运动，1945 年 1 月，马步芳下令在省政府后院浇成面积 1000 多平方米的冰场，有男女 70 多人穿冰鞋滑行；后赵永鉴在麒麟公园南侧建成冰场一处，群众滑冰者日增。①

从上述材料可以看出，当时的体育场地、运动团体一般设在省会城市西宁，其他县虽也有零星的体育活动，但都不成规模②，这既反映出当时包括体育运动在内的近代化事业一般集中在中心城市的事实，也说明以体育活动为代表的近代化进程的不平衡性。当时，还未接触到近代体育项目的地区，人们仍以不自觉的活动来健身，体育运动表达出的国家意志力也在这些地方较为淡薄，这些都是民族边疆地区的社会现实和基本特征。

（二）娱乐方式的近代化

青海河湟地区的传统娱乐方式具有多元化的特点，比如汉族、回族及城镇居民以养狗、养鸽、养花、游园、逛庙会为主要娱乐形式；③蒙、藏等少数民族则以在山间唱"拉伊"情歌、赛马、射箭等为主要娱乐项目。近代以来，传统的娱乐方式仍是当地百姓主要

①　方协邦：《青海体育史略》，甘肃民族出版社，1995，第 6~8 页。
②　1940 年时，青海省政府责令各县教育科统筹办理当地学校体育场及公共体育事务，但因各县经费困难，学校体育设施普遍落后，当时全省共计有省立体育场 1 处，各县计有 6 处，多数县没有公共体育场。参见《青海省体育概况（民国二十九年）》，青海地方志办公室内部档案资料，档案编号：体育类，57：3。
③　李健胜：《清代—民国西宁社会生活史》，人民出版社，2012，第 134~137 页。

的娱乐内容。"古城西宁的社戏因季节不同而形式各异。从正月初七日开始的灯影和眉户戏，一直唱到正月十七日"①。逛庙会、听秦腔也是当时最热门的娱乐，有人回忆，"到了夏历五月，小麦拔地而起，做完了耘草的农妇农夫，得到暂时的休息时机。古城的庙会，又聚集了城乡居民。五月十三的南山寺关帝庙会，五月十八的城隍庙会，六月二十的南山寺财神会，六月六的北山寺和苏家河湾药水祠庙会，一个接一个，纷至沓来。有的庙会唱着大戏（秦腔），人们相继奔往。"② 逛茶园也是重要的娱乐形式。当时，"西宁地区经营茶馆颇有名气的有两家大户：一家户主名叫金吉斋，外号称金家禄禄，兰州人。另一家户主名叫冯宝山，西宁人（住新民街），在香水园开茶馆，规模较金家次之"③。

娱乐生活的近代化主要体现在电影院的出现和观影活动的展开，1930 年，"外地商人在山陕会馆放映无声电影《日本火山爆发》及卓别林滑稽影片"④。这是青海河湟地区放映电影的较早记录。为满足当时百姓的观影需要，西宁还成立了湟光电影院。有人回忆："昔日的湟光电影院，比当今西宁地区和各州、县的电影院，并不显得有多么起眼，可是它在当时是全省唯一的一所营业性电影院，也是当地群众文化娱乐的重要场所。'湟光'一名，取自湟水，湟光二字连用，表示西宁地区的文化事业呈现出了光彩（一说"光"指光明，普通百姓家多用青油灯、蜡烛或汽灯照明，只有党政军教政要

---

① 巢生祥：《旧时西宁印象》，载《青海文史资料集萃·社会卷（内部资料）》，2001，第159 页。
② 巢生祥：《旧时西宁印象》，载《青海文史资料集萃·社会卷（内部资料）》，2001，第159 页。
③ 张奋生：《西宁的茶馆与茶俗》，载《青海文史资料集萃·社会卷（内部资料）》，2001，第263 页。
④ 西宁市志编纂委员会：《西宁市志·大事记》，陕西人民出版社，1998，第67 页。

及富商绅士才够得上用电灯，影院用电光放映自不例外）。"① 1946
年，该电影院上映过《海天情侣》《纽约奇谈》《火烧碧云宫》《四
郎探母》（京剧）《化身姑娘》《亚历山大大帝》《火烧红莲寺》等
影片②。湟光电影院主要为城市居民服务，其他县城则没有电影设
施，大多数河湟边地百姓终其一生也没有观赏过电影。

（三）宗教生活中的一些近代因素

晚清以来，河湟地区少数民族的宗教信仰基本上固守着原有传
统，如藏族普遍信仰藏传佛教，送子入寺、叩等身头、许愿还愿等
宗教行为仍是藏族宗教生活的重要内容；回族聚居区清真寺林立，
念礼斋课、净身沐浴等也仍是穆斯林群众的主要宗教生活内容；汉
族则信奉多神，占卜、算命、还愿、驱邪等是当地汉族宗教生活的
主要表达方式。当然，宗教生活领域也出现了一些近代化现象，这
也是河湟地区社会生活近代化的体现形式，如藏传佛教寺院承纳近
代教育、宣传近代民族主义思想等。此外，基督教在河湟地区的传
播也充分体现了这一点。

光绪年间，罗巴教皇把中国划分为五大教区，河湟地区属于甘
肃省甘北教区。宣统二年（1910 年），比利时神甫康国泰来到西宁，
并在南大街正式建立教堂。民国时期，罗马教皇曾派主教主持西宁
教务，数名外籍牧师曾来西宁传教。天主教传入青海的教派主要有
圣言会、圣神会、圣母永助会、圣家圣衣会（又名圣会）、公教进行
会、童子圣体军会等。教徒以前三者为多，后三者信徒人数甚少，

① 罗麟、程起瑞、醴泉：《湟光电影院的往昔》，载《西宁城东文史资料（内部资料）》第 5
辑，1998，第 21 页。
② 西宁市文化志编写办公室、西宁市电影发行放映公司：《西宁文化史料选辑（内部资
料）》第 5 辑，1988，第 33 页。

这些教派除在西宁扎根、传教外，还积极向农业区的县、镇扩张，修建天主堂，发展教徒，特别是 1929 年青海建省之后天主教发展较快。天主教以西宁南大街的天主堂为中心，据林鹏侠记述，西宁"天主堂位于南大街，规模甚大，构造颇精，其工程之大，当为全省之冠。教友千余人，神父为德国人，内附培英小学一处，学生六十余。闻数年前该堂会务极盛，曾在南区加牙、西区黑嘴子等处设五分堂，势力甚厚"①。天主教会在西宁福尔寺沟、鲁沙尔、扎马隆、彭家寨、黑嘴尔、海子沟、后子河、猫尔茨沟、加牙、星家庄等村设立教堂，信徒最多时达 1000 人左右。民国大通县知事聂守仁编纂的《甘肃大通县风土调查录》记载，大通"县城及新添堡、大老虎口，均有天主堂及福音堂，附近居民信各教者甚多"②。天主教教徒以汉族为最多，"蒙古、藏、土族，信仰天主、福音的只有少数人。回、撒两族人民，全不信仰。神父、牧师在传教时，多施小恩小惠，联络情感"③。

基督教新教在中国称为基督教。光绪四年（1878 年），基督教新教在甘宁青地区设置皋兰、宁夏、西宁三个布道区，基督教新教在青海的派别分为内地会、神召会和安息会，统归上海总会管辖。光绪年间，基督教新教传教士开始陆续来到西宁，内地会的教士敦巴、格达二人，曾在丹噶尔厅、贵德厅设福音堂。1891 年，基督教外籍牧师在西宁城内北斗宫街先设临时福音堂，后在西教场街修建新堂。"基督教以西宁教场街的福音堂为中心，此堂系内地会之一支，分布在西宁后子河等村，信徒一百多人。大通县以县城中山大

---

① 林鹏侠：《西北行》，甘肃人民出版社，2002，第 124 页。

② 王昱、李庆涛：《青海风土概况调查集》，青海人民出版社，1985，第 61 页。

③ 田生兰：《解放前帝国主义通过宗教、间谍在青海的活动》，载《青海文史资料选辑（内部资料）》第 9 辑，1982，第 141 页。

街的内地会教堂为主，信徒五十多人。……湟源以城内的福召会教堂为主，在南城壕亦成立教堂，信徒一百三十多人。"①基督教新教除举办教会校、设立医院外，在基层社会广施福音是其扩展宗教传播空间的重要手段。1930年，"英国女王的女婿一行五人来到西宁，到教会住了一月有余，给教会赠送了大帐篷四个，作传教使用。民国二十一年春季，西宁教会开始派人向外布道，将帐篷拉到指定地点，先从大通的后子河开始，每到一个地方，开始布道会一星期，每天中午、晚上各开一次。晚会时用汽灯照明，听众人数很多，听见手风琴的响声。众人争先恐后的都来看、听。此后每年都有一次外出开布道会，为期约两个月，到的地方有大通县后子河，下及洼、老虎沟、祁塔尔、甘家堡、湟中县星家庄"②。抗日战争时期，湟源县"城内天主堂、福音堂各一所，均为洋式高楼。后者为美教士所创，闻购地时，当地人士出面交涉，后改立租约，以九十九年为期。蒙、番信佛者多，两教会均不甚发达。但西人传教者，俱有坚忍不拔之毅力，故仍是进行不懈"③。

基督教会除每星期日举行礼拜外，平时还有各种聚会活动。比如，每礼拜一、五定时出门传教，或到各信徒家中或熟识的人家拜访、传教；每礼拜二中午12时，在教会女客房对儿童布道，教唱赞美诗、短歌，拉手风琴伴奏，然后讲解耶稣生平爱人、救人的故事。并赠送印有耶稣圣迹的彩色画片，参加的人数常在80~90人；每礼拜三上午9时，为妇女聚会、唱诗、查经、祈祷；每周规定街头布

---

① 田生兰：《解放前帝国主义通过宗教、间谍在青海的活动》，载《青海文史资料选辑（内部资料）》第9辑，1982，第142页。

② 伦连泉：《近百年来西宁的基督教会》，载《西宁城中文资料（内部资料）》第1辑，1988，第55~56页。

③ 林鹏侠：《西北行》，甘肃人民出版社，2002，第97页。

道半天。到后来，仅在西宁，基督教会就设有三个传道处。第一处占地 85 平方米，礼拜堂内备有 5 人坐的长椅 88 条，大火炉一个，风琴一台；第二处即现今的教场街 17 号院内，这是一处专门向藏族传道之处所；第三处原名叫祁家场。①

　　基督教在河湟地区的传播使当地各民族的宗教生活中出现了深具近代特色的宗教内容，这本身就能体现出当地宗教近代化的意义。从基督教受众群体的组成看，虽然信徒多为汉族，但也有少量回族、藏族等信徒。基督教与伊斯兰教、藏传佛教在河湟地区的相遇、交流，② 也是当地居民社会生活近代化的一种体现，同时也反映出河湟地区宗教生活近代化过程中的一些特殊因素。

　　总之，文体娱乐及宗教生活的近代化突出反映了河湟地区对近代文艺、体育、娱乐形式和宗教生活的吸纳及其近代化进程的具体特点，从中可以看出青海河湟地区与中原内地的均质化，也能看到这一地区不同于内地的一些社会文化特征，即作为民族边疆地区的鲜明的社会文化属性。

　　综上所述，笔者从居民身份、医疗卫生、文化教育、衣食住行、文娱体育、宗教信仰等的近代化角度，分析了河湟地区近代化的诸种表现。从中可以看出，在整个中国迈向近代化的过程中，河湟地区也朝着近现代社会迈进，且该地区的近代化往往与内地化的历史进程相伴随。与此同时，受民族边疆地区既有的政治秩序、社会文化等因素的影响，河湟地区的近代化与中原内地有诸多不同之处，

---

① 伦泉连：《我所知道的西宁基督教会》，载《青海文史资料集萃（内部资料）》（民族宗教卷），2001，第 377～378 页。

② 刘继华：《19 世纪后期青海基督教传播考述——兼论基督教传教士与藏族在青海的早期相遇》，《北方民族大学学报》（哲学社会科学版）2012 年第 5 期，第 120～125 页；刘继华、张科：《基督教与伊斯兰教在青海的早期相遇》，《青海民族研究》2012 年第 3 期，第 91～95 页。

比如一部分居民仍然受少数民族土司及王公贵族管辖，未纳入近代国民管理体系；医疗卫生领域民族的、传统的因素仍在起着作用；在内生地方秩序控制或影响下的教育模式仍在一些地区存续。种种此类的社会文化现象说明，河湟地区具有"民族边疆"的文化属性，也说明河湟地区的近代化过程具有自身的特殊性。

第四章

结　语

通过对先秦至清代前中期青海河湟地区具有华夏边缘属性的社会文化分析，以及晚清及民国时期这一地区社会文化近代转型动因及表现的研探，笔者拟对青海河湟社会文化的内在结构、发展趋势及未来走向等做进一步的分析和总结。

笔者认为在青海河湟地区，无论是华夏边缘性质的社会文化及其历史阶段，还是近代以来作为民族边疆地区的青海河湟，中原地区社会文化因素与内生的地方秩序及其文化表现之间的冲突与融合，共同构成了具有鲜明地域特色的社会文化属性，从"华夏边缘"到"民族边疆"的过程，实际上是中原地区与边缘地域之间社会资源的分配、分享体系的再调整。[1] 同时也是青海河湟地区边缘特质的社会文化的建构过程中，与之相关的政治因素变淡，文化因素增强的过程。

具体来说，在"华夏边缘"阶段，青海河湟地区的社会文化

---

[1]　王明珂：《羌在汉藏之间：川西羌族的历史人类学研究》，中华书局，2008，第321页。

及其表现形式仅仅是华夏民族借以了解自身、强化自身认同的一个工具，这一社会文化体系本身的发展变迁及其鲜活的存在形式很难进入以华夏文化为核心的中原社会文化体系之中，由此导致的社会资源分配、分享体系往往是以中原华夏为唯一主体的。近代以来，青海河湟地区社会文化以"民族边疆"的形态被整合到整个中国的社会政治秩序之中后，当地少数民族及其社会文化的合法性逐步得到认可，社会资源的分配、分享体系也客观地承载着当地民众的需要；与此同时，如何将这些边疆民族社会文化纳入整体文化之中，又是当时中央政府试图解决的重大问题。在这样的时代背景下，由"华夏边缘"到"民族边疆"的社会文化变迁实际上是边缘地区社会文化逐步被承纳的一个过程，主流社会文化"发现"边缘社会文化的历史过程，无疑是近代中国民族边疆地区社会文化变迁史上的"大事件"；同时，如何与被"发现"的社会文化相融通，又是近代国家主导下的民族边疆地区社会文化近代化过程中的大问题。

在结论部分，笔者拟以内地化与地方性之间的矛盾冲突及融合、内地化与近代化的双重变奏、社会文化诸因素的变与不变为专题，论证内地化是青海河湟社会文化进步的必由之路这一总观点。

一　内地化与地方性

总体而言，一部青海河湟社会文化发展史，可以看作是中原社会文化与内生地方秩序及其文化表现之间的斗争与融合史。

从二者斗争的方面看，大约在 4000 年前，青海河湟地区曾是在生态环境、劳作方式及社会文化方面独立的地区，尽管中原地区原始人群及其文化系统通过人口迁徙的形式数次进入青海河湟，但是受制于文明发展的水平，当时的中原地区还未进入成熟的国家阶段，那些来到青海河湟地区的东部移民逐步融入西戎民族体系中，因此中原与河湟之间无论是政治上还是文化上的关系并不密切，二者既无隶属关系，也无紧密的社会文化联系。正是在这种相对封闭的环境中，作为羌人地带的河湟地区逐步形成了内生的地方秩序。在这一秩序中，既有政治上独立的内涵，也有社会文化各方面具有浓厚地域特色的成分。具体来说，汉政权势力进入青海河湟之前，这一地区的政治环境皆是羌人培育和发展的结果，处于部落阶段的羌人习惯于部落与部落之间松散的联盟关系，而未建构起统一国家所需要的礼仪与制度。他们秉持互不统属的政治风格成为这一地区长期存续的内生地方秩序的一大特色。在社会文化方面，大约是在卡约文化时期，青海河湟大部分地区进入游牧社会阶段，即便是从事农业生产的地区也深受游牧社会的控制，加之受特殊自然地理条件的影响与制约，这一地区的居民在衣食住行、宗教习俗、文体娱乐等方面形成了颇具地域特色的传统与习惯，这些传统与习惯则是羌人族群区别于中原内地民族的具体表现。由此可以看出，当时青海河湟社会文化具有鲜明的独立性，这一社会文化系统与中原文化之间也是相互独立的，二者之间的边界也十分清晰。

西汉中期以来，随着汉政权势力进入青海河湟，原有的文化边界被打破，这一地区也进入漫长的内地化阶段，作为华夏边缘，这一地区的社会文化属性及其内在结构变得复杂起来，并呈现出多元化的态势，文化边界由此变得模糊起来。从这一时期内地化的方面看，与中原文化紧密相关的农业生产方式、汉政权政治制度及以儒学为代表的精神文化等因素，都随着汉政权在这一地区的军事、屯田等活动进入河湟；[①] 从内地化的承载体来看，中原文化的承载主体主要是由内地来到这一地区的军士、驰刑徒及应募之人，同时部分归义羌人也开始接受汉文化；从内地化展开的地域来看，其影响的范围主要在湟水中下游地区，湟水上游及黄河南北两岸则甚少受到影响，且具有时空上的伸缩性质。这些说明这一时期的内地化与汉政权开疆拓土的程度密切相关。当时的羌人尽管已受到汉政权的挤压与侵扰，但在总体上仍是这一地区的主要人群，且对这一地区的政治、经济及文化产生决定性影响。因此，由羌人构建起来的内生地方秩序及其文化表现仍是影响这一地区社会进程的关键因素。正因为这一地区受制于内生地方秩序及其文化表现，所以和当时中原的物质文明、制度文明及精神文明高度发展的社会历史现实相比，青海河湟地区已远远落后，这无疑与当时滞后的内地化进程有关。

魏晋至两宋时期，青海河湟地区进入多民族杂居阶段，中原政权在此地的影响力因时代不同存在较大的差异，其行政力量在河湟的存续总体上呈现出不稳定的态势，由少数民族建立的地区政权在不同的时期把持着河湟地区的社会资源，社会文化体系也随不同民族、不同政权的盛衰而发生着变化，尤其是吐蕃进入河湟后，这一地区的社会文化系统发生了前所未有的变化。因此，在这一时期，青海河湟地区社会文化的内在结构较之前更为复杂。从这一时期的内地化进程看，尽管中原政权对此地的影响力随着朝代更替有较大的差异，但是内地化的进程一直在持续，特别是魏晋时期、唐代前中期，汉文化对此地的影响较大。当然，在唐代后期及两宋时期，这一地区的内地化进程也受到阻滞，汉文化在此地的社会基础也因

---

① 李健胜：《汉族移民与河湟地区的人文生态变迁》，《西北人口》2010 年第 4 期，第 67~72 页。

吐蕃势力而毁于一旦。具体来说,汉族移民是内地化在此地的主要承载者,同时一些少数民族特别是上层人物通过学习中原华夏的礼乐制度及儒家文化,也在一定程度上深化了当地的内地化进程。从地域范围上看,湟水流域及黄河南北两岸部分地区都受到了汉文化的影响,这与这一时期一些政权在这些地区的行政建置密切相关。和两汉时期类似的是,这一时期的内地化在地域上的伸缩也较大,有时因中原政权在当地的行政建置被废止,内地化的成果也会随之消失。

这一时期,内生地方秩序及其文化表现的建构主体也较为多元,除羌人族群仍然影响着这一地区的社会文化进程外,鲜卑、吐谷浑、吐蕃等民族都曾对河湟地的地方秩序产生重大影响。特别是吐蕃民族的到来,使这一地区在民族构成上成为藏人地带,也使其社会文化诸因素吐蕃化。[1] 具体来说,吐蕃民族普遍信仰藏传佛教,在以藏族为主体民族的时期,这一地区的精神文化受制于藏传佛教,吐蕃为游牧民族,其婚丧习俗、衣食住行等都迥异于中原地区。受吐蕃及后来藏民族文化的影响,作为华夏边缘的青海河湟地区的社会文化属性较之前变得更为复杂、多元。

魏晋至两宋时期,内地化进程与吐蕃化过程之间的矛盾冲突是这一时期社会文化进程的主体内容,而内地化受阻于内生地方秩序的历史事实,造成河湟地区战事频繁、社会文化进步缓慢。

元明清时期,大一统的中央政权确保了其行政力量在青海河湟地区的有效影响力,社会经济的发展及人口的增加,使移民至河湟既成为国策,也成为社会经济发展的一个趋势,儒学在这一地区传

---

① 杨铭:《试论唐代西北诸族的"吐蕃化"及其历史影响》,《民族研究》2010 年第 4 期,第 75～110 页。

播与影响力度的加大，也使这一地区的内地化进程加速。①

　　这一时期青海河湟社会文化的内地结构特征主要表现如下，一是承载内地化的人口较之前大为增加，尽管元代时当地汉族人口有减少的趋势，但元朝统治河湟的时间并不长，随后的明清两代都采取移民河湟的政策，大量的农田被开垦出来，汉民族的生产生活方式也牢牢地扎根于此地。二是从内地化的地域范围看，在明代卫所体制下，湟水流域及黄河南北两岸大部分地区的民政事务已受西宁卫管辖；清雍正年间，通过行政改革，河湟地区基本纳入郡县体制中，因此内地化的地域范围基本包括了今天青海河湟的大部分地区。三是从这一地区的社会文化发展进程看，儒学的传播与影响可以说遍及整个河湟地区，无论是基层的私塾、义学、社学的建构，还是庙学、书院及府县儒学的建设，体系都较完备，除汉族子弟外，土、回等民族也接受儒学教育，这说明内地化的精神文化成为当地的主流，加之内地道教、汉传佛教在当地的传播，内地化的精神文化不仅扎根河湟，而且快速成为河湟意识形态的主体内容。四是从百姓的衣食住行看，吃穿住行的内容及与之相关的习俗，不仅追随中原地区，而且在当地发展成主流，这说明内地化的进程也较之前更加深化。

　　比较而言，内生地方秩序及其文化表现的影响力在这一时期逐步变弱。在政治上，当时的蒙、藏、土、回等民族的贵族、王公及土司皆臣服于中央政权，成为中央行政体系的一个组成部分，不再是独立的政治力量。在文化上，少数民族的宗教信仰往往只在本族内产生影响，其社会化的程度变弱，受内生地方秩序规约的一些社

---

① 李健胜等：《儒学在青藏地区的传播与影响》，人民出版社，2012，第51~81页。

会生活的具体内容也在内地化进程影响下，逐步被边缘化。这一时期，作为华夏边缘的河湟地区，在其社会文化因素仍为多元的同时，汉文化的主流地位逐步得到增强，而地方性因素在变淡。①

在漫长的内地化进程中，内地化既是内生的地方秩序中一些滞后社会文化的清除剂，同时也是当地进步与发展的重要动力。具体而言，内地化进程深刻地改变了河湟地区原有的社会结构、生产方式与人文生态，进而使当地的社会文化与社会发展的关系形成互为促进的良性关系，而从社会文化与社会发展的内在关系来看，正是因为内地化进程的深化，这一时期青海河湟社会文化较之前已有长足进步，这也进一步说明，在古代社会，作为华夏边缘的地区，只有加强内地化的建设，才能在社会文化的诸方面得以进步。

对于近代河湟社会文化而言，内地化进程使当地华夏边缘的社会属性变淡的同时，也使其逐步具备了承纳近代文化的社会政治结构与文化基础，这一基础反过来又促进了当地近代化的历史进程。

总之，在青海河湟地区社会文化具有华夏边缘的社会文化属性时代，内地化与地方性角力与融合的过程是内地化因素增强而地方性因素变淡的过程，内地化的过程在客观上打破了这一地区曾经独立的文化体系，也给当时的一些少数民族带来了不少灾难，但恰恰是内地化的进程真正促进了当地社会文化的进步，也使华夏边缘中的地方性因素逐步被边缘化，从而为当地社会文化的进一步发展，特别是当地的近代化提供了动力。

---

① 李健胜、郭凤霞：《国家、移民与地方社会：河湟汉族研究》，人民出版社，2015，第170～173页。

二 内地化与近代化、西方化

近代以来，青海河湟内地化进程加速，其社会文化方面越来越与中原地区相接近，而其中的地方性因素在逐步减少，在与中原地区的均质化过程中，当地一些社会文化因素仍然被保留了下来，华夏边缘的文化因素也仍然存续着，这集中反映了这一地区社会文化的特殊性。近代以来的内地化与近代化是交织在一起的，对民族边疆地区来说，两者有时是并行的。近代以来，受到行政改革、民族主义思潮的传播、人口迁移、商贸往来等因素的影响，边疆地区迅速内地化，而这一时期的中原内地也正在进行近代化改革、转型，因此承袭中原文化的内地化，其内容基本与近代化一致。当时，民族边疆地区的近代化变革都以内地为归宗，尽管保甲制度等现象的出现说明逆近代化的政治、文化现象与中国的近代化相伴随，但对民族边疆地区而言，它所承接的近代社会文化基本上来自中原内地，两者的双重变奏，使青海河湟地区的内地化进程无论是深度还是广度已远远超过了传统时代的水平。众所周知，我国的近代化在很大程度上是外源性质的，即在西方列强的强压下展开的近代化，近代化的形式及内容也受制于西方社会，因此正如丁志刚在其《全球化与近代化、西方化》一文中所提出的，近代化在一定程度上就是西方化。[①] 在青海河湟地区的近代化过程中，也伴随着西方化的因素，这也是近代化在这一地区的具体表现形式之一。

（一）近代以来，青海河湟地区的内地化进程加速

从内地化的承载人口及人群范围看，无论是外来移民还是土著，

---

① 丁志刚：《全球化与近代化、西方化》，《经济研究参考》2000 年第 15 期，第 42 页。

都是内地化的主要承载者。尽管河湟地区是多民族聚居之地，但随着人口迁徙等因素的影响，当地的主体民族已为汉族，汉族人口的比例较前代有显著上升，其社会文化的影响力也在明显加强。正是如此，与中原地区相一致的人口基础为内地化的深化提供了条件。除此之外，一些少数民族，如土、回等民族，因其全部纳入近代国家的行政体系之中，他们的社会生活及观念意识也进一步内地化，无论是衣食住行，还是政治观念越来越与内地均质化。随着近代教育的开展，内地化的社会文化影响力加强，部分藏、蒙等民族人口也逐步成为内地化的承载者，这也是这一时期内地化的突出表现。从内地化的地域范围来看，随着青海建省及相关的县制改革，河湟地区全部被纳入国家行政体系之中，特别是县制改革及国民运动的开展，使大量的土民转化为国民，进而使这些地区无论是在行政设置上，还是在国民的管理方面，皆与内地均质化，这使整个青海河湟地区都进入快速内地化的阶段。从内地化的具体内容看，当地的教育设置尽管不如内地完善，但都是按照国民教育序列安排的，随着政府对教育管理的强化，蒙藏委员会、回教教育促进会等机构对少数民族教育事业的赞助、干预，越来越多的河湟子弟进入国民学校就读，即使是寺院教育系统也要听从教育机构的管理与安排，因此教育事业的内地化成为当时社会文化内地化的一个重点。在衣食住行方面，无论是服饰饮食，还是居住交通，河湟地区内地化程度也较之前有所深化，特别是服饰和交通，基本与内地趋同。

当然，也可以看到，一些地方性因素仍然存续，如一些人口仍然受到内生地方秩序的控制，特别是一些宗教寺院还控制着为数不少的人口，他们仍未纳入国家行政体系之中，一些少数民族特有的宗教信仰，使其在社会文化上具有了与中原汉族不同的精神面貌，少数民族的衣食住行具有浓重的本土特色等。[①] 此外，少数民族群体对中央政府的诸项施政措施也有一些不满，而中央政府把这一情况归咎为地方政府"施政欠当"[②]，但更多的人认为应从发展教育、提升国民素质角度去考量或解决上述问题。在古代社会，上述社会文化因素是华夏边缘社会文化属性存续的基础，而在近代青海河湟，上述社会文化因素则是其作为民族边疆的具体表现。在这一发展过程中，与之相关的政治因素变弱，而文化因素在上升，这对于青海河湟地区来说，"民族边疆"并不意味着实有的政治特色，因其既不邻边，也不是敏感的政治区域，相反，它的文化意味在变浓，它是文化意义上的"民族边疆"。换言之，这一"民族边疆"是观念的产物，其存续的依据大多也是意识层面和社会生活层面的，而非实有的政治因素。

从这一时期内地化的效果来看，因上述因素的共同作用，这一时期的内地化无论是在广度上还是在深度上，都远远超过之前的历史时期。从地域上看，以西宁为中心的湟水流域基本上成为与内地并无二致的地区，黄河流域的一些地区，其内地化的程度也很深刻。

（二）这一时期的内地化与近代化过程相伴随

近代化既是当时中国面对的大问题，也是中国面临的时代机遇。在青海河湟地区，尽管近代化的步伐远远滞后于中原地区，但恰恰是近代化，使其面貌发生了前所未有的改变。

---

① 张海云：《贡本与贡本措周——塔尔寺与塔尔寺六族供施关系演变研究》，兰州大学博士学位论文，2009。
② 《青海蒙藏民族对中央观感》，青海地方志办公室内部档案资料，档案编号：民族类，63：39。

从意识形态的角度看，可以将民族国家建构，民族主义观念兴起和国家认同意识的上升看作是近代化的一大特征。近代以来，从"排满"到"五族共和"，再到"中华民族"的建构，使包括青海河湟地区在内的少数民族地区受到前所未有的关注。抗日战争时期，青海河湟地区成为大后方，国民政府为了持续抗战，兼以开发西北，以"新生活运动"等形式，加强了对这一地区国家认同意识的培育和宣传力度，加之一些社会知名人士等的影响，使这一地区的国家认同意识有了前所未有的强化。

从政治上看，随着青海建省，青海河湟地区的政治地位有了提升，而随着县制改革的深化，青海河湟地区基本纳入国家行政体系之中。行政制度上的近代化，使这一地区的各项社会发展事业纳入整个国家社会发展事业之中得到通盘考量。因此近代以来，青海河湟地区不再是"天高皇帝远"的蛮荒之地，而是国家疆域和行政体系的重要组成部分。这一地区的学校教育、国民社会生活等内容，皆成为行政体系管理和规划的对象，与之相关的社会文化事业及其发展也得到了统一的规划和安排，这不仅在客观上促进了社会文化事业的进步，也使近代中国的政治基础得以夯实。

从社会文化的诸方面看，近代化进程促进了青海河湟地区各项事业的发展与进步。在教育方面，近代教育的推行，使更多的河湟子女接受了先进的文化知识和教育理念，他们当中有不少人走出青海河湟，进入内地大学求学，还有一些学生毕业后成为当地政府及学校的骨干，特别是毕业于西宁诸中学及师范学校的一些学生，后来成为在青海各县乡及牧区推行近代教育的骨干，为当地的近代化事业做出了贡献。人们的精神面貌发生了前所未有的改变。近代文艺、体育及娱乐形式在青海河湟的传播，大大促进了当地社会文化事业的进步。

总体上讲，青海河湟地区的近代化远远落后于中原地区，特别是近代工商业的滞后，使这一地区还未摆脱贫困落后的状态。但必须看到，正是持续几十年的近代化进程，促使当地行政体系，教育状况及社会生活的方方面面向近代化迈进，这无疑对这一地区的进步与发展起到至关重要的影响。

（三）近代化在一定程度上体现出西方化

西方化是我国近代化的一大特征，无论是近代制度还是意识形态，抑或是物质文明，西方化都是一个触手可及的命题。在青海河湟地区，近代化伴随着西方化而推进。

近代以来，一些西方传教士在青海地区建立学校、医院等近代教育及医疗设施，使当地的近代化直接与西方社会文化有了联系，这一点可以看作是西方化的直接体现。从近代化的内容看，无论是民族国家理念，还是近代西洋服饰，以及西方化的交通工具等，处处展现了西方化社会文化因素对青海河湟地区的影响。

三 "变"与"不变"

纵观青海河湟地区社会文化的变迁过程，可将这一变迁总结为"变"与"不变"的二元对立关系。"变"是特指由内地化引发该地区社会文化的发展与进步，是社会文化体系中适应近代文明发展而形成的新的文化因素及其动力；"不变"既指受地方秩序影响或某些利益团体的阻碍而使地方社会文化处于滞后的状态，也包括客观存在的一些地方性文化因素，它们往往是传统时代的遗存。

"变"与"不变"即是哲学上的一般性与特殊性的关系。社会发展、变化的总趋势是谁也阻挡不了的，在民族边疆地区，由内地化引发的"变",代表了人类社会发展、进步的一般规律,是朝着更高层次文明迈进的过程,民族边疆地区的"变"具有其自身特点,而这一特点即可归结为内地化。因此,如若承认人类社会进步发展是全世界共同发展目标的话,那么代表着我国民族边疆地区进步发展动力及方向的内地化进程,必然是这一地区进步、发展的必由之路。在古代社会,青海河湟地区社会文化事业变化发展的动力即是中央王朝利用行政力量、移民、商贸活动等实施的内地化政策。在中央王朝能够控制青海河湟地区时,内地化不仅使这一地区成为农耕文明的延播之地,也使儒家化的社会生活及习俗风尚扎根河湟,同时也让当地百姓因被置于大一统的统治体系中,免受战乱离散之苦。近代以来,青海河湟地区内地化在各种动因的共同驱使下,成为不可逆的社会发展趋势。从国民身份近代转型、近代教育兴起及社会生活近代化等方面看,在青海河湟地区近代化过程中,内地化仍是促进这一地区社会文化向前发展的主要动力。正是在内地化的持续深化中,近代化的社会文化成果才得以在这一地区开展和落实。这些近代化的成果不仅促进了青海河湟地区与中原内地在政治上的一体化进程,也促使当地社会文化诸因素加快了与内地的均质化,进而夯实内地化的政治、经济与文化基础。由此可见,在华夏边缘的社会文化属性中,促使这一属性更趋完善、合理的动力即是内地化。因此"变"既有历史的合理性,也符合民族边疆地区社会群体的整体利益。①

"不变"的因素可分为两种情况,其中阻碍民族边疆地区社会文化发展的"不变"因素是主要方面。历史上,但凡中央王朝势力衰

---

① 李健胜、郭凤霞:《国家、移民与地方社会:河湟汉族研究》,人民出版社,2015,第175~176页。

落之时，青海河湟就会成为各方势力争夺之地，战乱不止，民不聊生，内地化的成果也毁于一旦，社会经济发展呈倒退趋势。内生的地方秩序往往受制于其社会文化发展水平，或受自然地理条件的限制，抑或受制于特殊的宗教团体势力，既不全盘考量这一地区社会文化发展的走向，也不能整合各种社会资源以推进社会进步，有时甚至有意排斥中原地区社会资源的进入。在近代国民塑造过程中，当地土民受地方秩序控制，其生存发展受到旧有体制影响；诸如在近代教育建构的过程中出现的雇汉人子弟冒充蒙、藏学生，以及社会生活中存在的一些问题，都是受地方秩序影响的结果，因此在华夏边缘的社会文化属性中，正是这些"不变"因素的存续，很大程度上阻碍了青海河湟地区社会文化诸项事业的进步与发展。

在"变"与"不变"的互动关系中，尽管二者的存续和发展皆是社会历史的客观成因，但在内地化引发的青海河湟社会文化的进步与发展过程中，"不变"的因素往往是制约这一地区向前发展的不利因素。至今，青海河湟地区仍然为欠发达地区的主因之一，也是这些"不变"因素制约的结果。

应当看到，一些"不变"的因素是客观存在的，诸如少数民族地区的语言、习俗、信仰等。在当代社会，这些"不变"因素不会因为内地化的进程而消失，相反会得到更为良性的发展机遇。近代以来，青海河湟的内地化进程就是近代化的过程，其中也伴随着西方化的因素。正是内地化和近代化的双重伴奏，这一地区的社会文化事业得到了前所未有的进步。王明珂先生曾说："我们每个人都被规定在层层的边界之中。"① "由于资源、国家主权及跨边境交流等因素，国家与民族'边界'是最神圣也是最危险的，最遥远也是最切身的，最易被忽略也是最受密切关注的……无论是哪一种边界，都涉及人们的集体历史与文化想象与建构。人们想象有一'真实的过去'，也就是'根基历史'（当代民族史是其一），造成'我们'与'他们'间的国家与民族边界，也在此种历史想象上，强调'我们'与'他们'在饮食、服饰、生活习俗上的种种文化边界。"② 毋庸置疑，文化上的边界是十分重要的，一些文化边界也不能随意地被打破。但是，不能因为要强调"我们"与"他们"在语言、习俗、信仰等方面的差异性，就以此为借口阻挠内地化。就历史经验而言，即使是彻底的内地化，也不会完全取消民族之间、区域之间客观存在的文化边界，我们既不能因害怕失去自我特殊性而无视进步、发展的机会，也不应当使文化边界成为自甘保守、落后的托词。

就青海河湟地区的社会文化发展历程来看，正是与中原内地之间的边界被打破，才使这一地区出现持续的内地化，即在"变"的过程中，使其社会文化属性从华夏边缘向民族边疆地区的过渡，也使得这一地区社会文化事业得到进步。目前，仍然存在的一些文化边界，即"不变"的因素是这一地区仍然落后于中原的主要因素，要想这一地区社会文明持续进步，就一定要改造、取消这些"不变"的因素对社会文化发展的阻碍作用。同时，民族边疆社会文化中客观存在的"不变"文化因素，也不应当成为社会文化发展的绊脚石。

---

① 王明珂：《游牧者的抉择》，广西师范大学出版社，2008，第246页。
② 王明珂：《英雄祖先与弟兄民族》，中华书局，2009，第244页。

　　总之，笔者认为内地化是青海河湟地区发展进步的必由之路，只有不断地创造条件使之进一步内地化，才能让这一地区社会文化事业得到进一步发展和进步，这也是这一地区社会文化发展的良好未来走向。

参考文献

一 档案材料

《西宁办事大臣咨酌议青海应设官立学驻兵各情形抄奏》（光绪三十三年五月二十九日），载《青海近代史料辑录》，青海省图书地方志阅览室内部档案资料，编号：1523：159。

《为筹备立宪查报蒙旗各项事宜并填送藩属要政统计表》，载《青海近代史料辑录》，青海省图书地方志阅览室内部档案资料，编号：1523：176。

《西宁总兵兼蒙番宣慰使马麟报告青海边防情形并陈意见电》（1913年8月），载《青海近代史料辑录》，青海省图书地方志阅览室内部档案资料，编号：1523：997。

《青海长官廉兴为青海左右翼盟长等承认共和请予优奖电》，载《青海近代史料辑录》，青海省图书馆地方志阅览室内部档案资料，档案编号：1045：689。

《青海喇嘛教义国文讲习所组织大纲》（1941年），青海地方志办公室内部档案资料，档案编号：宗教类，64：8。

《青海喇嘛教义国文讲习所情况》（1942年），青海地方志办公室内部档案资料，档案编号：宗教类，64：9。

《马主席在省垣筹建公共体育场》，青海地方志办公室内部档案资料，档案编号：体育类，57：2。

《青海省体育概况》（1940年），青海地方志办公室内部档案资料，档案编号：体育类，57：3。

《青海省体育场调查表》（1940年），青海地方志办公室内部档案资料，档案编号：体育类，57：4。

《青海蒙藏民族对中央观感》，青海地方志办公室内部档案资料，档案编号：民族类，63：39。

《民国三年甘肃各县教员职员比较表》，青海地方志办公室内部档案资料，档案编号：教育类，49：22。

《西宁道各县学校学生比较表》（1914年），青海地方志办公室内部档案资料，档案编号：教育类，49：21。

《青海省教育概况表》（1934年），青海地方志办公室内部档案资料，档案编号：教育类，49：19。

《青海省三十二年度国民教育设施成绩报告》，青海地方志办公室内部档案资料，档案编号：教育类，49：43。

《青海省三十六年度办理边疆教育工作报告》，青海地方志办公室内部档案资料，档案编号：教育类，49：39。

《国立西宁师范学校组织大纲》，青海地方志办公室内部档案资料，档案编号：教育类，49：144。

《国立西宁师范考察报告》（1946年），青海地方志办公室内部档案资料，档案编号：教育类，49：135。

《国立西宁师范学校军事训练团规程》，青海地方志办公室内部档案资料，档案编号：教育类，49：144。

《青海省教育厅三十二年元月份工作报告》，青海地方志办公室内部档案资料，档案编号：教育类，49：145。

《青海省各县乡镇保甲户口统计表》（1944 年），青海地方志办公室内部档案资料，档案编号：人口类，62：3。

《青海省户口档案》（1936 年），青海地方志办公室内部档案资料，档案编号：人口类，62：5。

《青海省户口统计》（1943 年），青海地方志办公室内部档案资料，档案编号：人口类，62：8。

《青海省户口统计》（1945 年），青海地方志办公室内部档案资料，档案编号：人口类，62：10。

《蒙藏委员会提议增加蒙藏青康人口以资充实国防案》，青海地方志办公室内部档案资料，档案编号：人口类，62：14。

《国务院公函（陆字第八百九十号）》（1913 年），青海地方志办公室内部档案资料，档案编号：政事类第 2 卷，68：30。

《马主席对西宁县区乡镇长保甲讲习会全体人员训话》，青海地方志办公室内部档案资料，档案编号：政事类第 2 卷，68：40。

《国民政府指令》（1929 年），青海地方志办公室内部档案资料，档案编号：政事类第 2 卷，68：65。

《青海省政府工作报告》（1936 年），青海地方志办公室内部档案资料，档案编号：教育类，68：107。

《朱长官对蒙藏首领等恳切训话》，青海地方志办公室内部档案资料，档案编号：民俗、方志类，67：8。

二　旧报刊文章

老鹤：《什么是民族主义》，《民间周报》1933 年第 4 期。

李积新：《青海之农垦问题》，《新青海》第 1 卷第 1 期，1932。

李世军：《我们怎样走到新西北的路上？》，《新青海》第 1 卷第 1 期，1932。

马步芳等：《建设新青海之刍议》，《西北问题研究会会刊》创刊号，1934。

《青海教育最近之调查》，《新青海》第 1 卷第 3 期，1933。

《青海中等学校调查（西宁通讯）》，《新青海》第 3 卷第 11 期，1935。

青一：《改进青海教育刍议》，《新青海》第 1 卷第 2 期，1932。

《申报》1912 年 5 月 26 日，第 14102 号第 7 版。

《天山》1911 年 11 月 23 日，第 13935 号第 4 版；1912 年 2 月 21 日，第 14007 号第 6 版；1914 年 4 月 7 日，第 14782 号第 6 版；1915 年 10 月 10 日，第 15325 号第 6 版。

田生兰：《建设新青海刍议》，《新青海》第 1 卷第 4 期，1933。

王自强：《中国羊毛之探讨（续）》，《新青海》第 2 卷第 11 期，1934。

吴贯因：《五族同化论》，《庸言》第 1 卷第 8 号、第 9 号，1913。

《新青海论坛》，《新青海》第 3 卷第 11 期，1935。

岳永泰：《非常时期中边疆青年之修养与责任》，《新青海》第 4 卷第 3 期，1936。

张得善：《公民训练之重要与青海训练公民应注意之点》，《新青海》第 3 卷第 8 期，1935。

志育：《青海青年今后努力的动向》，《新青海》第 3 卷第 7 期，1935。

朱允明：《新青海之鸟瞰》，《新亚细亚》第 2 卷第 4 期，1931。

三　资料汇编、方志

北京大学图书馆古籍善本特藏部：《北京大学图书馆馆藏稿本丛书》第 23 册，天津古籍出版社，1991。

（清）长白文孚：《青海事宜节略》，青海人民出版社，1993。

《丛书集成初编》，中华书局，1985。

（清）邓承伟、来维礼：《西宁府续志》，青海人民出版社，1985。

（清）龚景瀚：《循化志》，青海人民出版社，1991。

青海风物志编纂委员会：《青海风物志》，青海人民出版社，1985。

青海省民委少数民族古籍整理规划办公室：《青海地方旧志五种》，青海人民出版社，1989。

沈云龙主编《近代中国史料丛刊续辑》，台湾文海出版社，1979。

（清）苏铣纂：《西宁志》，青海人民出版社，1993。

西宁市志编纂委员会：《西宁市志》，陕西人民出版社，1998。

王昱主编《青海方志资料类编》，青海人民出版社，1988。

徐丽华、李德龙主编《中国少数民族旧期刊集成》，中华书局，2006。

（清）杨应琚：《西宁府新志》，青海人民出版社，1988。

中国第一历史档案馆：《雍正朝汉文硃批奏折汇编》第 25 册，江苏古籍出版社，1991。

中国科学院历史研究所第三所南京文献资料整理处：《北洋政府

时期青海历史资料》（油印本），1951。

朱世奎主编《青海风俗简志》，青海人民出版社，1994。

四　专著

阿地力·艾尼：《清末边疆建省研究》，黑龙江教育出版社，2012。

白文固、杜常顺等：《明清民国时期甘青藏传佛教寺院与地方社会》，青海人民出版社，2009。

〔法〕布尔努瓦：《西藏的黄金和银币——历史、传说与演变》，耿昇译，中国藏学出版社，1999。

《藏族简史》编写组编《藏族通史》，民族出版社，2009。

陈赓雅：《西北视察记》，甘肃人民出版社，2002。

陈庆应主编《中国藏族部落》，中国藏学出版社，2004。

陈旭麓：《近代中国社会的新陈代谢》，中国人民大学出版社，2012。

崔永红、翟松天：《青海经济史》，青海人民出版社，1998。

崔永红、张得祖、杜常顺主编《青海通史》，青海人民出版社，1999。

（南朝宋）范晔：《后汉书》，中华书局，1965。

范长江：《中国的西北角》，新华出版社，1980。

方协邦：《青海体育史略》，甘肃民族出版社，1995。

冯建勇：《辛亥革命与近代中国边疆政治变迁研究》，黑龙江教育出版社，2012。

高士荣：《西北土司制度研究》，民族出版社，1999。

耿金声、王锡宏主编《西藏教育研究》，中央民族出版社，1985。

顾颉刚：《西北考察日记》，甘肃人民出版社，2002。

顾执中、陆诒：《到青海去》，商务印书馆，1934。

侯鸿鉴：《西北漫游记：青海考察记》，甘肃人民出版社，2003。

霍维洮、胡铁球：《近代西北少数民族社会变迁》，宁夏人民出版社，2009。

喇秉德、马文慧等：《青海回族史》，民族出版社，2009。

黎宗华、李延恺：《安多藏族史略》，青海人民出版社，1992。

李健胜：《清代—民国西宁社会生活史》，人民出版社，2012。

李健胜、武刚：《早期羌史研究》，人民出版社，2014。

李健胜、赵荩贞等：《儒学在青藏地区的传播与影响》，人民出版社，2012。

（清）梁汾：《秦边纪略》，青海人民出版社，1987。

林鹏侠：《西北行》，甘肃人民出版社，2002。

刘岩：《华夏边缘叙述与新时期文化》，知识产权出版社，2011。

马鹤天：《甘青藏边区考察记》，商务印书馆，1947。

马曼丽、切排：《中国西北少数民族通史（蒙、元卷）》，民族出版社，2009。

芈一之主编《西宁历史与文化》，辽宁民族出版社，2005。

（清）那彦成：《那彦成青海奏议》，宋挺生标注，青海人民出版社，1997。

青海省志编纂委员会编《青海历史纪要》，青海人民出版社，1987。

（清）陶保廉：《辛卯侍行记》，甘肃人民出版社，2000。

田澍、何玉红主编《西北边疆社会研究》，中国社会科学出版社，2009。

王明珂：《华夏边缘：历史记忆与族群认同》，台湾允晨出版社，1997。

　　王明珂：《羌在汉藏之间：川西羌族的历史人类学研究》，中华书局，2008。

　　王明珂：《英雄祖先与弟兄民族》，中华书局，2009。

　　王明珂：《游牧者的抉择》，广西师范大学出版社，2008。

　　王昱、李庆涛编《青海风土概况调查集》，青海人民出版社，1985。

　　吴丰培编《豫师青海奏稿》，青海人民出版社，1981。

　　吴景敖：《西陲史地研究》，中华书局，1948。

　　（清）杨应琚：《据鞍录》，兰州大学出版社，1988。

　　杨效平：《马步芳家族的兴衰》，青海人民出版社，1986。

　　张岱年主编《中国文化概论》，北京师范大学出版社，2004。

　　张得祖、丁柏峰：《乐都史话》，青海人民出版社，2012。

　　张生寅：《国家与社会关系视野下明清河湟土司与区域社会》，宁夏人民出版社，2011。

　　赵荣光：《中国饮食文化史》，上海人民出版社，2006。

　　周希武：《宁海纪行》，甘肃人民出版社，2002。

　　朱解琳：《甘青宁民族教育史简编》，青海人民出版社，1993。

　　祝启源：《青唐盛衰》，青海人民出版社，2010。

　　庄华峰等：《中国社会生活史》，合肥工业大学出版社，2003。

五　文史资料

　　青海省政协文史资料研究委员会：《青海文史资料（内部资料）》第1～17辑，1963～1988。

　　青海省西宁市文联编《河湟民间文学集（内部资料）》，1982。

青海省西宁市政协文史资料研究委员会：《西宁文史资料（内部资料）》第 1~13 辑，1984~2007。

青海省西宁市城中区政协文史资料编委会：《西宁城中文史资料（内部资料）》，第 1~22 辑，1988~2010。

青海省西宁市城东区政协文史资料编委会：《西宁城东文史资料（内部资料）》第 1~8 辑，1990~2002。

青海省湟中县文史资料委员会：《湟中文史资料（内部资料）》第 1 辑，1989。

青海省大通县文史资料工作委员会：《大通文史资料（内部资料）》第 2~4 辑，1987~1993。

青海省湟源县文史资料编委会：《湟源文史资料（内部资料）》第 2 辑，1987。

六 论文

陈新海：《试论东汉在青海地区的施政》，《青海社会科学》1997 年第 5 期。

崔永红：《论青海土官、土司制度的历史变迁》，《青海民族学院学报》2004 年第 4 期。

丁柏峰：《河湟文化圈的形成历史与特征》，《青海师范大学学报》（哲学社会科学版）2007 年第 6 期。

丁三青、王建玲：《论中国传统政治在近代的调适》，《广西师范大学学报》（哲学社会科学版）1995 年第 2 期。

杜常顺：《论河湟地区多民族文化互动关系》，《青海社会科学》2004 年第 4 期。

杜常顺：《论清代青海东部地区的行政变革与地方民族社会》，

《民族研究》2011 年第 2 期。

杜常顺：《清代丹噶尔民族贸易的兴起和发展》，《民族研究》1995 年第 1 期。

方铁：《论中国边疆学学科建设的若干问题》，《中国边疆史地研究》2007 年第 2 期。

盖培、王国道：《黄河上游拉乙亥中石器时代遗址发掘报告》，《人类学学报》1983 年第 1 期。

高荣：《汉代对西北边疆的经营管理》，《中国边疆史地研究》1994 年第 4 期。

高荣：《论两汉对羌民族政策及东汉羌族起义》，《广东社会科学》1998 年第 3 期。

顾颉刚：《从古籍中探索我国的西部民族——羌族》，《社会科学战线》1980 年第 1 期。

郭凤霞：《古代河湟地区人口发展情况述略》，《青海师范大学学报》（哲学社会科学版）2010 年第 5 期。

郭凤霞、杜常顺：《论清代及民国时期丹噶尔（湟源）民族贸易与地方经济社会》，《青海民族研究》2010 年第 2 期。

郭洪纪：《河湟地区民族和谐发展的文化哲学基础》，《青海社会科学》2009 年第 1 期。

何湟：《关于东汉时期羌汉战争的性质——与张大可同志商榷》，《青海社会科学》1985 年第 1 期。

胡成：《略论晚清民族主义思潮对边疆事务的构思》，《近代史研究》1995 年第 4 期。

黄云生：《近代西宁人口变迁初论》，《青海师范大学民族师范学院学报》2008 年第 2 期。

李健胜：《汉族移民与河湟地区的人文生态变迁》，《西北人口》2010 年第 4 期。

李锦山：《论宗日火葬墓及其相关问题》，《考古》2002 年第 11 期。

芈一之：《青海民族历史的特点与民族文化的特性》，《青海民族学院学报》2007 年第 3 期。

勉卫忠：《论马麒与青海建省》，《中国边疆史地研究》2013 年第 2 期。

祁进玉：《一个华夏边缘的历史人类学研究》，《读书》2004 年第 6 期。

青海省文物管理处、海南州民族博物馆：《青海同德县宗日遗址发掘简报》，《考古》1998 年第 5 期。

青海省文物考古队：《青海民和县阳山墓地发掘简报》，《考古》1984 年第 5 期。

申剑敏：《晚清民族主义思潮与近代中国的民族认同》，《人文杂志》2001 年第 6 期。

石志新：《清末甘肃地区经济凋敝和人口锐减》，《中国经济史研究》2000 年第 2 期。

王东杰：《华夏边缘与"近代性"：一九二九年的西番调查》，《读书》2005 年第 6 期。

王友富：《民国时期大通煤矿的发展述略》，《青海民族研究》2005 年第 1 期。

王友富：《青海西羌部落衰败原因探析》，《青海民族研究》2004 年第 2 期。

汶江：《吐蕃统治下的汉人》，《西藏研究》1982 年第 3 期。

吴忠民:《关于中国早期近代化的几个问题》,《社会学研究》1991 年第 2 期。

谢全堂:《论青海民国时期新文化的发展特点及传统文化的影响》,《青海师范大学学报》(哲学社会科学版)1992 年第 2 期。

许淑珍:《青海化隆县半主洼卡约文化墓葬发掘简报》,《考古》1996 年第 8 期。

张淑娟:《近代中国民族主义理论的生成与外来关键性因素》,《世界民族》2010 年第 2 期。

赵春娥:《青海大通县广惠寺蒙藏小学校创办考论》,《民族研究》2012 年第 4 期。

赵春娥:《青海社会变迁与教育"内地化"进程初探》,《中南民族大学学报》2012 年第 2 期。

郑大华:《中国近代民族主义与中华民族自我意识的觉醒》,《民族研究》2013 年第 3 期。

周兵:《"自上而下":当代西方新文化史与思想史研究》,《史学月刊》2006 年第 4 期。

图书在版编目（CIP）数据

近代青海河湟地区社会文化变迁 / 赵小花著. -- 北
京 : 社会科学文献出版社，2018.8
　ISBN 978 - 7 - 5201 - 2914 - 5

　Ⅰ.①近…　Ⅱ.①赵…　Ⅲ.①文化史 – 研究 – 青海
Ⅳ.①K294.4

中国版本图书馆 CIP 数据核字（2018）第 125976 号

近代青海河湟地区社会文化变迁

著　　者 / 赵小花

出 版 人 / 谢寿光
项目统筹 / 任文武　李艳芳
责任编辑 / 高　启　高振华

出　　版 / 社会科学文献出版社·区域发展出版中心（010）59367143
　　　　　地址：北京市北三环中路甲 29 号院华龙大厦　邮编：100029
　　　　　网址：www. ssap. com. cn
发　　行 / 市场营销中心（010）59367081　59367018
印　　装 / 天津千鹤文化传播有限公司

规　　格 / 开　本：787mm × 1092mm　1/16
　　　　　印　张：18　字　数：217 千字
版　　次 / 2018 年 8 月第 1 版　2018 年 8 月第 1 次印刷
书　　号 / ISBN 978 - 7 - 5201 - 2914 - 5
定　　价 / 78.00 元

本书如有印装质量问题，请与读者服务中心（010 – 59367028）联系